项目资助

江西省教育科学"十二五"规划项目"教师价值取向对学校教育变革的影响"（项目号13YB081）成果之一

江西省社会科学规划项目"中小学教师教学生活过程的质性研究"（项目号15JY11）成果之一

教师价值取向论

——学校文化视角下的个案研究

张释元 著

TEACHER VALUE
ORIENTATION:

A CASE STUDY FROM
THE PERSPECTIVE OF SCHOOL CULTURE

中国社会科学出版社

图书在版编目（CIP）数据

教师价值取向论：学校文化视角下的个案研究/张释元著.—北京：中国社会科学出版社，2019.12
ISBN 978-7-5203-5839-2

Ⅰ.①教… Ⅱ.①张… Ⅲ.①教师—价值取向—研究—中国 Ⅳ.①G451

中国版本图书馆CIP数据核字（2019）第294474号

出版人	赵剑英
责任编辑	陈雅慧
责任校对	王斐
责任印制	戴宽

出　版	中国社会科学出版社
社　址	北京鼓楼西大街甲158号
邮　编	100720
网　址	http://www.csspw.cn
发行部	010-84083685
门市部	010-84029450
经　销	新华书店及其他书店
印刷装订	三河弘翰印务有限公司
版　次	2019年12月第1版
印　次	2019年12月第1次印刷
开　本	710×1000 1/16
印　张	18.75
字　数	285千字
定　价	99.00元

凡购买中国社会科学出版社图书，如有质量问题请与本社营销中心联系调换
电话：010-84083683
版权所有　侵权必究

序

这本著作是张释元博士在其博士论文的基础上修订完善而成的学术成果。她希望我写个序。这大概是学生希望老师对其学术经历做个见证吧。

释元多年来一直关注学校文化研究，对学校文化与学校教育变革之间的关系有浓厚的兴趣。在攻读博士期间出版了《教师文化论》（合著），该书中提出了教师价值取向是教师文化结构的一个重要组成部分。但教师价值取向究竟是如何构建教师文化、如何影响学校文化、如何指导教师选择行为的，它是如何形成的，并没有更加细致的研究。因此，在博士论文选题时，她几经徘徊还是回到了教师价值取向这个研究领域。这个研究的难度很大，我很担心，却也支持释元去挑战，对前期的研究进行深入探索，这是做学问人应该有的精神。非常高兴地是她能够顺利做完博士论文，并顺利通过答辩。

价值是主体认为客体对其有用，从而确定客体对象作为主体的行为对象，并采取行动。这样的选择过程是价值筛选的过程，也是主体根据自己的能力和兴趣进行价值判断的过程。价值取向具有明显的主体性特点，却也表达为群性的统一，处于同一文化的群体常常在价值取向方面有非常明显的趋同性。释元选择个案研究的方式做扎根研究，通过对不同学校文化背景下教师价值取向的共同结构的研究，提出我国当前教师价值取向的基本特点与结构，在方法上是合适的。

自从我国基础教育课程改革以来，有关价值取向的研究甚多，有研究课程取向的、有研究改革取向的、有研究学科教师价值取向的，等等，不一而足。如何超越这些研究，提出新的观点，并能够充分地论证，确实不是一件容易做到的事。

价值取向是非常抽象的，难以把捉。在学校里，教师选择做什么事，选择如何做，并不清楚自己有什么取向，也不知道这些行为背后到底蕴含着什么，但却有自己选择的"理由"，如何通过教师对"理由"的言说确证其价值取向？释元走进教育情境，扎根在学校，深入调研，通过深描方法收集整理教师故事，系统分析、慎重提炼，不断论证，使教师价值取向一点一点从学校文化中凸显出来，通过对教育真实场境的平实描述，展现出教师价值取向是如何影响教师行动抉择的。

价值取向研究的立场丰富多样，有主体立场，也有对象立场，还有应然立场的，等等。释元博士站在"目标—手段"的立场提出了：在同一目标指引下，教师对不同手段选择持有不同的取向。在学校里，教师们都非常重视考试成绩，但对于成绩这个目标，却选择不同的价值取向来达成。释元博士从教学、管理、设计等几个方面叙述教师故事，展现了丰富的教师价值取向的图景。在不同的教育教学活动中，教师无一例外地将学生成绩作为"铁"的目标，但在达成目标的行动选择方面却秉持着极为不同的价值取向，持有不同取向的教师均有丰富的生命故事，在每一位教师生命故事中也能清晰地感受到价值取向的内在冲突，形成了鲜明的悖论取向。通过大量的故事，她发现了在中小学里，教师个体信奉的价值取向与践行的价值取向并存，在行为抉择的过程中良知与利益的碰撞表现出价值取向的悖论与冲突。在学校文化的背景下，教师群体价值取向的普遍性与个性并存，核心价值取向对学校文化起着决定作用，边缘价值取向也有一定的存在空间。

这些发现是释元博士的研究所做的学术贡献，她从一个特别的角度让我们"看"到了教师是如何选择教学行为的，为什么很多教师的教学行为一旦定型后很难改变，价值取向潜藏在教师行为的背后，不为教师知觉。这一发现，使我们更能够充分理解教育变革过程中改变教师行为的难度。作为释元的老师,我希望她按照这个研究方向继续走下去,争取更大的理论与实践贡献。

2019 年 12 月 16 日

目 录

引 言 …………………………………………………………… (1)
 第一节 为什么要关注教师价值取向研究领域 …………… (2)
 第二节 教师价值取向研究的价值定位 ………………… (8)

第一章 教师价值取向研究的追溯 ……………………… (13)
 第一节 价值取向的概念研究 …………………………… (14)
 第二节 教师价值取向的概念探索 ……………………… (36)
 第三节 教师价值取向研究的基本考察 ………………… (37)

第二章 教师价值取向研究的设计 ……………………… (71)
 第一节 研究假设 ………………………………………… (73)
 第二节 研究的分析框架 ………………………………… (77)
 第三节 研究的问题架构 ………………………………… (85)
 第四节 研究的取向与路径 ……………………………… (87)
 第五节 研究思路与方法 ………………………………… (89)

第三章 J中学学校文化剖析 …………………………… (115)
 第一节 J中学发展的基本历程 ………………………… (115)
 第二节 J中学学校文化体系分析 ……………………… (126)
 第三节 J中学学校文化特征解读 ……………………… (153)

第四章 教师关于教学设计的价值取向 ………………………（178）
第一节 "教学中知识最重要":教学设计理念关注传授哪些知识 …………………………………………………（179）
第二节 "教学中培养学生能力最重要":教学设计理念关注培养学生什么能力 ……………………………………（189）
第三节 "教学中培养学生情感最重要":教学设计理念关注学生情商和师生关系 ……………………………………（192）
第四节 "教学中培养学生思想品德最重要":教学设计理念关注学生思想道德品质 ……………………………………（195）
第五节 "教学还是考试最重要":教学设计理念关注学生学习结果 ……………………………………………………（197）

第五章 教师关于教学管理的价值取向 ………………………（201）
第一节 "攻心战":教师的管理总体取向 …………………（201）
第二节 "全得靠老师":教师对学生管理的基本假设 ……（206）
第三节 "咱也犯不上":教师管理责任担当的"尴尬" ……（207）
第四节 "现在好孩子太少了":"学生的存在本质"假设对教师管理的影响 ……………………………………（208）

第六章 教师课堂教学的价值取向 ……………………………（211）
第一节 "老师就做自己":教学技术是无法向他人学习的 ………（211）
第二节 集体备课:规范化与个性化的展现 ………………（213）
第三节 不崇尚"死板"的教学:教学创新的基础思想 ……（215）
第四节 "考试不考的我都不讲":成绩才是铁的评价标准 ……（217）

第七章 教师价值取向内在结构的悖论 ………………………（219）
第一节 "说和做两回事":言与行的悖论 ……………………（224）
第二节 "都是中考惹的祸":素质取向与应试取向的悖论 ……（226）
第三节 "理想很丰满、现实很骨感":改"理想"与教学"现实"的悖论 …………………………………………（230）

第四节 "主科"教师的"抱怨"与"小科"教师的"控诉" ………… (236)
  第五节 "好好教还是不好好教":"副科"教师的"无奈" ……… (241)

第八章 价值取向、学校文化与教育变革:基于案例的解析 ……… (244)
  第一节 中学教师价值取向结构与特点 …………………… (244)
  第二节 中学教师价值取向与学校教育变革之间的关系
         分析 …………………………………………………… (262)
  第三节 中学教师价值取向与学校文化之间的关系分析 ……… (269)

参考文献 ………………………………………………………… (274)

后　记 …………………………………………………………… (289)

引　言

全球性的科技革命引发了社会文化的变迁,教育被卷入整个社会变革之中。面对"后工业社会"和"信息社会"带来的知识增长方式的变化,面对以高新技术产业为支柱的知识经济社会,教育应该培养什么样的人,生产什么样的知识才能与国际社会发展同步,成为教育变革的动力?正如北京师范大学石中英教授所说:"对新知识和创造性人才的争夺已经成为国际竞争的新热点。以培养学生创造性素质为目标的教育改革成为世界各国面向21世纪教育改革的共同主题。"[1] 社会变革是教育变革的直接动因。法国的社会学家迪尔凯姆说:"教育的变革根据对它们所进行的解释,总是社会变革的产物和征候。"[2] 如同社会变革,教育变革的实质在于价值观的转变。因为,"价值观是文化中最深层的一部分,它支配着人们的信念、态度和行动,它是文化中相对稳定的部分"。[3] 价值取向决定着实践活动的方向和性质,也决定着实践活动的成败。对价值取向做深层次的探究是很有价值的工作。[4] 教育变革主体的价值取向决定了教育变革行动的方向与成效。学校是教育变革的场域,学校中教师的价值取向才是教育改变的核心。

---

[1] 石中英:《知识增长方式的转变与教育变革》,《教育研究与实验》2001年第4期,第1页。

[2] 转引自程晋宽《20世纪中国文化变迁和教育变革的历史分析》,《河北师范大学学报》(教育科学)2001年第1期,第34页。

[3] 胡文仲:《跨文化交际学概论》外语教学与研究出版社1999年版,第165—176页。

[4] 徐玲:《价值取向本质之探究》,《探索》2000年第2期,第71页。

第一节　为什么要关注教师价值取向研究领域

20世纪70年代在全球范围内兴起了一场"学校重建"（school restructuring）运动。这场运动是从学校的实际出发，探索适合各自特点的优质学校模式，把优质学校看作一个不断成长、不断发展的过程。[①] 学校教育优质化的过程就是变革发生的过程，学校总是处于教育变革的核心地带。学校改革必须从教育教学层面提升到学校组织层面，学校结构系统、管理风格及相应类型成为改革对象。[②] 教育长足而良性的发展动力必须来源于学校自身，来自学校的内部组织、管理者和教师，必须在无人替代的领域积极寻求变革创新。[③] 这些以学校为本的变革研究突显了学校在教育改革中的重要地位与作用，显示了学校自身发展与提高对整个教育改革的影响，也彰显了学校变革的重要性。没有学校层面的教育变革，整体的教育变革只能是一种理想，一种美好的愿望而已。

学校变革实施中最关键的人物是教师。教师处于学校一切改进的核心。我们必须特别关注教师的需求、渴望、个人和专业事务，以及教师在学校中作为一个独立的文化群体的做事方式。正是教师关于学校教育的主观性理解决定了课堂的真实运作情况。教师的主观性理解是教师参与变革的基础。教师的主观性理解包括的内容非常广泛，如教师的价值观、教师的信念、教师的旨趣、教师的偏好、教师的自我评估、教师群体共享的意义及教师假设，等等。这些主观性理解与教师的价值选择和判断是分不开的，意即教师的价值意识是这些主观性理解中最核心的部分，也是教育变革中最应变革的部分。

一　教师价值取向是教育变革之困的根本

我国宋代就有自上而下的教育改革，但是这种教育改革作为政治改

[①] 谢翌：《教师信念：学校教育中的"幽灵"》，博士学位论文，东北师范大学，2006年，第5页。
[②] 毛亚庆：《应重视学校为主体的校本管理》，《教育研究》2002年第4期。
[③] 李继秀：《教师发展与学校组织变革创新》，《教育研究》2008年第3期，第79页。

革的一部分，虽然取得了一些成就，但终究没有作为教育的常态在学校中发生。近代以来，教育改革仍然是政治任务，成为救国途径。中华人民共和国成立以来在教育上一直处于改革状态，从1949年到1998年就曾有大大小小的七次改革。但是这七次改革都属于局部变革，取得了一些成效，远不如世纪之交的第八次基础教育改革势头大。我国自第八次基础教育课程改革以来，教育变革就成为教育研究一个相对独立的领域，如西南大学教育学部范蔚教授出版了《基础教育课程改革》。教育变革也成为学校中一个常态，对于今天的教师而言，学校生活中频繁发生的"变革"正在成为一种"新型常规"。①

国外的教育改革与中国相似，也是社会变革的一部分。欧美面对苏联卫星上天的举动，反思教育对人才培养的结构问题。一系列社会变迁促进了学校优质化运动。教育变革作为相对独立学科的研究始于20世纪50年代到70年代的学校重建运动时期。② 变革一直是学校中一种静悄悄的革命。从学校重建运动开始，由于对优质教育的追求，旨在探索优质教育模式的变革在各个方面取得了一定的进展。但是，教育仍然处于被指责的地位，学校教育所培养的人才与社会结构变化的要求未能达成一致。学校变革一直处于被动之中，教师面临着巨大的改革压力。在社会要求中，教师似乎永远是个"不合作者"，总是不能跟上改革的需要。研究者的视角也由对课程改革方案的美好设计转向教师的实践领域。探索教师的内部世界成为当今国际教育改革界共同关注的焦点。

就教育变革自身而言，有广义和狭义之分。广义的教育变革是指学校中发生的关于教育和教学的任何改革。就本义讲，变革就是改变和革新，改变必然要革新，革新是改变的结果，改变是革新经历的过程。在学校中，教师每天都会遇到新问题，或者老问题在新的场景中发生，必须诉求新的办法来解决实际问题，此时变革便悄悄地发生了。从狭义的角度谈教育变革，教育变革就是具有一定规模的、由组织发起，或由学

---

① 王建军：《学校转型中的教师发展》，教育科学出版社2008年版，第1页。
② 钱民辉：《教育变革动因研究：一种社会学的取向》，《清华大学教育研究》1998年第3期，第24页。

校组织或教师自下而上的教育革新运动,如我国第八次基础教育课程改革。对于教师来说,除了应对教学问题时的革新之外,变革都是外部强加的。外部强加的教育变革能否被教师接受呢?加拿大教育改革家富兰认为,变革可能是强加而来的(因为自然事件或审慎的改革),也可能是我们自发参与的,甚至是我们自身在对现实不满、难以容忍时主动发起的。不论在哪一种情况下,变革的意义在最初很少是明白无误的,模棱两可的心态弥漫在整个转变过程中。任何革新"都不可能被全部接受,除非其意义得到共享"。① 外部强加的教育变革只有在教师共享其意义的基础上,才可能落到实处。意义的问题(problem of meaning)是理解教育变革的核心。为了掌握更多的意义,我们必须逐步来理解细微的和巨大的图景(small and big pictures)。细微的图景涉及的是主观的意义或对于个人而言是缺乏意义的各级教育制度。② 对于教育改革而言,依靠行政体制的力量只可获得片刻的改进,而充分发挥教师专业主动性则可保长治久安。同样,先专注于结构调整,然后再进行思想文化的改变无异于"把车子放在马的前面"。③ 变革的意义能否被教师共享,是教师价值选择的问题,也是教师的变革动力问题。

华东师范大学孙翠香博士对学校变革主体动力进行了研究。她认为,从总体来说,每一主体动力类型都具有成为学校变革动力的逻辑可能性和必要性,但学校变革实践中这些主体动力的现状却与理论分析存在较大差距;每一主体动力类型成为学校变革动力的条件不尽相同,但变革意愿和变革能力却是每一种主体动力类型成为学校变革动力的基本条件。④ 从我国新课程改革来看,教师抵制新课程改革本身说明了新课程改革并非教师意愿。在教师的价值判断体系中,课程改革并不是教师的偏

---

① [加]迈克尔·富兰:《教育变革的意义》,赵中建译,《全球教育展望》2005年第7期,第3页。
② [加]迈克尔·富兰:《教育变革新意义》,赵中建、陈霞、李敏译,教育科学出版社2005年版,第8页。
③ [加]迈克尔·富兰:《变革的力量——透视教育改革》,中央教育科学研究所、加拿大多伦多国际学院译,教育科学出版社2000年版,第84—86页。
④ 孙翠香:《学校变革主体动力研究》,博士学位论文,华东师范大学,2010年,第6页。

好，或者值得做的事情。什么原因让教师不愿意接受新课程改革呢？各种研究及笔者的田野考察都证明了教师对新课程改革的理念非常认同，且认为教育确实需要改革。这就出现了教育变革中的悖论，教师在思想认识上认同新课程改革，而在实际行动中却有抵制改革的现象。究其原因，在新课程改革中，教师面临着多种困境和价值的冲突，教师的精神世界中充满了各种挣扎。因此，教育变革及教师专业发展范式研究从关注有形的、外在的因素转向关注隐性的、深藏于人的精神世界的文化因素。① 寻求学校文化的重建成为突破教育改革瓶颈的一条路径。在学校文化重建的研究中，研究者发现，教师改变的根源在于教师价值观的改变，教育变革实施之关键在于教师的价值选择。这成为我们想要探寻教师的价值取向的原因之一。

二 教师价值取向的重建是教师发展之需

基于上述理解，学校教育变革的关键在于教师。教师发展成为学校教育变革的条件。无论是校本课程的开发，还是教学方法的转型，都需要教师发展。教师发展有利于教师全面理解新课程，有利于实施新课程。② 就我国基础教育课程改革而言，课程改革必须凭依教师发展而推行，教师发展可以因为课程改革而实现，课程发展和教师发展应当是整合一致的关系。课程改革是在教师发展中推进的，教师发展是在课程改革中达成的。③ 也有学者指出了新课程改革中教师发展的主要矛盾是新课程的"开放性"与教师素养的"封闭性"的矛盾以及教师的个人发展与课程改革的矛盾。④ 教师发展成为教育变革的关注。

自20世纪以来，关于教师发展的研究包括以下几个方面：一是教师

---

① 邓涛、鲍传友：《教师文化的重新理解与建构——哈格里夫斯的教师文化观述评》，《外国教育研究》2005年第8期，第6—10页。
② 张相学：《论课程改革的教师发展功能》，《濮阳职业技术学院学报》2005年第5期，第16页。
③ 张相学：《论课程改革的教师发展功能》，第16页。
④ 陈彩燕：《教师生存现状与教师发展——课程改革中教师发展主要矛盾的思考》，《教育导刊》2007年第8期，第51页。

教学技术的发展。这主要关注教师是如何教学的,呈现知识的方式是否符合学生学习接受的思维模型和心理特点。二是教师教育理念的更新。这被视作教师精神世界的一部分,主要关注教师持有的理念与变革要求的理念之间的悖离与符合、教师信念、教师的合作文化、教师角色转变等。三是教师专业的发展。教师专业发展主要关注教师的专业学习和教师的专业情意。教师的专业学习重点关注教师专业知识的提高,专业能力的改善;教师的专业情意重点关注教师对所从事专业的情感升华等。四是教师职业品质的发展,主要关注教师职业道德方面的发展。随着社会的进步,社会对职业的要求也发生改变。教师应具有哪些符合社会发展要求的职业道德,社会发展带来哪些职业道德要求的改变,等等,无论从哪个方面思考教师发展问题,最终都要聚焦于教师自身的主体性发挥。教师的内源性动机是教师发展的动力根源。因此,各种教师培训虽然取得了一定的进展,终究没有解决教师价值观问题。教师对自身发展的价值选择是教师行动的指南。教师培训正是致力于改造教师旧有的不利于个体发展的假设、信念和价值取向,并让大多数教师认同新的教育文化。[①]

三 教师价值取向重建是教师文化建设之本

教师发展是一种文化体现。教师发展必须创造一种新的文化,新的文化促进教师发展。教师文化是学校中的潜课程和"黑洞",同时也是学校教育变革成败和教师积极改变的关键因素。因此,当前的教师教育与教师发展研究中,出现了从仅关注教师专业化问题转向了既关注教师专业化发展,又关注教师文化建设的趋势。专业化阶段的教师文化的建设问题,也已成为全球性的关注热点之一。[②]教师文化是教师专业发展的重要方式,教师教育的文化变革之路是对专业型教师教育的基本思维——专业的社会化建构之路的矫治与延伸,是对教师教育实践中的既有态势、

[①] 谢翌:《教师信念:学校教育中的"幽灵"》,博士学位论文,东北师范大学,2006年,第6页。

[②] 赵炳辉:《教师文化与教师专业发展》,《教师教育研究》2006年第4期,第6—10页。

苗头进行理论提升与合理创造的结果。教师教育从专业建构走向文化转变的势态绝非出自理论的杜撰与附会，而是教师教育实践内蕴的一种自然倾向。① 教师的专业发展要取得实质性的进步，至为关键的一步就是教师文化重塑。

就课程改革而言，其重要目标在于学校文化的重建，而学校文化重建的根本在于教师文化的革新。从教师文化革新的层面看，教师行为的改变是表层的改变，只有教师信念和价值取向的改变才是教师文化的真正革新，这样教育变革所取得的成果才能持续与发展。因此，教师的根本转变在于教师文化的根本转型，特别是教师的信念、价值取向和实践的根本转变。② 探究教师的文化价值取向，是为了揭示现实教育实践中变革的动力或阻力，为教师改变提供一面可以供参照的"镜子"。总之，探明教师的价值取向对于推进教育改革和教师的专业发展具有重大意义。

以价值观为核心的文化概念同样未能抵及"共享"这一根本特性，因为同一文化团体中的价值观可以讨论并允许多元化的存在。外部的观念与制度如果缺乏对于教师主体的生活情境和意识形态的考察，忽视了教师的价值观和思维方式转变的有机融合，"嫁接"到教师的主体精神之"本"上也未必能够健康存活。要知道，教师行为的转变并非是由他人的集体性行为所定义和决定的，教师文化的革新和对于教学行为理性化的自觉追求才是教师行为转变的深层次支撑因素。教师文化的研究有利于转变那种"外围作战"而不触及教师内隐的行为规则与理念的教师教育观，使教师教育和教师管理的落脚点直接切入教师的精神层面。③ 教师的决策直接受制于他们的心智结构，包括由假设、信念、价值观、情绪等组成的"意义网络"，这就是教师对变革内容进行筛选的"滤网"或"决策机制"。④

无论是对教育变革的研究，对教师发展的研究，还是对教师文化重

---

① 龙宝新：《当代教师教育变革的文化路径》，北京师范大学出版社2012年版，第3页。
② 谢翌：《教师信念：学校文化中的"幽灵"》，博士学位论文，东北师范大学，2006年，第5页。
③ 车丽娜：《教师文化初探》，《教育理论与实践》2006年第21期。
④ 谢翌、张释元：《教师文化论》，中国社会科学出版社2012年版，第10页。

建的研究，均在一定程度上提及，甚至归结于教师价值观问题，三者的研究实践共同诉诸教师价值观的重建与改变。这也是本书欲探索教师价值取向问题的实践目的。

第二节　教师价值取向研究的价值定位

从教育发展的角度看，对于教师价值取向的研究有助于理解课程改革的困境、教师转变的过程，以及学校文化建设和教师教育课程的重建。因此，本书的研究有理论和应用两个方面的价值。

一　理论价值

对教师价值取向研究的理论价值在于这是对以往理论的延伸和创新，而非凭空再造一个理论。这就是墨子和靳校长都从历史的角度提出判断价值标准的根由。从历史的角度看，对教师价值取向研究的成果证明了教师的价值取向对教师的课程决策和教学行为有着重要的影响。持有不同价值取向的教师对课程的决策不同，对教学的设计也不同。这指明了二者的相关关系，无论运用思辨的方法还是运用实证的方法，得出的结论都是二者相关。国际上以学科教师价值取向为研究对象，发展出"五种价值取向"理论。该理论指出了体育教师持有五种价值取向，且强调了每一种取向都是优势取向，而非每位教师只拥有一种价值取向。这里隐含说明了，教师可能同时持有多种取向，只是某种取向表现得更强烈。既往研究成果奠定了本书研究的基础，也指明了研究方向。在现实场境的教学过程中，教师的价值取向的具体表征是什么？它是如何运作的？它影响教师决策的机制是什么？教师是如何整合自我的多种价值取向的？本书主要探索上述问题，希望发现原有理论的局限，将理论推进一步。

教师的价值取向、信念和情感应该被看作学校教育变革的动力之一。价值取向决定了做事方式，是教师文化的深层结构，就如文化无法判断其好坏一样，对于价值取向也没有好坏的评说，不可能用什么标尺来衡量价值取向的好坏或对错。但是，从价值取向本体而言，价值取向既有积极推动教育进步的作用，也有消极阻碍教育发展的作用。从教育的功能来说，教师的价值取向有是否合适之别。因此，深入探索价值取向的理论价值就在于透视教师的精神世界，把握教师对其专业世界的理解，为教师教育研究与发展提供一定的依据。

对教师价值取向的研究可以分为两条线索。一条线索是向外延展，即对教师价值取向外延的研究。这类研究假定教师持有的价值取向是有助于教育发展的，主要探索它如何影响教师行动，影响何种教师行动。另一条线索是向内洞察，即对教师价值取向的本体研究，主要研究教师价值取向是如何形成的？如何讨论它？学校文化是否有能力改变它？等等。对于教师价值取向的本体研究，所见成果很少。这类研究难度大，在本书的探索中实难完成使命，但本书也会在一定范围内试着思考教师价值取向的建构问题。

二 应用价值

教师价值取向与教师的假定和信念共同组成了文化的意义结构，它决定了教师行为层面的活动。从学校变革的角度看，变革的主观意义决定了变革发生的程度。富兰对教育变革进行历史考察之后得出两个结论："第一，直到我们发现某种把教师置身于产生新的理解力的过程和框架的方法时，变革才能成功；第二，它表明我们所讨论的不是表面的意义，而是关于新的教和学的方法的深层含义。"接着，他强调"即便有了目标和现存的文化和条件，意义也不会轻易地到来"。这表明，要使学校变革具有真正的意义，仅仅有变革的文化和条件是不充分的，还需要教师具备将自己置身于改革的方法。直到教师对教和学的方法的深层意义共享时，教师才能真正置身于改革之中。外部强加的改革与教师价值选择耦合时，教师才能动起来。对教师价值取向的研究正是试图从深层分析教育变革如何才能在教师那里发生，为教师参与学校变革提供策略依据。

我们不仅能更深入地理解不同团体或组织如此不同的原因，还能更深刻地理解它们难以被改变的原因。[①] 在回溯个人的教学实践史，与所学

---

① ［美］埃德加·沙因：《组织文化和领导力》，马宏宇、王斌等译，中国人民大学出版社 2011 年版，第 8 页。

理论不断对话之后，我深刻认识到价值问题并没有被学校重视，更很少拿出来讨论。上级主管部门只管检查，学校领导只管安排任务，教师如何应对这些任务是另外一回事。教师做与不做，真做与假做，对学校变革的发生程度起着举足轻重的作用。我秉持文化功能主义的立场，对教学场境中的教师行动进行深描和解释，透视教师心灵世界，为具有相同或相似情境中的学校提供可用的理论。

教师价值取向研究能更好地帮助教师。质的研究者与研究对象之间是一种合作关系。研究者与研究对象之间通过人际互动，共同生成意义。"研究性访谈是基于日常生活会话的专业会话形式之一，它使一种观点互动，在访谈员与受访者间的互动中建构知识。"① 我在与合作研究教师的互动中，引导教师反省自我的内部世界，这对于教师自省和打破"惯习"有积极作用。从自省到觉醒再到重建，这是教师价值取向改变的过程。既往研究常常关注教师的外部世界，而忽视了教师自身的潜在力量。本书通过对教师内部世界的探索，促进教师自我个体意识的觉醒，从而探寻自我的内部世界，并保持与外部世界的平衡。研究教师价值取向有利于促进教师自觉审视个体的价值观，促进教师逐步成长为"反思型教师"。

教师价值取向研究能够帮助学校更好地进行教师文化建设。教师价值取向是教师文化的深层部分，也是最稳定的部分，难以改变的部分。因为教师是学校中的主体，处于学校结构的中心，因此教师文化常常就表现为学校文化。学校组织作为教师的外部世界，需要与教师的内部世界沟通。本书期望学校能够通过了解教师的价值取向，识别教师价值取向，并能达至重建教师价值取向。教师价值取向研究能够改善教学，促进学校教学改革。当学校与教师意识到，真正影响他们行动的是价值取向问题时，他们就会有意识地去思考其持有的价值取向的合法性。

苟费尔和布林克曼在阐明研究的伦理问题时指出，质性访谈研究中确定主题阶段也隐藏着潜在的伦理问题。他们认为，一项访谈研究的目

---

① [丹] 斯丹纳·苟费尔、斯文·布林克曼：《质性研究访谈》，范丽恒译，世界图书出版公司2013年版，第2页。

的应该不仅仅是探索知识的科学价值,还应该致力于促进人类的进步。[1] 这里苛费尔和布林克曼所指的是研究主题的公共价值——促进人类的进步。公共价值不完全等同于理论价值和应用价值。与理论价值和应用价值的视角不同,公共价值是从该理论所解决的实际问题产生的公共效益的视角衡量研究问题的价值。一项研究不仅要具有理论价值,正确地指导实践,解决实际的问题,而且应该促进人类发展和进步。因此,一项好的教育研究主题不仅是对原有理论的创新,而且能够指导教育实践,解决教育实践中的问题,还要对人类发展具有促进作用。

勒温与约翰·杜威有共同的愿望,希望科学家能够帮助人类创造更加美好的生活,使人类掌握自身命运。[2] 价值问题是关乎人类命运的问题之一。人类的活动,无论是认识还是实践,都是追求价值、实现价值的过程。没有任何价值意识,人类就根本不会给自己提出认识世界和改造世界的任务。[3] 教育是一种实践活动,是人类为了发展自己而进行的实践活动。教育活动也是人为了实现自己的目的而进行的实践活动。目的,从一般意义上说,是活动结果的观念形象,也就是在观念上、思维中对活动的结果以及借助一定手段达到这种结果的途径的预计。如果从其根源和内容上看,目的则是被主体意识到了的自身需要,是人对于某种对象的需要在意识中的反映,是人所自觉追求的理想的价值目标。[4] 教育是社会文化变迁的控制因素。教育理论研究的公共价值在于教育变革是文化变迁的工具,教师是实施教育的主体,教育能否担当起社会文化控制的使命,全依赖于教师的教育行动。教师的价值取向决定了教师选择培养什么样的人,以及如何培养人。教师的做事方式直接影响学生,教师的思维方式决定了其教学效能。教师的价值取向决定了教师的行为,框

---

[1] [丹]斯丹纳·苛费尔、斯文·布林克曼:《质性研究访谈》,范丽恒译,世界图书出版公司2013年版,第69页。
[2] [美]克里斯·阿吉里斯、唐纳德·A.舍恩:《实践理论:提高专业效能》,邢清清、赵宁宁译,教育科学出版社2008年版,第6页。
[3] 袁贵仁:《价值观的理论与实践:价值观若干问题的思考》,北京师范大学出版社2009年版,第9页。
[4] 袁贵仁:《价值学引论》,北京师范大学出版社1991年版,第9页。

定了教师的角色取向和角色范畴。

　　追求价值不仅是教师进行教学活动的一种目的、意向，而且是教师积极从事教育教学活动的最终动因。追求价值作为人们活动的一般目的，直接规定和影响着活动的性质和方向。教师的价值取向直接影响教育活动的性质和方向。价值取向作为教师的观念，或隐或显地影响着教师的课程决策和学习活动的设计。对教育价值的追求促使教师积极奉献于教育事业，激发教师的教育热情。正如袁贵仁在其《价值学引论》一书中所表达的，"价值对于活动的意义和力量还在于它使人产生一种强烈的意志、情感，即强烈的活动意识"。[①]

[①] 袁贵仁：《价值学引论》，北京师范大学出版社1991年版，第13页。

第一章

教师价值取向研究的追溯

对既往研究的追溯是每一项社会科学研究的基础功课。追溯的主要目的是避免重复研究，也是希望自己的研究能"站在巨人的肩膀上"。进行教师价值取向研究的最初工作就是收集并整理文献。在文献检索方面，除了常规的数字资源的文献检索外，也利用北大访学的资源优势，使用文献传递和馆际互借等平台到其他馆藏中去收集资料。同时动用了朋友、同学等国外关系资源，收集国外公开发表的研究成果，也请文献代查公司帮忙购买文献。为了弥补单一数据库文献量的限制，采用了多个数据库查询互补的方法对国内外文献尽可能全面地获取。对于国内的文献，主要是通过图书馆查阅以及对中国知网、万方数据库、维普数据库等进行搜索，除此之外，还使用了台湾数据库、大成老旧期刊全文数据库等。对于外文文献，主要是采用网上查阅的方法，使用 Google 学术搜索以及 PROQUEST 和 EBSCO、Web of Science 等数据库和可能的国外网站，也请熟悉的美国教师和同学推荐，进行文献代查和购买等。除此之外，无论中文文献还是外文文献，都用滚雪球的方式获取，即将阅读文献时看到的引文文献作为线索查找。尽管本书不可能穷尽以往文献，但是就我所收集的资料来看，仍然可以管窥教师价值取向领域的研究与发展脉络。

为了更加明确研究主题，我将在文献综述中回顾和总结价值取向、教师价值取向、教师价值取向研究的基本考察等方面的相关研究。

第一节 价值取向的概念研究

在心理学领域，价值取向属于价值观研究范畴，主要研究价值观结构。在哲学领域，价值取向属于价值哲学研究范畴，主要研究一般价值。在社会学领域，价值取向研究属于观念系统领域，主要从制度层面、关系层面和一般规范层面三个方面研究人的价值取向问题。在教育学领域，价值取向包括两部分，一部分是物自身所含的价值取向，如课程的价值取向，教育政策的价值取向，教师职业的价值取向，等等；另一部分是人对物的价值取向，如教师的价值取向、校长的价值取向、学校组织的价值取向，等等。无论是哪个领域，对价值取向的理解都是指主体选择做什么和不做什么的判断和倾向，是指导主体选择行动的内隐观念系统。

中国古代就有价值研究。"中国古代的价值学说，虽不如近代西方的繁富和详密，也有其独到的内容。"中国古典哲学重视人生观和价值观的探讨，关注人与社会的问题。"应当承认，价值观是中国古典哲学的一个重要方面。"[①] 中国古典哲学把价值与人生问题联系起来，关心人生意义所在，人应该追求什么样的理想人格等[②]。尼采认为，价值是人创造的；现实世界与人的关系，只是价值关系；一切文明的生活态度都依赖于此文明所具有的价值；一切价值都因时间、地点的不同而不同。[③]

一 价值的意蕴

要理解价值取向的内涵和要旨，首先要了解什么是价值。通俗来讲，价值问题就是关于好坏的问题。"好坏"问题，推而广之，拓而深之，就是"价值"问题。"好"或"坏"乃是日常语言中对正价值或负价值的判断和表达。[④] 在日常语言中，人们也常常用"有用"和"无用"来说明某事物是否有价值。"有用"的就是有价值的，"无用"的就是没有价

---

① 张岱年：《文化与哲学》，教育科学出版社1988年版，第197、181页。
② 袁贵仁：《价值学引论》，北京师范大学出版社1991年版，第24—25页。
③ 转引自袁贵仁《价值学引论》，北京师范大学出版社1991年版，第19页。
④ 李德顺：《价值论———一种主体性的研究》，中国人民大学出版社1988年版，第11页。

值的。使用"有用"和"无用"两词来指涉价值的人在日常生活中随处可见。价值问题也扎根于人的生活世界，有时候被人意识到，有时候并不被人意识到。

袁贵仁从语义的角度对价值概念进行了分析。[①] 他认为，"价值是主体和客体之间的一种特殊关系"，作为价值的定义，这一定义无疑还比较宽泛、抽象。这一概念尤其具有方法论的意义。它明确了：价值不在主体，也不在客体；价值离不开主体，也离不开客体；价值存在于主客体相互作用之中，是一种关系范畴，而不是实体范畴。价值是关系范畴，表示主客体之间的一种关系，但是价值和价值关系是不同的。价值是价值关系的部分因素；价值关系是价值的载体、存在形态。或者说，价值是价值关系的内容，某物对某人具有价值，因此某物同某人之间存在价值关系。从性质上看，价值关系是中性的，价值则有正负之分。价值关系解决的是客体对于主体有无价值的问题，而客体对主体的价值如何就有正的或负的，积极的或消极的差别。价值关系既包含正价值，也包含负价值。在存在上，价值逻辑上先于价值关系，先有价值后有价值关系。价值关系是主体和客体之间的意义关系，某事、某物对人有意义，也就是某事、某物对人有价值，意义的大小也就是价值的大小。价值也就可以理解为客体对于主体所具有的意义。无论在中国还是在西方，基本上都是通过意义来诠释价值的。在日常生活中，人们也常常用作用或效用来指涉价值与意义，对人有用的就是有价值的，对人无用的就是无价值的。在某种意义上，作用或效用是可以和意义、价值通用的。价值关系是一种意义关系或一种效用关系，它们是等值的。价值是客体对主体的意义，也就是客体对主体的作用、效用。这里所说的作用、效用，不仅指满足人的某种物质需要的实用或功利，也指满足人的精神需要（如审美价值）的作用、效用。这不等于说客体的价值即是客体的功能。功能是事物本身固有的，是对事物自身而言的，作用则是对他物、对人而言的。功能是一种潜在作用，作用是一种表现出来的功能。在日常概念中，

[①] 袁贵仁：《价值观的理论与实践：价值观若干问题的思考》，北京师范大学出版社2009年版，第16—23页。

某客体具有功能也通常被称为该客体具有价值。那么，价值到底是关系范畴还是属性范畴呢？袁贵仁认为，价值既是关系范畴，也是属性范畴，二者并不矛盾。一方面，属性包含关系，关系是属性的一个方面、一个层次；另一方面，属性也离不开关系，事物的一切属性都是通过和其他事物的关系而表现出来的，即通过和其他事物的相互作用、相互比较而表现出来的。

日本学者作田启一认为，已有研究中价值有两种概念：一种是能够满足欲望的东西就有价值，另一种是通过抑制平时的欲望所获得的东西才有价值。[①] 人在获取认为有价值的东西可能会牺牲自己的另一种价值。他基于行为的概念提出价值的定义。他认为，行为选择中含有目标—手段一致性、价值一贯性和合理化三个要素。目标是行为的要素，它同时包含"作为手段的有效性"意义。主体的行为选择本身含有目标—手段的一致性。他以某人开车去钓鱼为例说明目标—手段的一致性问题。之所以选择开车去，是因为到达目的地利用汽车比用其他交通工具更有效的缘故。就行为者较长远的目标而言，目的本身就包含有效性，完全不具有有效性意义的行为很少见。价值是伴随某种牺牲（或者排除）而选择的认为值得达到或者值得获得的客体。选择就是引导行为者实现其一贯价值，即通过引导行为者的价值或价值意识，从有几种可能性的目标之间进行选择。合理化是指选择是在驱动行为者满足欲望方面，认为某种状态较为合适，也可以称为"合意"。[②] 行为选择有时可以看作习惯化的产物，这隐藏了选择过程中的价值意识。从行为的诸要素看，行为目标的第一性因素受长远目的、价值实现和欲望满足三者的左右。第二性的因素可以认为是促成目标实现或者阻碍目标实现的条件（起促进作用的条件是工具）以及知识（包含技术）。作田启一讨论了目的、价值、欲望这些行为的第一性要素，并把行为看作目标追求性的，并采纳了价值和欲望作用于目的—手段系列的范式。他认为：个人行为者一般都本着目的合理的切合性而行动。如果把目标追求行为的相互关

---

① ［日］作田启一：《价值社会学》，商务印书馆2004年版，第14页。
② ［日］作田启一：《价值社会学》，第4—5页。

联看作社会体系，那么行为理论和体系理论在概念范式上就能保持连贯一致。通过这样的概念范式，可以把将焦点放在目标追求行为相互关联的社会体系、把以价值作为重点的文化体系和以欲望作为重点的个性体系分别衔接到社会体系上的传统三分类，直接纳入功能主义理论体系中。因此，作田启一认为把目的包含在行为概念中较为合适。[①] 基于此，他提出，以受文化制约的欲望作为出发点，来寻找文化与行动以及文化与社会（行动相互作用的部分）的关联性，应把焦点放在文化共性部分的价值上。

从需要的层面看，价值意味着能够满足某种欲望的客体或客体的性质。不仅如此，它还有另外一种称为稀有价值的意义，是指不容易接近、不容易得到的东西具有的价值，或者不容易达到的目标才被认为有价值。前者主要是客体满足主体欲望的功能，即"需要的"，而后者则是"理想的"。这两者在概念上显示了对立性。前者认为能够满足欲望的东西就有价值，后者认为通过抑制平时的欲望所获得的东西才有价值。作田启一认为将前者作为价值的说法，并没有给满足欲望赋予新的属性，只不过是用价值一词来取代欲望满足的含义而已。[②] 而主体对客体的价值取向，还伴随着对其他欲望满足的否定，也就是牺牲其他欲望满足才能获得"理想的"。于是，当把价值与选择过程联系起来时，可以假设即使那些看起来得到它或实现起来并不困难的客体，要想接近它，也会存在某些困难，即需要以牺牲某些欲望作为背景。[③] 可以这样概括地认为，价值是牺牲的代价。其相关关系可以表示[④]为：

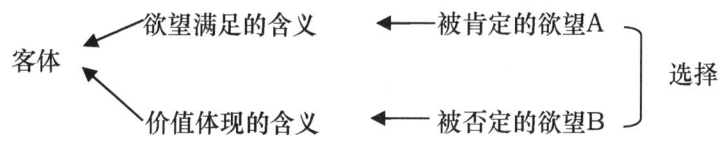

---

① ［日］作田启一：《价值社会学》，商务印书馆2004年版，第9—10页。
② ［日］作田启一：《价值社会学》，第14页。
③ ［日］作田启一：《价值社会学》，第15页。
④ ［日］作田启一：《价值社会学》，第16页。

作田启一从发生论的角度对价值概念做了阐释：第一，因价值具有附着于客体的性质，要产生价值，首先要把客体从主体中独立出来，作为独立对象，被主体意识到才行。第二，如果不经过任何困难就能到达客体的话，价值还不会产生。第三，这个概念通过从相反的角度来理解经济学中客体欲望满足意义上的价值，能够使之与社会学以及文化人类学中传统行为价值和文化价值概念保持一致，或保持关联。第四，是关于这个概念与功能主义体系理论之间的适合性问题。第五，应该注意到该观点能够对韦伯与帕森斯的行为理论起到补充作用。

日本学者作田启一基于行为理论从社会学的角度对价值进行了概念界定，而我国学者袁贵仁基于关系理论从哲学的角度对价值概念进行界定。虽然二者立场不同，角度不同，但是都肯定价值概念中涉及主体（行为者）、客体（行为对象）和价值实现三个要素。

表1—1　　　　　　　袁贵仁和作田启一价值概念的比较

研究者	人	价值	人或物
作田启一	行为者	需要的和理想的	行为对象
袁贵仁	主体	需要	客体

就主体（行为者）而言，主体的需要（包括理想的）是价值发生的根本，没有主体的效用，无法谈客体的价值。就客体（行为对象）而言，若其不具有满足主体需要的功能属性，无论它具有多少其他的功能，对主体而言，它都不具备任何价值。主体的价值实现依靠客体的工具手段，客体的工具性与主体价值实现相关联就构成了主客体的价值关系。主体的价值实现包含牺牲的含义。所以牺牲或付出代价，是主体价值选择的结果。牺牲（或者排除）的东西就是被主体认为没有价值的，就是主体不需要的，也是被主体价值意识筛选机制所摈弃的。因此，本书认为，我国学者袁贵仁的概念界定与日本学者作田启一并无多大差别。

现有对价值的定义基本描述了价值对于人的效用，凡是对人有用的就是有价值的，不管人是否牺牲（或排除）其他欲望，人都追求自己认为有价值的东西。这里就隐含了对人的假设。这样定义价值时，首先假设人是有价值选择的能力的,即人的价值判断一定是正确的。这种假设不但与事实相反,而且也与目前哲学研究有不符之处。从认识论的角度看,人的认识是有局限性的,人认为有价值的,甚至不惜牺牲去追求的,也许正是未来社会发展的阻碍力量。以目前对考试的追求为例,我们完全可以明了。在我与教师访谈时,教师们对目前唯考试这样的现象也很不满,但是迫于各种压力,他们仍然追求分数。他们知道唯分数的教育牺牲了学生的身体和各方面的素质培养,有的教师甚至表示见此非常痛心。但是,在行动时,教师仍然遵守着"为考而教"的行动理论。在我过去的研究中,把这种明知可为而不能为的现象称为文化冲突或者价值冲突。这就出现了一个问题,教师认为有价值的,不一定就是教师行动时所追求的。舍恩和阿吉里斯也对实践理论做了大量的研究。他们提出了信奉理论和行动理论,并论证了信奉理论与行动理论的不一致性。这为本书重建价值的概念提供了空间和理论资源。

既往对价值的定义多从实用价值出发,认为客体的价值就是客体具有满足主体欲求的功能属性。因此,同时满足三个条件才说明了价值。第一个条件是客体具有主体需要的功能;第二个条件是主体有所需求;第三个条件是主体的需要刚好是客体具有的功能。三个条件缺一都不能构成价值。这里忽视了人对自我能力的评估。若客体的功能刚好是人的需要,但人在评估自己时认为没有能力达到目标,他就会放弃追求,但是这仍然是他的需要。例如,人对真、善、美和自由等的追求。若把人对自我评估的要素考虑进去,已有对价值的定义基本是使用价值。人信奉的价值和使用的价值实则是两回事。因此,我希望从信奉价值和使用价值两个维度探索教师价值取向问题。

二 价值取向的语义考察

(一) 词源学的考察

从词源学的角度看,无论中西,价值取向都是一个合成词。在英语中,价值取向是 value orientation,而在汉语中价值取向也是由价值和取向两个词合起来的。因此,从词源学的角度分析价值取向的含义,就要分别从价值和取向两个词入手。在英语中,value 是由古法语 valoir 演变而来的。古法语 valoir 源自拉丁语 valēre 一词，意思是值得的、有说服力的、有分量的。① 14 世纪被引入英语，直到 19 世纪，完全成为经济学和政治经济学术语。19 世纪末被引入哲学的含义，中外哲学家从不同角度赋予了定义。② 在《英汉大词典》中，value 的含义非常广泛，但其本意是有用性和重要性。其复数形式 values 指价值观念和社会准则。orientation 是 orient 的名词形式。orient 源于拉丁语 oriēns，意思是太阳升起的地方。orient 在英语中的含义是东方、东方国家、东半球、珍贵的、优质的、给……定方向、以……为目的等。orientation 意为方向、方位、定向、态度、取向。合成词 value-orientation 意思是价值倾向性。③ 在文章中使用 value-orientation 这个词时通常是分开写的。通过上面英语中词源学的分析，value orientation 主要是指什么是有用的或者有价值的定向，即人"对物对人的价值"的判断和意识。从英语词源的角度分析，value orientation（价值取向）含有三个层面的意思：一是主体指向。价值取向都是指涉人的，只有人才具有价值取向。因为人具有判断价值的能力，而物没有判断价值的能力。教育政策的价值取向或者课程的价值取向不过是指人对教育政策和课程的价值诉求。二是指物的有用性，也就是物对人的价值。三是价值取向是人对物的选择倾向。人们总是选择对其有价值的物或事件。哪些课程对人来说是有价值的，人类就会选择哪些课程内容。

在《汉语大词典》中没有价值取向这个词。在古汉语中"价"本身就有价值的含义，而"值"的本义是执持、拿的意思。价，古作"價"，价是后来的简化字。价有两个读音，一个读 jiē，通常作助词；另一个读 jià，有十种含义，基本含义是价格。最早见《韩非子·外储说左下》，"郑县人卖豚，人问其价"。④《说文新附》中也有："价，物直也。从人、贾，贾亦声。"《集韵·祃韵》的解释："价，售值也。"在《管子轻重

---

① 陆谷孙：《英汉大词典》（第二版），上海译文出版社 2012 年版，第 2255 页。
② 许金廉：《基于教育价值取向的基础医学教育思考与探索》，《中国高等医学教育》2008 年第 3 期，第 21 页。
③ 陆谷孙：《英汉大词典》（第二版），第 1378 页。
④ 罗竹风：《汉语大词典》（卷一），上海辞书出版社 1986 年版，第 1690 页。

乙》中:"国贫而用不足,请以平价取之。"可见,在中国古汉语中,价有价格的意思。值在古汉语中也有两种发音,一种是 zhì,是执持的意思。《诗经·陈风·宛丘》中有:无冬无夏,值其鹭羽。毛传中解释:"值,持也。"孔颖达疏注说:"鹭羽,执持之物,故以值为持。"另一种读音是 zhí,《汉语大词典》中有十种含义。与本研究相关的含义有三个:1. 谓按物价所付的钱款。唐裴铏《传奇·陈鸾凤》中有:"遂献刀与绪,厚酬其值。"2. 指物品与价钱相当。《二十年目睹之怪现状》第五回中:"东西虽好,那里值到这个价钱,顶多不过一个折半价罢了。"3. 值得,有价值。在《天工开物·五金》中有:"黄金美者,其值去黑钱一万六千倍。"《史记·魏其武安侯列传》:生平毁程不议不值一钱。[①] 由此可见,在古汉语中价和值两个词都有价格的意思,且都标明物的有用性和对人的用处。

到了清代,价值两个字才合为一个词使用。在《汉语大词典》中,价值有三个含义:第一种含义是价格。清代李渔《闲情偶寄·声容·薰陶》:"香皂以江南六合县出者为第一,但价值稍昂。"第二种含义是指体现在商品中的社会劳动。价值量的大小决定于生产这一商品所需的社会必要劳动时间的多少。这种含义主要指经济学中的价值概念。第三种含义是指积极的作用。清代酉阳《女盗侠传》卷三中有:"隔一小时,有人来还帔,并袖出一小囊曰:'此主人所以赠君者,嘱君载之以行,有无量价值。'"柯灵《香雪海·时间》:"古往今来,时间老人迈的永远是同样的步子,但是时间的意义和价值不同,对人的感觉也就不同了。"可见,在现代汉语中,价值的意思跟古汉语中的价值很相似。[②]

取向在《汉语大词典》中不是一个词语,而是分开使用的两个字。取,古代汉语中也有两种读音。一种读成 qǔ,有 21 个意思。本义是指(捕获野兽或战俘时)割下左耳。《周礼·夏官·大司马》中有:"大兽公之,小禽私之,获者取左耳。"郑玄做注说:得禽兽者取左耳,当以记功。这里的取就是拿的意思。拿的本义就有有用的意思,没有用的东西是不会去拿的。与拿相似,还有收受、索取、捕捉、求等含义。另外,

---

① 罗竹风:《汉语大词典》(卷一),上海辞书出版社 1986 年版,第 1454 页。
② 罗竹风:《汉语大词典》(卷一),第 1690 页。

"取"还有采取、选拔的含义。《易·系辞下》中有:"上古穴居而野处,后世圣人易之以宫室,上栋下宇,以待风雨,盖取诸《大壮》。"可见,"取"是为了一定目的而拿来,或者为"记功",或者为需要。可以这样说,因为某物或者某事对人来说有价值,因而取之。另一种音读成 qū,是个通假字,通"趋",意思是趋向、疾走。《礼记·曲礼上》:"礼闻取于人,不闻取人。"① 今天,我们能"取""向"合在一起使用,是用了"取"的选拔、采取的含义。

古汉语中的"向"有两种写法。一种写法相当于现代汉语简体的"向",另一种写法写成繁体字的"嚮"。当作"窗户"解时,两者通用。《广韵·漾韵》:"向,窗也。"又"嚮,与向通用"。"向"在古代,本义是朝北的窗。《诗·豳风·七月》中有:"十月蟋蟀入我床下,穹室熏鼠,塞向墐户。"毛传中解释:"向,北出牖也。"《说文》也有:"向,北出牖也。从宀,从口。"徐灏注笺:"古者前堂后室,室之前为牖,后为向,故曰北出牖……象形"。因此,"向"还有趋向、向着、方向、面对、朝着、面临、归向、去、前往等意思。引申开来,"向"就有爱、偏袒、仰慕等含义。② 而繁体的"嚮"本义是趋向、向着和方向。《广韵·漾韵》中对"嚮"的记载是"鄉,面也。或从向"。《书·多士》中记载"嚮于时夏,弗克庸帝"。孔颖达疏注说:"天归向,于是夏家"。由此可见,价值取向的"向"在古代应该写作"嚮"。

从词源的梳理看,价值取向四个字合在一起应用,说明了价值取向含义的几种特性:一是选择性。主体为满足自己的需要而"取"之的选择愿望和想法。二是功用性。这是针对客体而言的,被选择的客体一定具有主体所需要的功用,或者是"记功",或者是生活所需。三是偏好性。不管客体是否具有功用,主体是依据个人偏好来对客体的功能进行选择。四是关联性。主体和客体之间通过主体的需要与客体的功用契合才构成价值取向,否则价值取向的概念将不成立。五是预测性。价值取

---

① 罗竹风:《汉语大词典》(卷二),上海辞书出版社 1986 年版,第 871 页。
② 罗竹风:《汉语大词典》(卷三),上海辞书出版社 1986 年版,第 136 页。

向指向未来,它更关注未来的可能,指向于"实现某种可能"。① 词源学的解释是我们进一步定义价值取向的基础。

(二) 语义学的解释

《中国大百科全书》对价值取向的解释是:人们在价值评估、选择、决策以及创造过程中的一定倾向性。价值取向反映了主体的结构、目的、根本利益和需要,体现主体的价值理想、价值信念和价值标准,表现为该主体所坚持的并且影响其行为的价值追求,具有因主体不同而不同、因主体变化而变化的主体性特征;但同时,在具体的价值活动中,价值取向又受主体的社会存在、自身能力和条件以及客体和环境等诸多因素的制约,具有相对于主体自身的必然性和确定性。主体有意识、有比较稳定的观念形态的价值取向,是该主体所持有的价值观念,在主体评价、选择、决策、创造中起着主观标准、价值目标的作用。②

在《价值学大词典》中,价值取向指主体在价值选择和决策过程中的一定倾向性。价值取向体现了主体的价值追求,表现为这个主体所信奉的而且影响其行为的价值标准。价值取向归根到底受主体的社会存在和根本利益所决定,因此对一个确定的主体来说,它的价值取向有一定的必然性和一贯性。同时,在具体的价值选择中,主体又必然受到自身能力和条件以及客体和环境的诸多因素的制约,因此同一主体的具体价值取向又不能不表现出一定的灵活性和偶然性。一般说来,主体价值取向的必然性和一贯性是通过变动着的具体选择而保持和体现出来的。由于价值选择总是主体有意识地进行的,所以价值取向又与价值观念有着密切的联系。价值观念是价值取向的观念形态,是主体进行价值评价和选择的主观标准。在一般情况下,主体的价值观念能够代表它的基本价值取向。但是,价值观念作为主观的取向,最终还是要服从主体的客观存在、需要和实际能力。价值取向对主体行动有着巨大影响,它调节并使主体的行为指向一定的价值目标。价值取向的核心就是价值目标,在

---

① 李家成:《当代中国学校教育价值取向:概念与研究定位》,《宁波大学学报》(教育科学版) 2003 年第 10 期,第 39 页。

② 《中国大百科全书》(第二版)第 11 卷,中国大百科全书出版社 2009 年版,第 245 页。

这个意义上，价值取向和价值定向是同义的。①

（三）哲学的概念界定

在中国哲学界，提出并系统研究价值取向问题开始于 20 世纪 80 年代。徐玲秉持行为取向的价值取向定义方式，阐明了价值取向是一个复杂的观念活动过程。他认为，价值取向的过程性首先表现在行为前作为行为方向的选择是一个过程。其次，作为对行为方向的把握及调整，价值取向贯穿于主体整个行为的全过程。因此，他将价值取向定义为介于价值观念和行为之间的中间环节，人们对价值认识、判断均需通过价值取向才能在实践中实现。② 袁贵仁认为，价值取向就是人们在一定场合以一定方式采取一定行动的价值倾向。它来自于主体的价值体系、价值意识，表现为政治取向、功利取向、审美取向、道德取向等不同的方面。人的每一具体行为的取向或定向，都是各种具体价值取向综合作用的结果。③ 张红认为，价值取向的合理化是进步人类的信念。从本体论的角度看，我们把价值取向叫做价值的指向性；从价值观的角度看，价值的指向性就是价值取向。无论是取向还是指向，其实质是以谁为价值主体，并对价值主体的需要、目标和理想作何理解的问题。④ 阮青认为，价值取向是价值主体在进行价值活动时指向价值目标的活动过程，反映价值观念变化的总体趋向和发展方向。⑤ 个体或群体所能接受的判断对或者错的原则。⑥

（四）文化社会学的概念界定

克拉德·克拉克洪（Clyde Kluckhohn）认为，既然价值观和存在的前提几乎是镶嵌在标志个体或群体特征的整个经验图景中，那么似乎完全可以将整个图景称为价值取向，它表示情感认知（价值）和严格认知（取

---

① 李德顺：《价值学大词典》，中国人民大学出版社 1995 年版，第 286 页。
② 徐玲：《价值取向本质之探究》，《探索》2000 年第 2 期，第 69 页。
③ 袁贵仁：《价值学引论》，北京师范大学出版社 1991 年版，第 350 页。
④ 张红：《新中国基础教育课程政策的价值取向研究》，《东北师范大学》2008 年第 5 期，第 28 页。
⑤ 阮青：《价值取向：概念、形成与社会功能》，《中共天津市委党校学报》2010 年第 5 期，第 62 页。
⑥ http：//www.audioenglish.net/dictionary/value_orientation.htm.

向)两种成分的融合。① 佛罗伦斯·克拉克洪(Florence R. Kluckhohn)认为该界定只关注了价值取向的两个方面——认知和情感方面,而忽视了可预测进程中的指示性方面(directive aspect)。② 她认为,每个人拥有的价值观和价值系统指导着行动(direct behavior)。她还批评了认为价值取向具有无意识性的观点,指出了价值取向是一个由不清晰的选择到清晰的过程,这个过程本身就含有无意识到有意识状态,因此用无意识性界定价值取向是不合理的。她通过对五个文化社区的研究发展了这个价值取向的概念。价值取向是复杂的且绝对固定的原则,这个原则产生于可预测进程中的认知、情感和指示性三个解析分辨元素的事务性相互作用,当这些与普通人问题解决相关时,它为人们行为和思想的流动给出顺序和方向。③ 这个概念的界定不仅强调价值取向的认知和情感层面,还强调了价值取向对人的行为的指令性。人的行为是动态的、流动的,行动也是一个进程,因此,她认为价值取向蕴藏于可预测的行动进程中。这样定义价值取向基于三个主要假定:(1)所有人在所有时间内都必须找到一种程式,这是一般人类问题的限制;(2)这些程式的变化性是肯定的存在,它们既不是无限的也不是有序的,相反,变化性在可能解决的范围内;(3)在所有文化中,任何时代,经常性解决方案的所有变化性都是现在时的,从一个社会到另一个社会,从一种亚文化到另一种亚文化都是如此,只是在可接受的变化程度上不同而已。④ 佛罗伦斯·克拉克洪是从价值取向的内部结构出发界定概念的。她指明了价值取向的形成过程。而日本学者作田启一将价值取向定义为把行为者不断经历的状况与终极目标价值进行关联而构成的原理。⑤ 把价值取向作为人行动的原理是社会学的表达范式。作田启一是从价值取向的主体与客体的关联性来说

---

① Florence Rockwood Kluckhohn & Fred L. Strodtbeck, *Variation in Value Orientations*, Row, Peterson and Company, Evanston, Illinois Elmsford, New York, 1961: 5.
② Florence Rockwood Kluckhohn & Fred L. Strodtbeck, *Variation in Value Orientations*, 1961: 6.
③ Florence Rockwood Kluckhohn & Fred L. Strodtbeck, *Variation in Value Orientations*, 1961: 341.
④ Florence Rockwood Kluckhohn & Fred L. Strodtbeck, *Variation in Value Orientations*, 1961: 341.
⑤ [日] 作田启一:《价值社会学》,宋金文、边静译,商务印书馆2004年版,第27页。

明价值取向是推动人行动的机制。他也指出了价值取向的形成过程是基于行为者的不断经历的状况,说明了价值取向的形成是客体作用于主体的心理活动。该定义隐含了行为者的实践活动是价值取向建构的源泉,而这种活动是与终极目标价值相关联的,该定义并没有回答没有价值目标的实践活动是否能够帮助人建构价值取向。也有人认为,价值取向指某些价值观成为一定文化所选择的优势观念形态,或为个体所认同并内化为人格结构中的核心部分,就具有评价事物、唤起态度、指引和调节行为的定向功能。可将它作为一种社会文化的倾向加以研究,也可把它作为一种人格倾向予以探索。[①] 价值取向是人类特有的一种精神现象,价值取向的突出作用是决定、支配主体的价值选择,即当价值主体面对或处理各种矛盾、冲突、关系时,所持的基本价值立场、价值态度以及所表现出来的基本价值倾向。[②]

(五) 教育学的概念界定

马兆掌认为,所谓教育价值取向,就是指教育价值关系中的价值主体,从满足自己的需要出发,选择价值客体的某一属性作为追求的价值目标。所以,教育价值取向问题,说到底,是一个教育价值目标的选择问题。既然教育价值取向是由价值主体作出的,那么它是一种主体性活动。[③]

李学农认为,所谓教育价值取向,是指教育活动的追求,即以什么样的方式开展教育活动,这一活动能够获得什么样的教育结果,才被认为是有价值的。当然最根本的是我们的教育活动要培养出什么样的人。[④]

刘志春认为,教育价值取向是指人们依据某种价值观,根据自身需

---

① http://www.baike.com/wiki/%E4%BB%B7%E5%80%BC%E5%8F%96%E5%90%91, 2012-12-7.
② 苏旭东:《高等教育大众化阶段大学生主流价值取向的指引》,《教育探索》2013年第1期,第111页。
③ 马兆掌:《论教育价值取向》,《浙江农村技术师专学报》1994年第5期,第21页。
④ 李学农:《面对知识经济挑战的教育思考》,《南京师大学报》(社会科学版) 1999年第1期,第63页。

要，对教育活动所作出的有选择的判断及所持的一种倾向性。教育价值取向对教育评价的目的、标准和所选择的方式、方法等都起着导向作用。[1]

薛萍则认为，教育价值取向是指社会或从事教育活动的主体根据自身需要，对教育活动作出选择时所持的一种倾向性。它和价值观、教育价值观有着必然的联系。[2]

教育价值取向与教师价值取向都是研究教育的价值取向涉及的相关概念，但强调的角度和领域不同。马增彩在《论家庭辅导教学价值取向的误区》一文中，采用了王卫东对教育价值取向概念界定的观点，即教育价值取向是主体根据自身的发展需要对教育价值进行选择时所表现出来的一种倾向或意向。教学作为实现教育目标的主要途径，其价值取向受教育价值取向的制约，可以说，有什么样的教育价值取向就有什么样的教学价值取向。这个概念指出了价值选择的对象是教育，选择的标准是自身的发展需要，概念属性是意向或倾向，指明了价值取向的动态性。周红在其硕士学位论文《多元教育价值观背景下初中教师教育价值取向研究》中也将教育价值取向理解为主体对教育价值的选择或倾向，既包括应然状态又包括实然状态。可见，在"取向"一词的理解上，二者是一致的。我认为，教育价值取向是关于教育的价值取向，教育是价值选择的客体而非主体，那么谁是价值取向的主体呢？对于教育活动来说，这个主体仍然是教师或可有学生，但是学生在很大程度上受教师和文化影响，因此，我们这里取教师作为价值取向的主体。

三 与价值取向相关的概念

为了更好地理解价值取向的概念，我们必须从区别的角度考察，找到价值取向与其他相关概念的异同。

（一）价值取向与价值观

国外对价值观的研究始于 20 世纪四五十年代。早期文化研究发现，

---

[1] 刘志春：《当前教育价值取向的特点及其对教育评价的影响》，《河南社会科学》2000年第6期，第93页。

[2] 薛萍：《浅论当代教育价值取向》，《山东教育学院学报》2001年第3期，第20页。

价值观问题影响人的行动,是文化中重要的组成部分。帕森斯等社会学家在陈述行动者的动机取向时也表达了同样的观点。帕森斯认为动机取向包括认知的、精神投入和可预测性三个方面。① 这与早期文化研究界定的价值取向内涵有相似之处。克拉克洪把价值观理解为态度、动机、目的,可测量的、行为本质方面流行的习惯或传统。他认为,价值是一种外显的或内隐的,有关什么是"值得的"看法,它是个人或群体的特征,它影响人们对行为方式、手段和目的的选择。他还对价值观的主体进行了规定,即认为价值观的主体既可以是个人也可以是群体;并且明确指出了价值观的存在形式,既可能是外显的也可能是内隐的;而且,他还指明了价值观对个体或群体的导向作用。20世纪70年代,罗克奇(Rokeach)给出了自己的定义,即价值观是一种持久的信念,一种具体的行为方式或存在的终极状态。价值观是一些积极或消极的抽象观念,它脱离了任何具体的事物或情境,代表了一个人对行为的方式及理想终极目标的信仰。20世纪80年代,Super把价值观定义为一个人想要达到的目标,此目标或者是一种心理状态,或者是一种相互联系,或者是一种物质条件。Feather则认为,价值观是某种"抽象结构",是有组织的、是信息加工相对稳定的产物,在变化的环境中具有连续性和意义性。Gartland提出价值观是沟通个体内在的生理与心理需要,以及可供满足特定行为需要的构造物。施瓦茨(Shalom H. Schwartz)却认为"价值观是合乎需要的超越情境的目标,它们在重要性上不同,在一个人的生活中或其他社会存在中起着指导原则的作用"。

中国对价值观的研究较西方晚。文崇一在其著作《中国人:观念与行为——中国文化与中国人系列》中这样定义:价值观是一个社会或一群人用以衡量事物或行为的标准。该定义指出了价值观是群体的内在尺度,关注了价值观的共享性,但是忽视了价值观可以是个体的特性。中国心理学大词典指出价值观是推动并指引一个人采取决定和行动的经济的、逻辑的、科学的、艺术的、道德的、美学的、宗教的原则、信念和

---

① Florence Rockwood Kluckhohn & Fred L. Strodtbeck, *Variation in Value Orientations*, Row, Peterson and Company, Evanston, Illinois Elmsford, New York. 1961: 6

标准，是一个人思想意识的核心。黄希庭等人则认为，价值观是区分好坏、美丑、益损、正确与错误，符合或违背自己意愿等的观念系统，它通常是充满情感的，并为人的正当行为提供充分的理由。[①] 杨国枢把价值观看作是一种偏好，认为价值观是人们对特定行为、事物、状态或目标的一种持久性偏好，这种偏好在性质上是一套包括认知、情感、意向三种成分的信念。金盛华认为价值观是人们按照自己所理解的重要性，对事物进行评价与抉择的标准，是比态度更广泛、更抽象的内在倾向。[②] 许燕认为价值观是指人们对客观事物、现象及对自己行为结果的意义、作用、效果和重要性的评定标准或尺度，是推动并指引人们决策和采取行动的核心要素。价值观有表层价值观和深层价值观，表层价值观容易变化，相当于价值取向，而深层价值观是稳定的，不容易变化的。[③]

王立林认为价值观有广义和狭义两个层面。[④] 广义的价值观，相当于哲学基础理论中的价值论（即关于什么是价值，价值的本质、功能等一系列问题的基本看法），是指与自然观、历史观相类似的，以价值为特定对象的理论学说系统。而狭义的价值观则是对价值观念的简称，是人们关于好坏、得失、善恶、美丑等具体价值的立场、看法、态度和选择。有学者对国内外价值观研究的文献做了综述，发现价值观的内涵有五种定义方式：（1）把价值观看作是一个道德、伦理问题来探讨，认为价值观就是道德观。（2）一些研究者受特质论的影响，还经常把个体价值观定义为一种特质。（3）将价值观定义为一种行为取向，如个人主义或集体主义。（4）认为价值观是一种抽象的目标，如民主、自由、和平等。（5）把价值观定义为一种内驱力，如成就需要等。该学者综合价值观的种种定义，归纳出价值观的具体特征：（1）价值观是一种观念或信仰。

---

① 黄希庭、张进辅、李红等：《当代中国青年价值取向与教育》，四川教育出版社 1994 年版。

② 金盛华、辛志勇：《中国人价值取向研究的现状和发展趋势》，《北京师范大学学报》（社会科学版）2003 年第 3 期。

③ 杨宜音：《自我及其边界：文化价值取向角度的研究进展》，《国外社会科学》1998 年第 6 期，第 24—28 页。

④ 王立林：《教师职业价值取向研究》，硕士学位论文，山东师范大学，2009 年。

(2)具有知、情、意三种不同层次的内容。(3)是有关值得做的终极状态或行为方式。(4)按相对重要性排序。(5)超越具体情景。(6)指导对行为或事物的选择或评价。(7)事实上的重要性(价值观在个体的生活中具有绝对的重要性)。(8)意识上的可区分性(个体能在一定程度上靠意识区分不同类的价值观,权衡利弊,作出选择)。①

表1—2　　　　　　　　价值观的概念内涵

主体	内容	表现形态	表现形式	行动意义
个体的抑或群体的	判断事物的个体标准和群体标准	观念系统或偏好、抽象结构或信念	内隐的或外显的	行动选择的依据

无论中外,从定义看,价值观与价值取向都是一组不同且又密切相关的概念。在概念上,价值观与价值取向有很多相似之处:首先,二者的主体相同。"主体是从事现实社会活动,以不同方式掌握世界的人。"②无论价值观还是价值取向,它们的主体都是"以不同方式掌握世界的人",既可以指个体也可以指群体。也就是说,价值观和价值取向同样,既可以是个人的价值观或个体的价值取向,也可以是群体/社会的价值观或价值取向。上述定义中已经明确指出,价值观"在一个人的生活中或其他社会存在中起着指导原则的作用""是一个社会或一群人用以衡量事物或行为的标准"。同样,价值取向既有个体的成分,也有群体共享的部分。对于个体的成分很多的情况下受到群体共享部分的影响。③虽然个体的价值观或者价值取向可能会参照群体/社会的价值观或价值取向,但是个体价值观或者价值取向还是有别于群体/社会价值观或者价值取向的。其次,二者功能相同。无论价值观还是价值取向都是人们判断事物的内在尺度,是人用以指导行动的内在根据,对人们的行为具有指导作用。再次,二者的表现形态相同。无论价值观还是价值取向都表现为人的观

---

① 魏源:《价值观的概念、特点及结构特征》,《中国临床康复》2006年第5期,第161、162页。
② 袁贵仁:《价值学引论》,北京师范大学出版社1991年版,第40页。
③ 王玉梁:《当代中国价值哲学》,人民出版社2004年版,第10页。

念系统或者偏好，它是抽象的结构，通常以内隐的形式存在，隐含于个体或者群体的行动之中。当进一步追问或者反省时，也通常可以显现出来。最后，二者都是可以测量的。西方学者分别开发了价值观和价值取向测量的表。

尽管有着诸多的相似，甚至有些学者在谈论价值取向时常常与价值观混淆，但是它们仍然有差别。首先，价值观并不完全等同于价值取向，价值取向是在价值观的基础上建构的，价值观较价值取向更稳定。而价值取向会依据情境做一定变化。佛罗伦斯·克拉克洪在《价值取向的变化性》一书中指出，价值取向是在一定范围内变化的，不是绝对不变的。[1] 其次，虽然价值观和价值取向都可以讨论且很难改变，但是价值取向较价值观的可改变性更强。

同样，教育价值观与教育价值取向也不是完全相同的概念。周红对重庆市两所中学的教师价值观进行了个案研究。[2] 他认为，教育价值、教育价值观和教育价值取向之间存在着不可分割、相互制约的关系。应该说，客观存在着的教育价值关系是产生一定教育价值观的基础，没有一定的教育价值关系，就无所谓教育价值观的问题。教育价值观又是影响教育价值取向的核心因素。人们在一定时期内形成的教育价值取向，就是人们在一定教育价值观指导下进行价值判断和教育选择的体现，教育价值观实际上就是一种价值取向的选择标准。如果人们对教育价值关系不能形成正确认识，没有正确的教育价值观的指导，采取了错误的教育价值取向，就会产生教育对社会和个体发展的负作用。

(二) 价值取向与价值导向

有学者对价值取向和价值导向做了深入的研究，指出了二者既有区别又有联系。二者的区别主要表现在：首先是主体的区别。价值取向的主体是个人、群体和社会，而价值导向的主体只是社会。其次是依据的区别。价值取向的依据在于价值认识的多元性，价值导向的依据在于价

---

[1] Florence Rockwood Kluckhohn & Fred L. Strodtbeck, *Variation in Value Orientations*, Row, Peterson and Company, Evanston, Illinois Elmsford, New York. 1961: 341

[2] 周红：《多元教育价值观背景下初中教师教育价值取向研究》，硕士学位论文，西南大学，2010年。

值真理的一元性。再次是行动方向的区别。价值取向的方向是使主体走向客体，价值导向的方向是使客体趋近主体，二者方向相反。价值取向是主体对客体价值的观念和行为的集中指向，是人的需要的具体化和现实化，是主体对客体的定向机制。价值取向是主体进入价值创造和价值实现前的一种先在的比较稳定的倾向，是具体行为的准备状态。价值导向是社会的一项系统工程，它以个体、群体与社会的价值追求和谐一致为目标，以不同客体价值量的大小来决定价值取舍，并通过各种价值调节、价值激励和价值控制手段来实施。价值取向与价值导向的联系表现为：价值取向与价值导向不是相互对立的，而是相互联系的。价值取向是价值导向的前提，价值导向是价值取向的向导。[1]

（三）价值选择与价值取向

价值选择是指主体依据一定的价值标准对不同的具体价值目标权衡利弊，直接取舍；而价值取向是主体根据需要，在价值观念的引导下，对自身行为方向的选择，即对价值标准的取舍。前者是对同一性质的价值的取舍，后者是对不同性质的价值的选择。价值选择是基于价值量的比较，而价值取向是基于价值质的权衡；价值选择是具体行为，而价值取向是观念活动。价值取向与价值选择又是密切相关的。影响价值选择的最主要因素之一是价值标准，而价值标准是由价值取向选定的。价值取向先于价值选择，决定价值选择。[2]

（四）价值取向与价值目标

价值取向和价值目标确实有相似之处。从表现形式来看，它们都是人们在进行价值活动时所表现出来的一种价值追求，是一种理想性的存在。从产生基础来看，它们都是人们在把握客体及其发展规律、主体的需要及其发展，以及主客体关系的基础上形成的，是对现实价值关系的一种观念性把握。从社会功能来看，它们都能够对人们的价值活动起到定向、引导、规范等作用，其正确与否直接影响着人们价值活动的成败。

---

[1] 唐日新、李湘舟、邓克谋：《价值取向与价值导向》，中南工业大学出版社1996年版，第15—20页。

[2] 徐玲：《价值取向本质之探究》，《探索》2000年第2期，第71页。

从性质来看，它们都有真实与虚假的区别，真实的价值取向和价值目标能够真实地反映价值关系的存在与发展，是一种真实的价值追求；而虚假的价值取向和价值目标往往虚假地反映价值关系的存在与发展，是一种虚假的价值追求。但是，二者仍然是有差别的。首先，从存在状态来看，价值目标具有相对稳定性，而价值取向则围绕着价值目标的实现表现出一种动态的趋向性。价值目标是人们在长期的社会实践中经历艰苦的、长期的探索而形成的一种价值追求，但价值目标一经确立，由于它真实地反映了事物发展的客观规律和人们的需要，就具有某种相对稳定性。其次，从二者存在的地位来看，价值目标决定着价值取向。价值取向是被动的、受决定的，其形成和变化受制于价值目标。一般说来，有什么样的价值目标，就会有什么样的价值取向，价值目标发生了变化，价值取向也必然随之发生变化。价值取向对价值目标也有一定的反作用。价值取向作为人们对现实价值关系的观念性把握，贯穿于人们认识世界和改造世界的活动过程中，价值取向是否建立在对客观事物发展规律正确把握的基础上，对价值目标的实现有巨大的影响。最后，从实现方式来看，价值目标是主体对自己的价值追求的一种观念性把握，具有某种自我意识性，需要主体不断加强内在自我调节，也就是通常所说的"坚定理想和信念"。价值目标一经确立就是固定的，需要通过多种方式来"坚定"或"强化"，而价值取向则相对灵活，常常要在价值目标和现实生活之间寻找最佳的结合点。由此可见，价值取向与价值目标是有区别的，价值取向贯穿于人们围绕着如何实现价值目标所进行的一系列的认识和实践活动中，价值取向的终点是价值目标的实现。所以，价值取向包含价值目标，但不能归结为价值目标。[①]

这些概念指出了价值取向的属性是观念形态，也指出了其功能是调节行动，并阐明它隐藏于人格结构之中。从语义学分析，取就是"选择"，向就是"方向"，那么，价值取向一定与价值选择有关，因此，也有学者这样定义价值取向：价值取向是人们基于一定的价值标准对一

---

① 阮青：《价值取向：概念、形成与社会功能》，《中共天津市委党校学报》2010年第5期，第62—63页。

定时期内行为取向作出的理性选择。这个定义指明了价值取向的时间性和动态性，也说明了价值取向的选择是理性的，依据的是价值标准。但是，上述概念均未指出价值取向的内趋性。有学者进一步指明：上述定义是从价值取向的功能视角进行概念界定的。它们的共同特性包括：是一种观念形态；是行动的总体趋向或发展方向；指向行动选择；是基于一定价值标准的价值选择过程，等等。从多维视角思考，这些概念界定都有其合理性，从不同侧面指出了价值取向的外在功能。但是，这些概念均未涉及价值取向的内在属性。

四 价值取向内涵的重新厘定

中外学者对价值取向的内涵界定虽然不同，秉持的假定和立场也不同，但是都说明了价值取向影响人的行为的基本原理。将中外学者的概念综合考察，都有合理的一面，也都不够全面。这些概念指出了价值取向的动态性，这个动态过程是主体流向客体的单向的过程。忽视了价值取向的建构是一个双向的流动过程，价值主体基于一定的价值取向，并通过实践活动和反思，修正原有价值取向或建构新的价值取向。价值取向深藏于价值观念系统中，是通过实践活动与价值主体的互动过程建构的（如图1—1所示）。

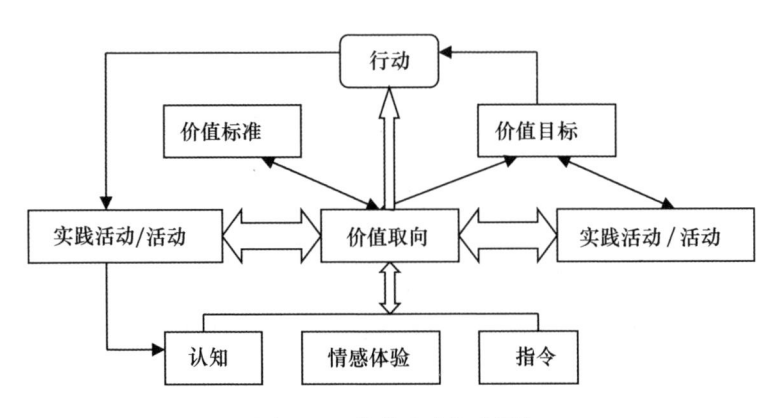

图1—1　价值取向概念图解

我们必须指出，价值取向蕴藏于人的观念系统，是价值主体的内部活动。抛去一些不必要的因素来理解价值取向，我们可以这样描述这个动态的过程：价值取向建构的源泉是主体的实践活动，在实践活动中基于已有的价值标准进行价值目标的选择，当实践活动达成目标后，主体的内部认知发生变化，随之带来情绪体验，进而发出指令，选择如何行动。对于主体来说，这个行动又是一次实践活动，使价值取向进入下个循环过程。这个过程是开放的，动态的。

基于概念考察与分析，我们暂时给出一个描述性定义，作为本书研究的基础。我们的描述性定义如下：价值取向是影响人们行动选择的一种观念体系。它是基于人的实践活动，经过主体的认知、情感、经验等元素相互作用而产生的，在一定的价值标准和价值目标的激发下，用于指导人们行动的指令。

我们对于价值取向的概念未必完全，但它作为本书研究的基础，具有合理性，便于我们进一步回应我们当初的研究问题。这个概念基于以下假定：

假定一　价值取向属于人的观念系统的一部分，也是人的观念系统中的核心部分。它是人的信念建构的基础，也深受信念的影响。

假定二　价值取向是一定的文化建构的，因此放入文化框架内思考价值问题才是合适的。

假定三　价值取向形成是一个非常复杂的过程，是多种元素相互作用而形成的。

我们还需要说明：价值取向既有个体性，又有群体性，它一定是个体的选择符合社会认同的要求才得以固定下来，也因此具有群体的共享性。从文化价值论角度分析，个体的价值选择必须符合社会规范，反映社会需求才能够得到社会认同，并得以成为组织或群体的价值取向。基于此分析，价值取向应有其主体范围，应反映主体的价值观，应该是一种基于价值目标的理性选择，因此，我们认为价值取向指的是一定主体基于自己的价值观在面对或处理各种矛盾、冲突、关系时所持的基本价值立场、价值态度以及所表现出来的基本价值目标的一种理性选择。它是用以判断事物或行为好坏或者对错的标准，或是据以选择事物和行为的指涉架构。价值取向的关键在于价值主体，它是由价值主体在与社会互动的过程中不断建构的，具有实践品格，也具有情境性。对于主体来说，价值取向又起到决定、支配主体的价值选择的功能，因而它对主体自身、主体间关系及其他主体有着重大影响。一个人选择做什么或者不做什么，都会有自己的价值判断渗透其中。价值取向既有个体的特性，又有群体的表征。个体的价值选择一定基于他所在的群体的价值规范，也会依据个体所在的情境。个体的价值选择不是完全自由的，它要受群体文化规则的规约，使价值主体的行为符合群体文化，若与群体文化不一致，就会发生价值冲突，冲突的结果或者使个体融合群体的价值体系调整自我，或者是被群体的价值体系排斥，成为该文化的"灵魂孤独者"。对于主体来说，选择做与不做的价值判断体系蕴藏于主体的文化深层。仅仅通过行为表征来推断个人的价值观，未免有些唐突。

第二节　教师价值取向的概念探索

既往文献中尚未见到有专门讨论教师价值取向概念界定问题的。但是，教师价值取向是思考该领域相关问题的概念起点，因此，也有学者对教师价值取向的概念进行了界定。如于晶在《论素质教育与教师价值取向》一文中认为，教师价值取向是指教师对自己所从事的教育工作的重要性的认识和判断以及在观念和行为上做出的选择。[①] 从概念界定的方式上看，这是一个描述性的定义。该定义说明了教师是价值选择的主体，价值选择的对象是自己从事的教育工作，价值选择的标准是对象之于主体的重要性，价值取向的表达形式是判断及选择，这种判断和选择既包括观念上的，也包括行为上的。价值取向描述的是影响课程决策的教育信念系统。[②] 该概念的界定比较全面，但并未说清楚概念的属

[①] 于晶:《论素质教育与教师价值取向》,《内蒙古师范大学学报》（哲学社会科学版）1999年第8期, 第124—126页。

[②] Catherine D. Ennis and Ang Chen, *Teachers' Value Orientations in Urban and Rural School Settings*, Research Quarterly for Exercise and Sport, 1995, Vol. 66, No. 1, pp. 41–50.

性及指涉范畴。价值取向是群体的还是个体的？从定义的用词看，"自己"应是指涉个体。价值取向有国家取向、群体取向和个体取向三个层次。国家取向应是社会发展的国家期望，它是宏观层次的、应然状态的；群体取向是教师所在群体取向，是中观层次的，也是共享的，可以是应然的，也可以是实然的；个体取向是教师个体的，它是微观层次的，基本处于实然状态。根据本书研究的目标设定，我们希望将教师价值取向置于学校文化背景下考察，因此，我们选择中观层次的概念属性。教师价值取向的主词应是教师，这个教师指的是教师群体而非个体。价值取向问题一定会涉及个体层面，我们只把它视作教师群体价值取向研究的一个内容，或者是一个概念工具。因此，本书认为，教师价值取向是教师自我对教育工作的价值判断和行为选择的价值意识的综合倾向。

第三节 教师价值取向研究的基本考察

一 国内教师价值取向研究

（一）教师价值取向的现状研究

对现状的审视通常是一项研究的逻辑起点。人们总是基于现状反思，获悉改善的信息。对教师价值取向的研究也不例外，人们通过对教师价值取向的现状调查，探寻教师价值取向存在的问题。有学者对黔东南少数民族地区16个县、乡、镇的初中、高中教师的价值取向进行了调查，认为贫困地区中学教师的价值观总体状况是：在价值观排序上中学教师把品格公益和公众利益放在靠前的位置。其次是工作成就、法律规范、家族家庭和人伦前提。金钱权利和从众认同被放在最后。在了解了贫困地区中学教师的价值观总体状况后，该项研究又进一步比较分析了不同亚群体教师的价值取向差异。具体表现为：男教师和女教师相比，更看重金钱权利，较不看重法律规范；31—40岁的教师相对其他年龄段的教师更看重金钱权利。随着年龄增长，教师越来越看重品格公益、从众认同和人伦前提。已婚教师和未婚教师相比，更看重公共利益和人伦前提。家庭收入中等的教师相对更看重金钱权利。家庭收入越高，教师越看重品格公益、公共利益和从众认同。①

黄百成等对高校教师价值取向变化进行了纵向分析。他们认为，高校教师价值取向变化的基本特征表现为：高校教师的价值观念结构呈现出多元化发展趋势；高校教师确认"建设有中国特色的社会主义"为总体价值目标，同时，教师个体价值目标呈多样化格局；集体主义价值原则在高校教师中仍占主导地位，但教师对价值评价趋于务实求本；高校教师的价值选择朝着自主化方向发展，教师作为价值主体的地位不断提高。该项研究进一步对高校教师价值取向变化的原因进行了分析。他们认为导致高校教师价值取向变化的因素有：社会主义市场经济的逐步建立，对高校教师多元化的价值取向存在着正反两个方面的影响。一方面，市场经济对高校教师价值观念结构多元化有着积极影响；另一方面，在市场经济运行过程中，对物质利益和经济效益的追求，会诱发某些人的拜金主义、享乐主义、极端个人主义等剥削阶级腐朽思想的产生。高校教师对理想的追求与所面临的社会现实的整合，使强调个人价值与社会价值的兼容性和统一性成为目前多数教师价值取向的主导面，但两者也时有矛盾产生。市场机制的作用增强了高校教师成就与自我发展的主体意识，但个体本位倾向明显。对高校教师价值观、人生观的教育还存在薄弱环节。基于原因分析，他们提出了提高高校教师思想政治素质的建议与对策：把提高教师的思想道德素质作为社会引导的出发点和落脚点；把坚持集体主义一元价值导向作为社会引导的核心；进一步加大高校全面改革的力度，为高校教师充分发挥才干创造良好的社会环境。②

---

① 李玲、蒋玉娜、金盛华：《贫困地区中学教师价值取向——以贵州黔东南地区为个案》，《贵州社会科学》2007年第6期。

② 黄百成、黄文玲：《高校教师价值取向变化的纵向分析》，《交通高教研究》2000年第2期。

表1—3　　　　　　　　　教师价值取向现状研究

研究者	研究主题	研究内容	研究对象	研究方法	研究结论
李玲等	现状研究	价值观结构现状	黔东南16个中学教师	调查	公共利益在先、工作成就次之，然后为法律规范等
黄百成等		价值取向变化现状	高校教师	思辨	价值观念结构多元化，个体价值目标多样化；集体价值占主导；价值选择自主化等

上述两项研究虽然调查的对象不同，采用的研究方法也不同，但是都从不同侧面表达了教师价值取向的重要性，认为教师价值取向在很大程度上影响教师的行为选择。无论对高校教师还是中小学教师，价值取向都应是一个重要的研究议题。同时，这两项研究也告诉我们不同文化背景下的教师在价值取向上还是有不同。

（二）教师价值取向的功能研究

基于现状分析，教师价值取向非常重要，那么，它有哪些功能呢？于淼曾对教师价值取向对大学生思想道德的影响进行了研究。[①] 在研究中，作者将教师的价值观分为两类，并认为，无论持有哪一类观点，教师的感召力都是最重要的，影响学生的不是哪一派的观点，而是持有哪派观点的教师的感召力大，他的观点才更容易影响学生。该项研究并未指明教师价值取向对学生有绝对的影响，但它说明了什么条件下的教师对学生的影响更大。由此看，能够对学生有广泛影响的教师如果价值取向不符合社会发展要求和主流文化，对学生会造成不良影响；反之，就对学生的成长有利。还有学者通过对课堂观察与访谈等方法，说明了教师的不同课程价值取向对学生学习的影响。[②] 研究者通过对人教版初中第一册同一课内容的教学设计来分析教师实际持有的不同课程价值取向。通过比较分析，作者认为，实际教学中，教师的课程价值取向芜杂。他认为，教师的课程价值取向决定了教师的语文课堂教学定位、目标、内

[①] 于淼：《教师价值取向对大学生思想道德的影响》，《中外医疗》2008年第15期。
[②] 李丽华：《从〈童趣〉多类教学看教师的课程教学取向》，《文学教育》2011年第10期。

容及由此而来的教学方法,深刻影响着学生语文课上学到什么,怎么学的。也有学者探索了环境文化与教师价值取向以及教师价值取向与管理对策之间的关系。

总之,教师价值取向在学校文化中有很重要的作用。它从一定程度上引导着学校文化及学校内的各种亚文化,如学生文化等。但是,对于它们是如何影响学校文化的,上述学者并未阐明。

表1—4　　　　　　　　教师价值取向功能研究

研究者	研究主题	研究内容	研究对象	研究方法	研究结论
于淼	功能研究	教师价值取向对大学生思想道德影响	高校教师	思辨	有感召力的教师其价值取向对学生影响更大
李丽华		价值取向对学生学习的影响	初中教师	课堂观察与访谈	教师的课程价值取向决定了教学目标、内容及方法,影响学生的学习方式和学到什么

(三) 教师价值取向的形成研究

对教师价值取向的探究总是应该关注教师价值取向是如何形成的? 它们的建构方式是什么? 是哪些因素促进或阻碍教师价值取向的形成过程? 因此,追索教师价值取向形成的影响因素及提升路径是必要的。

有学者从教师价值取向对素质教育的影响方面,研究了影响教师价值取向的因素。[①] 这些因素主要有社会因素、教育因素和教师个体因素。其中,社会因素主要有教师的社会地位、经济地位、社会时尚、职业潮流等。教育因素主要有教育的历史和传统,教育对国家和个人的贡献以及对教师职业道德和水准的要求,等等。教师个体因素主要有人生观、价值观、教育观、人才观、教育信念、教育使命感和责任感、荣誉感、意志,等等。

---

① 于晶:《论素质教育与教师价值取向》,《内蒙古师范大学学报》(哲学社会科学版) 1999 年第 8 期。

郝芳在其硕士学位论文《教师的课堂教学价值取向探究》中提出，在实际教学中，教师依据下列因素来决定做什么好或者怎么做好。这些因素包括：学校制度、教学经验和习惯、教学价值观、教师的个人知识结构、教师独特的成长经历与经验。[①]

轩颖对影响教师价值取向的学生智能因素进行了分析。[②] 作者针对以往教师价值取向研究缺乏职业立足点的情况，提出了将学生的智能存在形式和发展状况作为重要依据来帮助教师确立正确的价值取向。作者运用加德纳的多元智力理论，说明了智能以多种形式存在，且无优劣之分。智能观是影响教师价值取向的因素。作者认为，影响教师价值取向的因素有很多，包括外在环境和教师的自身特点等，产生重要影响的则应是教师工作的特殊性。这种特殊性影响了教师的价值取向，价值取向反过来又影响了教师的工作。基于此，作者分析了三种智能观下教师价值取向及行为：在单一智能观下的价值取向影响下，教师在教学过程中强调知识技能的传授，强调灌输和学生记忆，依据学习成绩评价，与家长联系的基本目的是沟通学生的学习情况，而与社区的联系基本停留在形式上。在多元智能观下的价值取向影响下，教师很自然地从内容、方法的选择上有所改变，争取在更多层面上给学生创造机会，发展学生的智能，真正实现个性化的发展。评价上更为重视学生的独特性，更重视通过评价敏锐地、全面地理解和认识学生的智能发展情况，给学生的进一步发展提供相应的指导。在与家长和社区关系上，将更倾向于合作，并且合作的目的将更为明确，就是尽可能地将各种资源利用起来，探索学生在学校课程中不一定会被发现的兴趣和能力。

从上述学者对教师价值取向影响因素的研究中可以看出，影响教师价值取向形成的因素是多方面的。既有个体的人格因素，也有社会文化的影响，更有既有价值观的影响。个人的知识背景、学校文化、经验与经历等都是影响教师价值取向的因素。但是上述研究的影响因素一般没有做归类分析，不利于探究到底哪些因素是直接影响教师价值取向，哪

[①] 郝芳：《教师的课堂教学价值取向探究》，硕士学位论文，山东师范大学，2007年。
[②] 轩颖：《影响教师价值取向的学生智能因素分析》，《辽宁教育研究》2008年第3期。

些是间接影响教师价值取向的因素。另外,既往研究中也尚未说明这些因素是如何影响的,通过什么机制影响,更没有说明这些影响因素之间的关系,哪些是核心要素。在学校文化背景下,对于教师价值取向改变,学校能做什么,最关键的就是对教师价值取向因素的探索。

对教师价值取向成因的研究不仅要获悉影响教师价值取向形成的要素,更要明了教师价值取向的形成过程以及改变路径。很多学者已经对教师价值取向提升进行了探索。更早就有学者提出了引导青年教师人生价值取向的措施。孙宝元等从市场经济体制影响方面提出了正确引导高校青年教师人生价值取向需要有相应的四项基本措施。第一项措施是造就有利于青年教师实现积极科学人生价值取向的宏观环境。宏观环境包括社会政治、经济、法律制度等。第二项措施是造就有利于青年教师实现科学的人生价值取向的微观环境。微观环境包括青年教师的政治、经济、生活待遇等。第三项措施为分清青年教师人生价值取向正确、积极、科学与否是开展好教育的前提。首先教育者要掌握较高的社会科学和自然科学理论。其次要求有较为积极的科学的人生价值观,使之正确地开展有效的教育工作。再者青年教师的价值取向引导,不仅局限于单位,同样也是整个社会青年教育中极为重要的组成部分。第四项措施是开展青年教师人生价值取向的理论研究。[①] 学者李金峰研究了高校环境文化与教师价值取向的关系,并从高校环境文化的现状出发,阐明了高校环境文化构建的必要性。他认为,高校环境文化构建的目的是提升教师的价值取向。作者还阐明了高校应从办学理念、制度文化、学术氛围及校园文化等四个方面构建和谐的环境文化。[②] 对此,李海与其看法相似。李海认为,学校文化是一种人为的程序,它的取向是为人的和以人为中心的。因此,他提出,应该从文化构建上提升教师的价值取向。[③]

[①] 孙宝元、韩学勤、程志芬:《市场经济体制下高校青年教师价值取向的引导》,《黑龙江高教研究》1994年第6期。

[②] 李金峰:《高校环境文化构建与教师价值取向》,《沿海企业与科技》2007年第4期。

[③] 李海:《学校文化构建与教师价值取向》,《人民教育》2006年第9期。

表 1—5　　　　　　　教师价值取向形成的影响因素

研究者	研究主题	研究内容	研究对象	研究方法	研究结论
于晶	价值取向形成	影响教师价值取向的因素	教师	思辨	社会因素、教育因素和教师个体因素
郝芳		影响教师价值判断的因素	中学教师	思辨	学校制度、教学经验和习惯、教学价值观、教师的个人知识结构
轩颖		影响教师价值取向的智能因素	中小学教师	思辨	智能观对教师行为具有重要的影响
孙宝元		引导教师人生价值取向的措施	高校青年教师	思辨	造就有利环境 区分价值取向 开展理论研究
李金峰 李海		环境文化与价值取向的关系	高校教师	思辨	构建和谐环境文化

对影响因素的分析是策略构建的基础，正是上述研究的不足，使提升的路径操作性不强。上述提升教师价值取向的策略中涉及环境、文化、经济制度等方面，但是这些方面都没有深入分析，只涉猎了浅层次的方面，未深入挖掘。从提升策略的角度看，既要有普通的规律做指导，也要有情境化的内容。因此，对教师价值取向的提升路径研究必须建立在对影响因素及形成过程深入探索的基础上，而既往文献没有涉及教师价值取向的形成过程。

（四）教师价值取向结构研究

有学者提出教师价值取向有其复杂的内部结构。[1] 他将教师价值取向分为表层价值取向和深层价值取向两种水平。表层价值取向是指易受政策、社会环境、社会地位、经济条件、职业待遇等外部因素的影响而变化的价值取向。深层价值取向是指受教育者本人教育观念、思想意识、

---

[1]　于晶：《论素质教育与教师价值取向》，《内蒙古师范大学学报》（哲学社会科学版）1999 年第 8 期。

意志、动机、信念等左右而发生变化的价值取向。在教师价值取向结构中，表层价值取向和深层价值取向相互联系。其中，表层价值取向是基础，深层价值取向是核心和灵魂；表层价值取向具有调节和导向的功能，深层价值取向则具有激励和固着的功能；表层价值取向的效力具有广泛性，深层价值取向则具有深刻性。深层价值取向不易随着表层价值取向的变化而变化，深层价值取向有时是表层价值取向的一种升华。

表1—6　　　　　　　　　教师价值取向结构

研究者	研究主题	研究内容	研究对象	研究方法	研究结论
于晶	结构	价值取向的内部结构	教师	思辨	表层价值取向与深层价值取向

上述研究从纵向的角度对教师价值取向结构进行了分析，指出了教师价值取向内在结构。价值取向形成过程的复杂性与影响因素的复杂性决定了其结构的复杂性，但是上述研究只将价值取向作为一个实体分析其结构，缺少对外在关联的分析，以及其他角度的分析。

（五）课堂教学价值取向研究

在关键概念界定中，本研究将课堂教学的概念外延等同于教学，因此，在选取文献时我们也同时关注了教学价值取向的概念。王俊颖认为，教学价值取向就是指教师在教学活动中为了达成某一教学目标而在课堂教学中决定教什么或怎样教的主观倾向，是教学价值从可能转化为现实状态的一个重要的中间环节，是教师主观意志的体现。[①] 曹开秋等认为，课堂教学价值取向主要是指课堂教学过程中所追求的价值取向，这种价值取向对教学具有重要的导向作用，这种价值不仅受到教师的制约，而且还受到社会的影响和制约。[②] 吴捷定义了新课程理念下的教学价值取向。[③] 他认为，在新课程理念下，教学是一种重要的生活过程，是生活世

[①]　王俊颖：《论瑞士中小学自由主义教学价值取向》，硕士学位论文，西南大学，2011年。

[②]　曹开秋、江建民：《课堂教学价值取向的探究——基于社会控制论的视角》，《教育与考试》2008年第4期。

[③]　吴捷：《新课程理念下的教学价值取向研究》，《宿州学院学报》2005年第12期。

界与科学世界的统一；关注教学的深层价值，让理解、体验在教学中穿行；学校教育教学的终极目的是从日常生活到审美人生。可见，吴捷的定义是教师对于课堂教学该持有什么样的价值取向，并未界定在新课程理念下教学价值取向是什么。而王俊颖和曹开秋等人概念的共同点在于，价值取向在课堂教学过程中进行；这种价值取向对教学具有一定的作用；都是对教学目标和内容等的主观倾向。不同点在于，王俊颖的定义的操作性更强，概念的范畴更清晰。与上述教育价值取向类同，课堂教学价值取向概念中的课堂教学仍然是价值取向的客体，是价值选择的对象，是教师关于课堂教学问题的价值取向。可以说，在课堂教学过程中，教师选择什么样的内容呈现方式，对于教学目标有什么样的理解，在管理过程中运用哪些方法，甚至他们的语言表达，都潜隐着教师对于课堂教学相关问题的价值判断。因此，我们可以简单地将课堂教学价值取向界定为教师关于课堂教学相关问题的价值取向。

对教师价值取向的探究归根结底是为了建构教师应有的教学价值取向。对教师价值取向的既往研究中提出了课堂教学应持有的价值取向。柳夕浪应该以建构积极的"教学自我"作为教师研究的价值取向。[①] 他认为，所谓"教师研究"并不是"关于教师的研究"或者"在教师的配合下进行研究"，或者"与教师一起进行研究"，而是指由教师，主要是中小学教师在学校工作中展开的教改探究活动，是教师关于教学生活意义的持续不断的体验感悟与发现过程。它的价值取向乃是由教师自身教学活动的内在需要所决定的，而不是某种外部力量强加的东西。因此，他从教学专业的角度界定"积极自我"的内涵，应包含三个基本要素：教学故事、教学模式与教学理念。教师研究应以建构积极的"教学自我"为旨归。有学者认为教学价值取向应提倡追寻潜隐性。[②] 他认为，所谓的潜教学，是指教师通过具有内隐性、间接性、无序性、情境性等特征的影响方式，有意或无意（本质上都是有意）地作用于学生心理活动的无

[①] 柳夕浪：《建构积极的"教学自我"——教师研究的价值取向》，《教育研究与实验》2003年第3期。

[②] 柳士彬：《追寻潜隐性：一种新的教学价值取向》，《天津市教科院学报》2004年第2期。

意识层面，以合乎目的地有效影响学生潜学习活动过程和结果的教学范畴。因为潜教学具有人格完满、社会控制、潜能开发、教学拓延等功能。这些新的教学价值取向都是在课程改革的背景下提出的。随着改革的推进，也有学者提倡新课程理念下应有适合新课程的教学价值取向。朱浩立足教师文化的角度，提出了我国当代教师文化的价值取向应注重追寻"经师"与"人师"的有机统一；追寻知识分子的文化品性；追寻教师文化的生命意蕴；追寻以人为本的和谐文化。

郝芳提出，教师对课堂教学理性的价值取向应当包括两个方面。第一，教师在课堂教学中的目标取向表现为知识的获得仍是课堂教学的重点，教学中应注重对学生精神的培养。第二，教师对于课堂教学的手段取向表现为重视教学方法的选择与运用，重视教学过程本身的价值与意义。[①] 罗儒国等在教学价值取向的现实诊断基础上提出，在价值取向上，课堂教学应追求主体维度是"为了我们"；内容向度是"为了幸福"。在主体维度上，教学活动不仅是"成人"的过程，还是"成材"的过程，更是"成己"的过程，它是"为了我们"的价值活动。在内容向度上，教学活动不仅以知识掌握、能力获得为重要指向，更是以师生幸福为根本旨趣。因此，教学生活所追求的幸福包括结果幸福与过程幸福、利他幸福与利己幸福等不同形态，进而提出了"为了幸福"的教师价值取向。[②]

张永舒等（2010）在《当代课堂教学价值取向探析》一文中提出，当代课堂教学价值取向应由对立走向统一。第一，由于传统的课堂只重视知识的授受，而不重视学生个性、主体性的发展，因而遭到了持久、彻底的批判。第二，课堂应该是教师和学生"教学相长"的课堂。第三，提倡以人为本，发展学生的独立性和自主性，不意味着教师的放任自流，不管不顾。第四，强调学生的个性、差异性，对学生进行因材施教是现代课堂教学的一个重要特征，但对学生的集体意识的培养也不能忽视。

[①] 郝芳：《教师的课堂教学价值取向探究》，硕士学位论文，山东师范大学，2007年。
[②] 罗儒国、王珊珊：《教学价值取向的现实诊断与应然追求》，《大学教育科学》2008年第6期。

第五，注重人的发展的同时也不能忽视社会的利益，合理的课堂教学价值取向应是兼顾社会和个体双方发展利益的目标体系。①

表1—7　　　　　　　　教师课堂教学价值取向研究

研究者	研究内容	研究对象	研究方法	研究结论
王俊颖	定义	课堂教学	思辨思辨	怎样教的主观倾向
曹开秋等	新课程理念下的课堂教学价值取向			课堂教学过程中所追求的
吴捷				理解、体验、从日常生活到审美人生
柳夕浪	课堂教学应持有的价值取向			建构积极的教学自我
柳士彬				追寻潜隐性
吴捷				生活世界语科学世界统一；关注教学的深层价值
朱浩				经师与人师统一；追寻知识分子的文化品性；生命意蕴；以人为本的和谐文化
郝芳				目标取向、手段取向
罗儒国				为了我们；为了幸福
张永舒等				由对立走向统一

既往研究成果对课堂教学应持有的价值取向说法不尽相同，但内涵比较相似。研究的视角不同，得出的结论并不一致。综合既往研究成果，整体看缺少科学的研究路径做支撑，因此研究结论显得无根基。

（六）课堂教学价值取向偏差与错位

课堂教学价值取向有实然的状态，也有应然的追求；有个体的价值取向，也有群体的价值取向，还有国家的价值取向。如前所述，国家价值取向通常被认为是应然追求的，且希望其成为实然状态的价值取向。

---

① 张永舒、陈天顺、张蕊：《当代课堂教学价值取向探析》，《安康学院学报》2010年第10期。

因此，有些学者研究了课堂教学价值取向的偏差与错位问题。

臧德福等通过对职校教师价值取向现象分析，阐明了职校教师价值取向的偏位成因。① 他认为，造成职校教师价值取向偏位的原因既有社会因素，也有主观因素。社会因素跟主观因素是交织在一起的，个体的主观世界是在与客观世界互动过程中建构的，因此，社会因素在某种程度上决定了主观因素。总的来看，这些因素主要包括环境上进入怪圈，思想上进入误区，分配上存在倾斜。作者进一步提出了职校教师价值取向的矫正措施：首先应着力正面疏导；其次应加大改革力度；最后应明确是非界限。学者靖国平则从负面效应的角度探索了我国现行学科知识教学价值取向。② 他认为，我国现行的教学中教师的学科取向非常严重，造成学生缺乏学习兴趣，学校教学走向"考试理性"。综合起来看，主要表现为法定、统一的学科知识与强制、被动的知识教学；单纯客观化的学科知识与缺乏主观介入的知识教学；僵化、守成的学科知识与静态、封闭的知识教学；"博大精深"的学科知识与"仓库式"的知识教学。正是对学科知识的追求，导致被动的学习和封闭的知识，使学生缺乏创造性和创新能力。两位学者探索的角度不同，探索的范畴也不一样。但都说明，课堂教学需要改革。那么，课堂教学改革之后，我们的课堂教学是否还存在有偏差的教学取向呢？

虽然课程改革已经在全国大面积实施了，新的课程理念已经贯彻了很久，但郝芳认为，教师课堂价值取向仍有偏差，具体表现在教师对知识的理解和教学实施过程两个方面。从教师对知识理解上看，教师的知识观存在偏差。长期以来我国教师受客观主义知识观和权威主义知识观的影响，一方面，教师将自己定位为权威知识的分享者，将学生定位为权威知识的接受者，从而导致教师的话语霸权。另一方面，主流意识形态可以毋庸置疑地、随意地在教科书中出入，教科书沦为社会控制工具；学校和班级结构沦为一种等级结构，它既是社会科层体制的复制，又是

---

① 臧德福、耿其义、陈德国：《职校教师价值取向浅析》，《中原职业技术教育》1997 年第 4 期。

② 靖国平：《论我国现行学科知识教学价值取向的负面效应》，《湖北大学学报》（哲学社会科学版）2000 年第 9 期。

其基本构成；学生的知识源自教师，教师的知识源自校长。除此之外，权威主义知识观把知识等同于权力关系和控制工具，教学成为教师向学生灌输意识形态的过程。在知识教育方面，教师存在静止的知识观，对知识的理解狭隘，对教学目的的理解存在偏差。从教学过程实施方面看，教师持有错误的教学过程观以及课堂教学存在教学伦理危机。造成这些现象的主要原因在于教师整体素质不高；传统的具有强烈功利色彩的读书观、学习观还在支配着一些人的头脑包括我们的许多教师；我们的课堂也在经受着科学主义的冲击；教育功能的异化是导致偏差的重要因素。① 罗儒国和王珊珊也对教学价值取向进行了现实诊断。他们认为，目前我国教学价值取向存在着一定的误区和偏差，主要表现在重视局部价值，忽视整体价值；注重工具价值，轻视目的价值；重视浅层价值，忽视深层价值。教师一般注重教学活动在学生生命智育中的价值，忽视教学活动在生命德育、生命美育中的积极作用；关注教学生活在学生生命发展中的作用，而忽视教学生活在教师教学智慧、教学德性养成过程中的作用。造成这些价值取向偏差的原因主要有三个：其一，教学活动的深层价值往往是一种潜在的、可能的价值，因而难以被教学主体认识和利用。其二，由于教学主体的思维方式和价值取向的不同，以及知识结构和能力方面的原因，对教学活动深层价值或终极价值的把握就存在着一定的难度或需要一定的过程。其三，深层价值的实现需要具备相应的条件。上述价值取向偏差的研究主要倾向于个体或学校与国家价值取向的偏差，从而追求教师个体或群体与国家追求的价值取向一致。②

王宽明则认为，我国教师教学价值存在"二分"取向。这种"二分"取向在实践中表现为指导思想上"内生"与"外求"的"二分"；现实的"应试"与理念上"素质"的"二分"；课程观上"传统"与"现代"的"二分"。教师在教学价值取向上存在"二分"问题的根本原因是教育改革的指导思想着眼于"适应国情论"的"内生"，和"适应真

---

① 郝芳：《教师的课堂教学价值取向探究》，硕士学位论文，山东师范大学，2007年。
② 罗儒国、王珊珊：《教学价值取向的现实诊断与应然追求》，《大学教育科学》2008年第6期。

理论"的"外求"。由于在实施素质教育前后教学价值取向上的差异过大,在借鉴国外的教育价值取向时缺乏系统的研究和整体把握,在运用中缺乏本土化的吸收和创造,导致教育价值取向上的认知失调。如若改变现状,首先要深化教师培训工作;其次应改变师范教育方式;再次应规范教育管理机制。①

周红通过对重庆市两所中学的教师价值观的个案研究指出,我国初中教师价值取向存在"错位"现象,这种"错位"主要表现为应试教育与素质教育在价值取向上的对立。②作者认为,无论在目标取向、过程取向,还是在评价取向上都存在对立倾向。这种价值取向的"错位"给学校教育带来很多危害。其一是面向少数学生,造成受教育机会的不均等。其二是教育目标狭隘,造成全体学生片面发展。其三是智育目标狭隘化。其四是学生负担过重,影响学生身心健康。其五是阻碍个性发展。其六是增加了基础教育后各级各类教育的难度,导致教育的不可持续发展。究其原因,主要有两个方面。一方面,多元教育价值观对初中教师的教育价值取向有着影响。面对素质教育和应试教育两种价值取向冲突,教师不得不在不同程度上面临着教育价值取向选择的两难境地。另一方面,当前不合理的教师评价制度是造成初中教师教育价值取向"错位"的直接原因。从评价的主体来看,我国现行的教师评价主要是以领导(校长)为主,导致教师只对上级负责而不是对学生的发展负责。从评价内容来看,学校普遍对教师从"德、能、勤、绩"四个方面进行考核,这种考核看似全面,但实质上只看重"绩"。从评价的目的、功能来看,为了便于学校管理者和教育行政部门掌握一线教师的工作成绩、工作表现,加强学校教学工作,我国中小学主要采用奖惩性评价。从评价的方法来看,在我国现行的教师评价工作过程中,出现了过分强调量化的趋势,使得评价陷入"科学性"和"精确性"的误区。除此之外,教师个体的知识水平和结构等也是教师个体价值取向形成的重要因素。但是,作者并未

---

① 王宽明:《教师教学价值"二分"取向的归因分析》,《教育探索》2010年第4期。
② 周红:《多元教育价值观背景下初中教师教育价值取向研究》,硕士学位论文,西南大学,2010年。

说明，要形成教师正确的价值取向需要具备什么样的知识水平和知识结构，却转而走向价值取向的建构问题。他提倡初中教师应持有素质教育价值取向，并建议加强对初中教师教育价值观的教育。教育价值观实际上就是一种价值取向的选择标准。教育价值观在教育价值取向中起决定作用，是影响教育价值取向的核心因素。教育价值意识可以分为心理水平和观念水平形式。对于教育价值的认识论研究以及由此构成的教育价值观念（俗称教育价值观）是观念形式的价值意识。对于教育需要的欲望和动机、兴趣和趣味、情绪和情感、意志等心理活动就是教育价值意识的心理表现形式，这些价值意识以一种不自觉的、潜在的方式影响人们的教育价值选择，影响人们的教育价值实现过程和结果。

表1—8　　　　　　　课堂教学价值取向的偏差研究

研究者	研究内容	研究对象	研究方法	研究结论
臧德福等	课堂教学价值取向的偏差与错位	职校教师	思辨	环境上进入怪圈 思想上进入误区 分配上存在倾斜
郝芳		中学教师		对知识理解偏差 过程实施偏差
靖国平	学科知识价值取向	基础教育	思辨	学科取向严重，造成学生缺乏学习兴趣，形成考试理性文化
罗儒国和王珊珊	课堂教学价值取向			重视局部价值，忽视整体价值；注重工具价值，轻视目的价值；重视浅层价值，忽视深层价值
王宽明	教学价值取向			教师教学价值"二分"取向
周红	多元教育价值观背景下初中教师教育价值取向	初中教师	问卷调查 思辨	目标取向错位与过程取向错位；原因：观念方面、现实方面、教师素质不高

（七）学科教学价值取向研究

对于教学价值取向的探究大多会涉及学科问题，前面已经介绍有学者经过实证研究发现不同学科教师会有差异，因此有学者开始关注教师对学科教学的价值取向。胡道清对"新课标"的语文教学价值取向进行了探究。他认为，重新审视和确定语文教学的价值取向，并在实践中不断去生成、积累和呈现语文教学的价值，需要关注三个方面：第一，语文教学必须真正服从并服务于当今和未来社会的需求。第二，语文教学必须真正着眼并着力于学生的自身发展。第三，语文教学必须真正潜心并致力于教材的充分运用。关华对人教版初中语文教科书的98篇文章进行了分类，阐述了文章中的文化内涵，并指出传统文化在现实教学过程中缺失，主要表现在"天人合一"的摒弃、自我情感的迷茫以及民族精神的淡化三个方面。他提出，自然景物描写类诗文教学的价值取向应继承文化传统；弘扬民族精神；丰富情感世界；端正审美追求；提高语文素养。[①] 李丽华和高凌飚采用质性研究中现象描述分析学的研究方法，对四所中学的八位老师进行了访谈，整理数据，获悉语文教师课程价值取向有应试主义取向、学科主义取向、认知过程取向、社会本位主义取向和人本主义取向。语文教师的价值取向是复杂多重的。在教学过程中，教师不断调整课程价值取向，但困惑很多。语文教师的课程价值取向对教学行为的影响很大。[②]

刘秀玲从教学目标与内容历史演变的角度梳理了国内外有关小学数学价值取向的研究成果后指出，国外关于小学数学计算教学的价值取向由计算教学的应用价值和理性价值的对立走向统一；计算教学的价值空间得到拓展；计算教学的价值重心由物向人倾斜。这给我国小学数学价值取向研究提供了理论资源。从价值取向的形成看，影响小学数学教学价值取向的因素很多，主要包括：行为主体对计算教学本质的认识，影响着计算教学的价值取向；行为主体对教学要求的认识与理解，制约着

[①] 关华：《人教版初中语文教科书中自然景物描写的文化内涵及教学价值取向》，硕士学位论文，东北师范大学，2006年。

[②] 李丽华、高凌飚：《语文教师课程价值取向的质性研究》，《教育导刊》2011年第4期。

计算教学的价值取向；时代背景不同，影响着不同计算教学的价值取向；文化传统差异，限定着计算教学的价值取向。我国小学数学教学应该超越传统，走向理性的价值取向。在目标取向上，我国小学数学教学应坚持实用价值是计算教学关注的着力点。着重培养学生良好的计算能力，为进一步学好数学打好基础。同时关注学生良好计算技能的形成，满足社会生活的需要。另外，坚持理性价值是计算教学的精髓，发展价值是计算教学追求的最高境界。在手段取向上，我国小学数学教学应注重教学方法的选择和运用，关注计算教学过程本身的价值。作者并未阐明国内外小学数学计算教学的价值取向是什么，以及如何演变的。[①]

表1—9　　　　　　　　学科教学价值取向

研究者	研究主题	研究内容	研究对象	研究方法	研究结论
胡道清	学科教学价值取向	新课标的语文教学价值取向		思辨	服务社会；着力于学生自身发展；致力于教材充分运用
关华		教科书价值取向	人教版初中语文教科书	内容分析法	传统文化缺失："天人合一"的摒弃、自我情感的迷茫以及民族精神的淡化
李丽华和高凌飚		课程价值取向	八位中学语文教师	质性研究方法	应试主义取向、学科主义取向、认知过程取向、社会本位主义取向和人本主义取向
刘秀玲		小学数学计算教学	数学教学	思辨	启示：应用价值和理想价值统一；价值空间拓展；价值重心向人倾斜

（八）有关国外教育的价值取向研究

对国外价值取向研究成果的借鉴有利于我们扩大研究视野，从更广阔的角度全面审视我国的教学价值取向。刘志民运用"修订爱尼斯价值

---

① 刘秀玲：《小学数学计算教学价值取向研究》，硕士学位论文，华中师范大学，2011年。

取向测试量表"对来自中美英三国的4省、6州和4城市的1176名中小学男女体育教师进行了价值取向测试。以体育课程设置的专家认定的5种价值取向作为理论框架,即纪律主导型(DM)、学习过程型(LP)、自我实现型(SA)、社会负责型(SR)、和生态一体型(EI)。测量结果显示,中美英三国体育教师具有相似的价值取向特征,三国教师具有DM和SA价值取向的百分率相似,其余3种取向则有很大不同,美英两国教师所有取向都极其相似。中国教师比美英同行更多地倾向于LP和EI,美英教师更多地倾向于SR,中国教师在所有3项指标上与美英的差异都达显著性水平,而美英之间的差异无统计学意义。值得注意的是,具有20年以下教龄的中国教师比美英同行更多地倾向于LP和EI,而20年以下教龄的美英教师更多地倾向于SR,三国20年以上教龄者价值取向无显著性差异。研究发现中美英三国体育教师都相信教学中承认学生的潜力,发展学生积极向上的自我尊重以及增强学习信心是教师的责任,文化和国家之间的差异对此影响不大,然而,LP、EI和SR则反映了不同文化、制度、社会观念对价值取向的强烈影响,这可能是三个国家和两种不同社会制度的社会秩序和标准的反映。①

张慧洁则从价值取向的视角研究了美、英、日三国高校教师工资制度改革。② 作者认为,美、英、日三国大学教师工资制度具有不同的价值取向。美国大学教师的工资具有市场化特点,重绩效而轻年资;英国高校教师工资则绩效和年资并存;而日本大学教师工资制度表现为年工序列。作者分析了三种价值取向及其局限性后指出,绩效考核并不能代表工资的全部。日本的年工序列工资是一种资历的象征,并不代表经济收入;而以显性成果加年工序列考核为主的教师工资制度考核忽视了隐性知识带来的效益。因此,我国高校工资制度改革应解决显性化代替"隐性因素"考核问题、考评中公平效率权力化问题以及"公共利益与院校目标"矛盾的问题。

---

① 刘志民:《中美英三国体育教师教育价值观取向的比较研究》,《北京体育大学学报》2000年第9期。
② 张慧洁:《从价值取向看美、英、日三国高校教师工资制度改革》,《教师教育研究》2009年第7期。

王俊颖界定了瑞士中小学自由主义教学价值取向的概念，并阐明了该价值取向发展为自由主义的缘由，同时指出了瑞士中小学自由主义教学价值取向的表现。教学价值取向就是指教师在教学活动中为了达成某一教学目标而在课堂教学中决定教什么或怎样教的主观倾向，是教学价值从可能转化为现实状态的一个重要的中间环节，是教师主观意志的体现。教学价值取向贯穿、渗透于教师的所有教学活动中，制约着教师教学行为，对教学过程起指导和调节作用，在教学领域中具有重要的理论意义和实践意义。自由主义教学价值取向是指教师在教学过程中无形地以尊重学生自由作为教学活动主要的价值追求，教师在一定的限制之内，在教学活动中充分尊重学生自由的权利，给学生尽可能多的时间来讨论、发表看法、培养兴趣，尽可能多地赋予学生自由选择学习内容的权利。那么，为什么会在瑞士中小学形成自由主义教学价值取向呢？瑞士的多元文化传统培养了瑞士人自由独立的特质；瑞士直接民主社会制度为中小学自由主义教学价值取向搭建了坚实的平台；瑞士教育的历史演变推动了中小学自由主义教学价值取向的形成。在瑞士，中小学自由主义教学价值取向表现明显，其标志性特征有：追求自由的教学目标；多层、多样的教学内容；讨论为主的灵活多样的教学方式方法；独立且互助的师生关系；重视过程性的教学评价。瑞士中小学自由主义教学价值取向追求学生精神、个性与人格的独立；学生思想、言论的自由；学生之间的机会均等。瑞士的中小学教师为实现教学活动中的学生机会均等这一目标遵循两个重要的"均等原则"，即差异均等和均等差异原则。差异均等主要指教师尊重每个学生的特点，包容每个学生的个性、品质，赋予学生充分的自由，承认学生之间的差异，平等看待、培养每个学生，尽管学生之间存在差异，但是对待学生的态度是相同的，给予学生的机会是均等的。均等差异主要是指教师在无差别对待每个学生的基础上，要根据学生的差异选择适合学生的教学方式方法。尽管瑞士中小学实现了民主的教学价值，但也有一定的限度。首先，自由主义者崇尚自由发展。但是没有任何社会可以让个体获得真正的自由，那样不仅不是自由主义者追捧的自由，也不会真正实现。其次，自由就是要依据自己的内心而行事，依据自己的愿望、爱好进行思考，发表自己的看法与见解，并采取必要的行动,自己的思想、言论、行为等不受外界的控制与束缚。在现实的生活中,人们想要真正的自由,就要通过理智的作用,在人们产生过多的追求自然发展、自由发展的欲望之时,自由就不是本来的面目了,而转变成一种欲望,人就成了自由的奴隶,这对人的发展是非常不利的。[①]

表1—10　　　　　　　有关国外教育价值取向的研究

研究者	研究主题	研究内容	研究对象	研究方法	研究结论
刘志民	国外教师价值取向研究	教师价值观取向比较	中美英体育教师	调查统计比较	DM和SA价值取向的百分率相似;中国教师比美英同行更多地倾向于LP和EI
张慧洁		美、英、日三国高校教师工资制度改革	美英日高校教师	比较	美国:重绩效轻年资 英国:绩效和年资并存 日本:年工序列
王俊颖		瑞士自由主义教学价值取向	中小学	思辨	概念界定 形成理由 现实表现

(九) 价值取向冲突问题研究

价值取向冲突问题是教师价值取向研究不能绕过的话题。麦金太尔认为:"德性与外在利益和内在利益有一种不同的关系。拥有德性就必然可获得内在利益;也完全有可能使我们在获取外在利益时受挫。在这个意义上,我需要强调的是,外在利益是真正的利益。不仅它们在本质上是人类欲求的客体,它们的社会分配使正义和慷慨的德性有了意义,除了某些伪善者外,无人完全藐视它们。但声誉扫地的是,养成真诚、正义和勇敢的品格,常常使我们远离于富裕、声望或权势,虽然世俗中人有很大的偶然性。但我们因拥有德性,不仅可以达到卓越的水准和获得某种实践的内在利益,而且成为富有的、有声望和有权势的人,可德性

[①] 王俊颖:《论瑞士中小学自由主义教学价值取向》,硕士学位论文,西南大学,2011年。

总是实现这种周全抱负的潜在绊脚石。"李英林借用了麦金太尔的研究框架对高校德育教师价值取向的矛盾进行了探究。① 他认为，受中西文化精神碰撞以及社会文化体系失衡的影响，高校德育教师价值取向的矛盾是"高校德育教师在价值追求、评价、选择、认同上的一种自我矛盾状态和自我不可化解的困惑，是高校德育教师与文化深层关系矛盾的激发，是高校德育教师应然与实然的冲突或观念与现实的冲突"。

潘午丽论述了高校行政权力与学术权力博弈中教师的价值取向困境。他认为，目前高校教师价值取向困境表现在本体价值与工具价值冲突上。这些冲突主要包括自我发展与外在价值标准冲突以及教育理想与行政权位的冲突。②

表1—11　　　　　　　　价值取向冲突研究

研究者	研究主题	研究内容	研究对象	研究方法	研究结论
李英林	价值取向冲突	高校德育教师价值取向矛盾	高校德育教师	文化分析法	集体主义与个人主义的矛盾冲突；灵与肉的矛盾冲突
潘午丽		教师价值取向困境	高校教师	思辨	本体价值与工具价值冲突

上述研究关注了冲突的现状，未能清楚阐明冲突的表现形式和内在原因，以及如何引导冲突、超越冲突。

尽管从20世纪80年开始，我国兴起了价值研究热，改革开放的特殊文化背景下，价值问题成为中国人必须思考的公众论题，但是，教育研究领域并没有跟上此时潮流。似乎经济发展引发的问题只是社会一般问题，教育也与哲学一样为社会服务，它需要思考社会变迁对人才培养结

---

① 李英林：《高校德育教师价值取向的矛盾及其文化分析》，《黑龙江高教研究》2011年第1期。

② 潘午丽：《论高校行政权力与学术权力博弈中教师的价值取向困境》，《当代教育论坛》2011年第5期。

构的变化和知识创造的变化。价值问题在当时并未引起教育界的关注和争论。从文献看,直到90年代中后期,价值问题才在教育研究领域逐渐凸显出来。经济迅速发展不仅带来了人民生活的富裕,也带来了社会变革,经济发展促进了人才的社会流动,学习什么知识,怎样学习的问题成为全社会的议题。教育需要传授什么样的知识?学校需要培养什么样的人?这些问题成为国际公共论题。于是席卷全世界的教育改革热潮开始涌动。我国同样被卷入这次改革的浪潮。应改革之邀,我国的第八次基础教育改革"登上舞台"。课程改革成为当时的研究热点。随着改革的不断推进,对课程改革的研究也在一步步深入。从关注课程方案、资源开发等学校外部要素到关注学校改进和教师培训等校内要素,全方位的改革行动似乎没有走多远。教育部的刘坚主任曾经在西南大学的一次教师培训中以"十年教改,我们走了到底有多远"为题做了专题报告。教师理念的转变重于行动的转变。探索原因,教师价值观问题引起了研究者的注意。大约在2004年以后,教师价值观问题被教育学界重视。本书以研究主题为线索,粗略整理有代表性的文献,以勾勒教师价值取向研究的概貌。

我国教师价值取向研究内容非常广泛,主题范围很广。从研究的内容上看,既涉及教师对教育、教学和职业的价值取向,也涉及教师对课程、德育的价值取向。从价值主体的层次上看,既涉及国家、群体层面的价值取向,也涉及教师个体层面的价值取向。从价值取向的状态上看,既涉及教师应然层面的价值取向,也涉及实然层面的价值取向。从研究的对象上看,既研究中小学教师的价值取向,又研究高校和职业院校教师的价值取向。从研究的取向上看,我国目前对教师价值取向的研究既有理论演绎取向,也有实证研究取向。就整体而言,我国关于教师价值取向研究的方法以思辨为主,实证研究不多。尚未奠定教师价值取向研究的理论框架和基本范式。

就国内目前的研究而言,对教师价值取向的研究还有很多事情可以做,研究空间也非常大。在不知道教师持有哪些价值取向的情况下,对教师持有的价值取向进行批判是不合适的,因此,本书以揭示和解释为研究的整体范式。从国内的文献看,本书先揭示教师在教学行动中持有的价值取向是什么，它是如何运作的，以此作为转变教师价值取向的根据。为此，需要对国外教师价值取向研究做个基本的了解。

二 西方的教师价值取向研究

20世纪五六十年代是二战后经济恢复时期，东西方阵营尚未解体，各国都树立了科技强国的雄心。尽管如此，二战的创伤尚未恢复，科技发展对人类预示着什么？人类应该向哪里走？世界各国都面临着价值选择的问题。这为西方哲学价值学研究兴起提供了契机，哲学领域的价值研究启示了教育。因此，在20世纪70年代，西方教育研究就开始关注教师价值取向的问题了。70年代的学校重建运动也给教师价值取向研究增添了助力。学校重建运动的标志就是寻求建立优质学校的发展模式，优质学校的标志性特点就是优质的课程和教学。因此，西方的教师价值取向研究首先围绕教师价值取向对课程决策的影响为主题展开。

1974年，Eisner & Vallance 在《课程的冲突概念》一文中最早定义了价值取向。他们将价值取向定义为教育的信念或者影响设计决定的课程意识形态。起初，他们采用五种价值取向描述课程设计中的主要观点。这五种取向是学术理性取向、技术取向、认知进程取向、自我实现取向和社会重建取向。自此，奠定了西方教师价值取向研究的基本框架。后来的学者基本沿着这个研究框架进行进一步的研究工作。1988年，Ennis等人以该框架为基础开发了一套测量体育教师价值取向的工具——价值取向量表（Value Orientation Inventory，简称VOI）。之后，Ennis等人进一步系统深入地对体育教师的价值取向进行了系列研究。在1991年重新修订了价值取向量表，修订后的价值取向量表称为VOI-2，在测量教师价值取向方面一直沿用至今。

VOI-2包含90个题目，每种取向中包括18个题目。每个题目反映了体育的目标和目的的一种取向。量表采用五级评分，受访教师必须给每一个题目按照最重要到最不重要进行5（5 = highest priority）到1（1 = lowest priority）的评分。每一种价值取向有个总分，教师价值取向档案包括每一种取向的得分。比价值取向平均分高0.6表明该取向占优势，而低0.6表明低优势价值取向。Ennis的研究团队用该量表进行了大量的研究。

VOI 系列量表以 Eisner 等人的五种价值取向理论为编制的基本理论假设和资源，具有坚实的理论根基。但是，价值取向是文化建构的，随着社会文化变迁，价值取向也会发生变化。在其他各国和地区的文化背景下，并没有研究表明该量表的适用性。尽管有些研究也运用该量表测量了如中国台湾等不同文化背景下的教师价值取向，但是并没有声明进行量表的效度和信度的检验。因此，我认为，仅仅用这个量表来对中国的教师价值取向进行测试，有些狭窄。由于研究能力和研究时间的限制，我暂时不能对这个量表进行跨文化背景下的信度和效度检验，所以决定放弃使用该量表进行测试。

在量表的开发和修订之后，1991—1993 年，Ennis 和他的同事设计了一系列研究，明确表达和描述教师关于实践体育课的价值取向。Jewett、Bain 和 Ennis 将影响课程决策的哲学观定义为价值取向。以体育教育中当前的几种课程模式为基础，他们描述了五种价值取向，即学科掌握取向、学习进程取向、自我实现取向、生态整合取向和社会重建取向。每一种取向描述了构建课程的哲学观和意识形态。后来的学者基本以 Ennis 等人完善的五种取向的理论框架为研究的基本架构和假设。（见表 1—12）

表 1—12　　　　　　　Ennis 等的五种价值取向及特征

学科掌握取向（Discipline mastery）	这种取向助长了传统教学中持有的"对内容掌握是最重要"的观点。优先持有这种取向的教师在课程设计中会重点关注讲授的水平和相关知识。学习经验主要聚焦在技能发展、体验竞赛、健康和生物知识以及改善教授的关联上。
学习进程取向（learning process）	这种价值取向突出强调技能学习和相关学习原则的理解上。学习经验强调学习过程，以便学生理解内容的相关性，学生通过事先学习（prior learning）增加新知识。将学习的重点主要放在科学概念、应用知识以及解决与运动和活动相关问题技能的综合上。
自我实现取向（self-actualisation）	这种取向将学生视为教学中心，教学目的是建构自我价值、自我知识和快乐学习。学生个体具有学习的自制能力以及责任感。体育项目和学习经验聚焦在使学生逐渐具有自我导向、责任意识和独立性。

续表

生态整合取向（ecological integration）	这种取向强调全观法，全观法是指平衡课程应考虑学生需要、科目重要性、教育背景和社会关心。学生学习平衡他们自己需要的个人意愿和更大社会和自然环境的关系。学习经验能够使学生进行和发展批判质疑、解决问题和应对他们自己生活中变革的决策，决定他们自己的未来。
社会重建取向（social reconstr-uction）	这种取向把社会需要置于个体需要之上，将鼓励学生变得具有社会责任感以及参与社会变革作为压倒一切的课程目标。方案和学习经验提供了通过运动学习，重点关注发展学生的社会需要、解决社会问题和社会关切的意识，培养学生对集体关注问题的尊重。学生有权决策，实施变革，有助于构筑更好的社会和环境。

Ennis 等人的五种价值取向是就体育教学的目的或功能而言的。持有不同价值取向的教师在教学过程中关注的焦点不同，对教学的设计与管理，对课程的安排与取舍均不同。总而言之，不同价值取向的行动理论不同。表1—12 很好说明了价值取向对教师的教学行为具有非常重要的影响，不同价值取向构成了教师个体教学哲学的一部分。

Ennis 等人的五种价值取向理论为后来人研究教师价值取向奠定了理论基础。但是，是不是所有学科的教师都只是遵循这五种取向，是否还有其他类型？随着时代的变迁、知识的迅速增长，教师是否仍然具有这五种价值取向？Ennis 等人并没有清楚地说明，且后来的研究者一直没有改进这种价值取向的研究框架。就我的研究而言，中国教师是否也具有这五种价值取向，它们的表征如何？呈现何种样态？我并没有勇气挑战这个理论框架，也不准备修正价值取向量表。但我希望从现实的表征状态中探寻教师价值取向的中国化类型。我也不想用我的研究为 Ennis 的理论框架做注脚，因此，我希望采用质的研究方法探寻中国化的教师价值取向的理论框架。

从整体上看，西方教师价值取向的研究基本包括两个方面：

第一，关注教师价值取向的功能——在课程决策和教学中的作用和影响。

西方的教师价值取向研究始于课程研究的实践。在学校重建运动中，建设优质的学校模式包括优质课程的建设，一个优质的课程如何进入课堂就成为课程实施关注的焦点。因此，Eisner 提出影响课程开发和决策的是教师价值取向，并提出了影响课程设计的五种价值取向即学术理性取向、技术取向、认知进程取向、自我实现取向和社会重建取向。价值取向显示教师关于教什么，怎么教以及学习的内容如何延伸等的教育信念。Eisner 认为价值取向描述的是影响课程决策的教育信念系统。在体育课程中，Jewtt 也是用价值取向描述影响课程决策的哲学视角。Jewett、Bain 和 Ennis 描述了五种取向——学科掌握（disciplinary mastery）、学习进程（learning process）、自我实现（self-actualization）、生态整合（ecological integration）以及社会重建（social reconstruction）作为当前体育教学使用的几种课程模式的基础。那么，教师价值取向是如何影响课程决策的呢？不同学科对教师的价值取向是否有影响呢？所有学科教师都持有这五种取向吗？还是不同学科持有不同取向呢？Ennis 对体育教师进行了研究，并开发了价值取向量表（VOI），后来修正了该量表，修正后的量表为 VOI-2。Ennis 等运用量表 VOI-2 对 495 名城乡区域中体育教师进行问卷调查，并采用完整设计的描述统计和嵌套的 MANOVA 模型进行数据分析。结果表明：城市教师在自我实现取向和社会责任取向上的得分高于农村学校教师。农村学校教师在学科掌握取向和学习进程取向上得分高于城市教师。当老师具有不同的价值取向和信念时，学生具有不同的教育机会，比如持有学习进程取向的教师更关注学生对技能的学习，学生在技能训练方面的学习时间更长，机会更多。城乡学校背景有很大差异，教师在价值取向方面也显示了固定的课程反映机会和学校背景的限制。[①]

Ennis 对华盛顿市高中体育教师进行了研究，探索教师价值取向在课程决策中的作用。该项研究通过对持有不同取向的教师在学习目标及学生学业成绩和行为的期望两个方面的课程决策考察，看学生是否能够感

---

① Catherine D. Ennis and Ang Chen, "Teachers' Value Orientations in Urban and Rural School Settings", *Research Quarterly for Exercise and Sport*, 1995, Vol. 66, No. 1, pp. 41–50

受到教师的目标和期望。用教师自我报告与学生自我报告一致性作为考察标准。然后用动力系统理论（混沌理论）进行分析。他们首先对华盛顿市117位初中和高中体育教师进行了价值取向问卷（VOI）调查。DM项的T分少于36.37以及LP项T分少于37.9的教师归于DM/LP类别，EI项T分少于42.69和SR项T分少于50.77的归为SR类R类。有5位教师在DM/LP两项上表现优于其他项目，有22位教师在EI/SR两项上得分优于其他项目。在VOI问卷中5位DM/LP老师和5位EI/SR老师同意参与这项研究。这10位教师都是华盛顿市高中体育教师，有6位是白人，3位是黑人，一位是西班牙人。平均工作年限是20.3。6位是女教师。除教师外，Ennis等还对参与每位教师的体育项目的70名学生按照学区人口统计学的标准在九年级到十二年级（年龄为14—19岁）学生中进行了随机分层抽样，抽取7名学生作为考察的样本。每个年级所占比例大约是25%，男生比例是54%。要求九年级学生一个学期每天都上体育课。十年级到十二年级学生可以选择每天上体育课。只对最后样本中的10位教师和7名学生进行了正式结构性访谈。教师访谈每人60分钟，安排在教师方便的时间。学生访谈，每人20分钟，安排在上体育课期间。首先要求教师和学生描述学生的特点和他们学校上课时任何特殊的环境。然后要求教师和学生回答关于学生学习目标及教师对学业成就和行为的期待两个方面的问题。教师需要回答（1）教师对学生学习的目标；（2）教师对学生学业成绩和行为的期望。同时也采访了学生对这些目标和期望的认识。采用持续比较法分析数据，结果表明，DM/LP和EI/SR教师的目标和期望明显不同。持有DM/LP取向教师的学生认为能够感受到教师的目标和教师对他们的期望，而在EI/SR教师班里的学生评论没有感受到教师的目标和期望。该项研究运用动力系统理论将研究理论概念化，研究者将价值取向作为教育生态系统中的吸引子。分析的结果认为，持有DM/LP取向教师的目标和期望表现得更强烈，因此学生能够感受到教师的目标和期望，而弱EI/SR价值吸引子的教师工作可能受到来自学习者、教学、环境背景的限制，不能让学生感受到其目标和期望。①

　　Ennis 又对城市中学 11 位体育教师进行了研究。他考察了这 11 位中学体育教师的预期计划和教学决策，这些方案和决策决定了他们对含有社会重建和社会责任价值取向课程的意向和目标，试图发现他们对于以社会重建为重点取向的课程决策理由。这些理由和目标中含有社会重建取向和社会责任价值取向。这次，Ennis 没有使用 VOI-2，而是采用质的研究方法，运用持续比较方法分析文本数据。文本数据的收集是教师关于自我课堂教学录像的讨论。Ennis 称之为刺激回忆协议。首先对被研究教师的课堂教学进行录像，然后与教师一同观看他们的课堂录像，一边观看录像一边讨论。研究者就某个关键环节的设计提出问题，教师陈述这样设计的理由。很有意思的是，教师在看到自己的课堂录像时也很吃惊自己的设计，他们甚至有时根本意识不到设计背后的价值意识。根据教师观看录像讨论提供的文本数据进行分析，结果表明，教师对学生学习的目标与强调包含在学会和他人一起工作以及理解、尊重、对他人负责等内容中的社会责任一致。其理性基础是教师从学生背景、内容相关性和学生动机的视角分析。教师的评价显示了在教学目标的需要和教育社会责任相联系的技能需要之间的张力。② 这项研究还考察了代表社会公正和社会重建的改革目标或者城市公民权以及积极的互动与社会责任与哪些内容和任务决策更一致的范围。结果表明，教师的内容决策与团队协作、参与社会责任价值取向的目标更一致。中学项目的任务结构涉及大的群组活动，而高中任务聚焦在作为小组成员的个体活动上。③

　　Gillespie 对新西兰 23 所中学的 25 名体育老师进行了访谈和问卷调

---

① Catherine D. Ennis, Juanita Ross and Ang Chen, "The Role of Value Orientations in Curricular Decision Making: A Rationale for Teachers' Goals and Expectations", *Research Quarterly for Exercise and Sport*, 1992, Vol. 63, No. 1, pp. 38–47.

② Catherine D. Ennis, "Urban Secondary Teachers' Value Orientations: Social Goals for Teaching", *Teaching & Teacher Education*, 1994, Vol. 10, No. 1, pp. 109–120.

③ Catherine D. Ennis, "Urban Secondary Teachers' Value Orientations: Delineating Curricular Goals for Social Responsibility", *Journal of Teaching in Physical Education*, Vol. 13, No. 2, 1994, pp. 163–179.

查。首先要求被访对象完成价值取向量表（VOI－SF），然后将学科掌握取向和学习进程取向得分合并，目的是确证教师知识中心或者内容中心的信念，将生态整合取向和社会责任取向的得分合并，以确证教师更为整体的信念。有3位教师具有学科掌握取向和学习进程取向，3位教师具有生态整合价值取向和社会责任价值取向。然后分别对这6位教师进行了访谈。访谈资料为研究教师价值取向的来源及日常实践中取向表达方式两个方面提供了丰富的资料。研究结果表明：那些意识到课程及其潜在的哲学观的教师对当前实践的信念是相当不同的。为了支撑课程的意图，需要哲学观的转换。与此相应，当新的课程在教师价值取向方面比较强调时，教师就会找到课程实施的敏感点、挑战和实践的合法资源。[①]

第二，影响教师价值取向的因素。

在社会心理学研究中，性别、年龄、民族等个性特征也是影响个体价值观的重要因素。而在教师价值取向研究中，将社会心理学研究的成果作为理论资源和研究假设，同时还强调其他要素的影响。对于影响教师价值取向因素的研究并非有意而为，而是在对不同文化背景中教师价值取向调查中，发现了文化和教师水平是影响教师价值取向的重要因素。除此之外，教师对课程的理解和信念也是影响教师价值取向建构的因素。

价值观是文化的核心，不同文化的价值观不同。文化背景对教师的价值取向有着非常重要的影响。Ennis和Chen对城乡教师的价值取向进行的调查，表明城市与农村的背景不同，教师价值取向也不同。说明了城乡不同文化背景对教师价值取向的影响。还有学者对魁北克和美国体育教师的价值取向进行了比较研究。美国研究者McAdams的成果指出，加拿大与美国相邻，两国未来在文化上将趋近。在一项美国与丹麦、德国、加拿大、英国和日本五国学校制度的比较研究中，他指出，加拿大与美国最为相似。Dominique Banvillea等对法裔加拿大体育教师进行了问

[①] Gillespie, Lorna B., "Exploring the 'How' and 'Why' of Value Orientations in Physical Education Teacher Education", *Australian Journal of Teacher Education*, 2011, Vol. 36, Iss. 9, Article 2, p. 63.

卷调查，将问卷结果与 Ennis 对美国 495 位体育教师的价值取向调查结果比较。为了保证问卷的有效性，他们将价值取向量表 VOI-2 经过 6 个程序翻译成法语问卷（FVOI-2），并进行了效度检验。然后采用 FVOI-2 问卷，向法语中学体育教师发放 1442 份问卷，回收 300 份，回收率 21%。其中有 34 份问卷答题不全，视为无效问卷，最后对 266 份问卷进行了统计，运用 MANOVA 模型进行了数据分析。结果表明，魁北克体育教师与美国的体育教师在价值取向上是非常不同的。魁北克体育教师在学科掌握取向上得分最高，而在社会技能上得分最低。美国的体育教师刚好相反，他们在社会技能一项上得分最高，而在学科掌握一项上得分最低。[①]

教师的知识水平不同，所教年级不同，对教师的价值取向也有重要的影响。对中小学教师价值取向的一项研究证明了教师水平影响教师价值取向。这里，教师水平主要是指教师所教年级。Daniël Behets 和 Lieven Vergauwen 使用价值取向调查问卷（VOI）对来自弗兰德小学 528 名和中学 637 名体育教师进行了调查。[②] 教师的个性特征，包括性别、教龄等的差别对价值取向影响并不大。教师价值取向的重要差别在小学和中学的教师之间体现明显。最近由弗兰德政府授权的介绍体育概念革新的最近成果讨论了这两组教师的不同价值观文件。小学教师把学科掌握和自我实现作为优先取向，而中学教师在社会责任和学科掌握两项上得分较高。研究结果发现，教师水平影响教师价值取向。在小学与中学里，教师明显倾向于调整课程优先权来满足学生的需要。

Clement 在研究中证明了教师对课程的理解影响教师的价值取向。[③]他对概念取向的教师 Mark 和计算取向的教师 David 进行了一个学期的访

---

① Dominique Banvillea, Pauline Desrosiers, Yvette Genet-Voletc, "Comparison of value orientations of Quebec and American teachers: a cultural difference?" *Teaching and Teacher Education*, 18 (2002), pp. 469–482.

② Behets, Daniël, Vergauwen, Lieven, "Value Orientations of Elementary and Secondary Physical Education Teachers in Flanders", *Research Quarterly for Exercise and Sport*, Vol. 75, No. 2, pp. 156–164.

③ Lisa Lorraine Clement, *The Constitution of Teachers' Orentations Toward Teaching Mathematics*, University of Califormia, San Diego/ San Diego State University, 1999.

谈、观察和课堂录像。Mark 和 David 都是给未来的小学教师教授数学课程的。在每一节课里，Mark 在头脑中已经有了与想让学生理解的内容一致的想法，这种理解包括与三种一致性思想相联系的能力。第一种是与其他数学概念相联系的；第二种是与数学程序相联系的；第三种是学生意识到这种思想、其他数学概念和数学程序的方式。这些思想是 Mark 想让他的学生发展的能力。他对学生未来发展的期望迫使他让学生分享他们的思想，将关注点放在能发展这些能力相关的思想方面，而不是在数量的价值；采用图表和解释帮助学生清晰他们的思路。经过对一个学期的课程的研究，Mark 的概念取向和 David 的计算取向都在不同数学教授中保持稳定。他们对数学的信念和理解影响了他们教授数学的价值取向。

从整体上看，国外在教师价值取向方面的研究问题集中，从理论建构到量表开发再到研究工具使用线索清晰，多属于实证研究，以问卷调查研究为主，也有用质的范式和量的研究结合的混合研究方法，质的研究方法非常少。

表1—13　　　　　　　　　　国外教师价值取向研究概览

研究者	研究主题	研究对象	研究方法	研究结论
Eisner & Vallance (1974)	课程的冲突问题	课程	思辨	定义了价值取向并描述了课程设计的五种取向
Ennis, Hooper (1988)	教师的课程哲学	体育教师	调查	开发 VOI
Ennis, C. D., Chen, A., Zhu, W. & Ross, J (1991–1993)	价值取向对学习、课程决策、教学目标等的影响；理论框架；修订量表	中小学体育教师	观察、访谈、刺激回应协议	修订 VOI-2；确定五种取向框架；影响教师价值取向的变量
Catherine D. Ennis (1994)	城市中学教师价值取向	11位城市教师	常量比较法 持续比较法 刺激回应协议	对于学生学习来说，教师的目标与强调社会责任相符合

续表

研究者	研究主题	研究对象	研究方法	研究结论
Catherine D. Ennis and Ang Chen (1995)	城乡背景下的教师价值取向	495名城乡体育教师	VOI-Ⅱ量表 MANOVA模型数据分析	城市教师在自我实现取向和社会责任取向上的得分高于农村学校教师。农村学校教师在学科掌握取向和学习进程取向上得分高于城市教师
Lisa Lorraine Clement (1999)	教师教授数学的价值取向结构	Mark David	课堂观察 访谈 个案研究	教师对课程的理解影响教师价值取向
Behets, Daniël; Vergauwen, Lieven (2004)	中小学体育教师价值取向	弗兰德中小学体育教师	问卷	教师水平影响教师价值取向
Gillespie, Lorna B (2011)	价值取向的影响与开发	6位新西兰健康和体育教师	VOI-SF问卷和访谈	职前教师价值取向影响教师对课程的理解，批判视角开设教师教育课程

综合国内外文献，对教师价值取向已取得的研究成果有：1. 定义了教师价值取向的概念，认为教师价值取向是影响教师课程和教学行为的观念系统。教师价值取向是影响课程和教学的哲学观。2. 教师价值取向对教师的课程决策具有重要的影响。3. 持有不同取向的教师在课程设计中表现不同，且对学生发展和成长的影响很大。4. 教师价值取向是有着内在结构的。5. 教师所教年级、任教学科、工作经验、知识、对课程的理解以及文化等都从不同程度上影响教师价值取向的建构。6. 价值取向具有不同层面的分类。就主体而言，有国家价值取向、教师群体价值取向和教师个体价值取向；就实践层面而言，有应然的价值取向和实然的价值取向。

表 1—14 国内外文献比较

	国内	国外
研究主题	教师的职业价值取向、课程取向、教学价值取向、德育价值取向；价值取向的功能与形成；价值取向冲突。	中小学体育教师价值取向；文化差异的价值取向。
研究内容	教师对课程、教学等的应然取向、实然取向；教师价值取向对学生的影响，对课程设计的影响，等等。	教师价值取向是什么及其对课程和教学的影响；影响教师价值取向结构的因素。
研究对象	大学、中小学教师；高校及职业院校教师。	中小学体育教师、数学教师。
研究方法	思辨为主，少部分质的研究。	定量研究为主，采用问卷调查、刺激回应协议及录像等研究工具。
研究特点	研究主题范围较广，研究内容丰富，研究对象广泛，研究方法以思辨为主。	比较系统，建构了比较成熟的理论框架；研究对象范围集中；研究方法以问卷调查为主。

三 本书的研究空间

已有研究表明，文化是影响教师价值取向的重要的因素。那么，在我国文化背景下，教师是否也持有五种价值取向？是否还有其他的价值取向样态？从文化的视角对教师价值取向进行研究具有重要的意义。

关于研究工具，自 Ennis 等开发并修正价值取向量表（VOI-2）至今已有二十年之久。这二十年是社会发展特别迅速的时期，从文化哲学的角度看，社会的发展和变化都是文化的创造，也是人的认识不断深刻的过程。教育在社会发展中的价值和地位也当然在变化，人类不得不再一次追问，教育的价值是什么？教育应该传递什么样的知识给年青一代？知识更新越快，人们对教育该传递什么知识的问题就越疑惑。教师作为知识传递者的角色也同时受到质疑和挑战。原来在师范教育领域获得的一劳永逸的知识已经不再起作用了。各种信息直通车的建立，网络技术的不断提高，教师存在的价值是什么，也成为困扰广大教师甚至人类的问题。那么，二十年前开发的研究工具，今天还有信度和效度吗？时代的变迁，教师对自我和教学的价值认识有什么变化吗？仅仅用价值取向量表来研究教师心灵的问题适切吗？还需要开发什么样的研究工具？何种研究方法更为合适呢？价值问题是哲学问题，只用哲学思辨的传统范式认识教育中的价值问题合适吗？另外，Ennis 等的价值取向量表，是对中小学体育教师进行研究后开发的，它是否适合其他学科？在其他学科中，这种价值取向的表征如何？还没有人接着去探索，但国外，都只是从量表的语言上进行效度检验，而非对工具本身进行检验后才使用。因此，任教学科能够作为教师价值取向研究的变量，对价值取向量表的信度与效度来说是否有影响？这些问题仍然不得而知。这些问题，既是研究方法和研究工具的问题，同时也是教育领域中价值问题研究的问题域。对于研究方法和研究工具而言，我还没有能力去思考这么宏大的问题，以后如果还有时间和机遇，我愿用一生去探索教育领域中的价值问题。

就研究对象而言，目前国内教师价值取向研究的对象非常广泛，既包括中小学教师，也包括大学教师和高等职业院校教师。而从文献看，西方国家的教师价值取向研究的对象一般是中小学体育教师，也有少量研究其他科目教师的，如数学教师。对于不同的研究对象，应该采用何种价值取向研究的方法和范式？我们常常根据研究问题和研究目的，确定研究方法和工具，研究对象常以假设处理，但无法否认的是，研究对象确实也是研究过程的变量之一，它不仅仅是常量，也需要考虑。

关于研究的视角，就已往研究而言，价值取向问题首先被作为哲学问题进行研究。对文化框架下的教师价值取向的研究未见，另外，解释教师价值取向的研究不多。

第二章

教师价值取向研究的设计

研究设计是研究者事先基于自己对研究现象的初步了解,根据自己所拥有的研究手段、方法、能力、时间和财力等条件因素,为满足自己的研究目的而进行的一个初步的筹划。① 研究设计的主要目的是列出研究者打算实施的具体行动和步骤。研究者应该介绍自己打算从事一项什么样的研究、计划如何进行这项研究、为什么打算这么做。本章进一步说明基于研究问题将要做什么。

马克斯威尔指出,质的研究设计需要在研究目的、理论框架、研究问题、方法及效度各要素之间不断来回"走动",既不是从一个预先设定的起点开始,也不是按照一个固定步骤依次进行,而是各个设计要素之间的相互联系与相互影响。②

马克斯威尔的研究互动模式包括五种成分,即研究问题、研究目的、研究情境、研究方法与研究效度。研究者在五种成分之中不断"走动",不断聚焦研究问题。从纵向的研究过程来看,研究问题的聚焦过程也是研究过程,研究并非在一定水平上互动,而是在问题与情境中穿梭。陈向明认为,质的研究的实际发生过程更像一个不断往下转动的圆锥体(与静止的漏斗模式不同),研究中的每一个部分都随时间的流逝而不断地缩小聚焦范围。与此同时,这个旋转圆锥体的任何一个横切面都可以由马克斯威尔的互动模式中的五个成分组成,这五个成分相互之间同时

---

① 陈向明:《质的研究方法与社会科学研究》,教育科学出版社2011年版,第67页。
② [美]马克斯威尔:《质的研究设计:一种互动的取向》,朱光明译,重庆大学出版社2007年版,第3页。

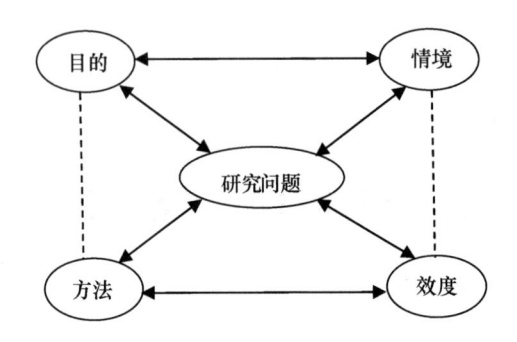

图 2—1　马克斯威尔研究模式

也在平面水平上发生着互动。①

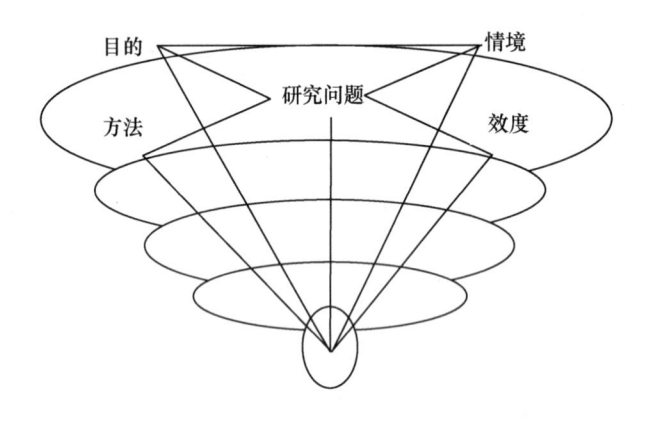

图 2—2　质的研究模式

就本书的研究而言，正是经历了陈向明的立体两维互动的研究模式。我在最初确定了教师价值取向这个研究主题之后，经历很长时间的徘徊才确定了我的研究问题。教师价值取向研究有何价值，哪些内容值得研究，采用何种方法更为合适，这些问题一直缠绕着我。跟导师的一次次交流，向其他教师请教，扎根文献，都没有把我从迷惑中拽出来。借用

---

① 陈向明：《质的研究方法与社会科学研究》，教育科学出版社 2011 年版，第 71 页。

导师的关系和资源，我先对重庆市某区一所普通中学进行了预研究。希望在与研究对象的互动中整理思路，并融合我过去研究中收集的一些资料和利用假期与教师访谈的资料，对研究问题进行聚焦。由于研究时间和精力的限制，我不能对教师价值取向进行全面细致的研究，因此，我选择了教师价值取向是什么，为什么，怎么样，三个问题作为我要深入探索的对象。

第一节 研究假设

假设是表明两个或多个变量之间关系的一个或一组陈述句。[1] 假设可以定义为从逻辑上推测的两个或多个变量之间的关系，以一种可检验的陈述句形式表达出来。[2] 假设是把变量赋予个案的陈述，在这个意义上，个案可以定义为某个假设要谈论的一个整体或一件事情。[3] 从这些对假设的定义可以看出，假设是研究的变量之间关系的陈述，这种陈述是可以检验的。既然这种陈述能被检验，那么它就存在两种可能：一种可能是，研究假设可以是根据已有理论进行的预测性推断，研究的过程就是假设验证的过程；另一种可能是研究假设来源于已有的理论成果，是经过检验的作为一项研究的事实基础。因此，所有的实证研究，都应该首先有假设。[4] 假设的好坏，对于研究质量和水平具有决定作用，对于数据的利用具有指导作用。一项研究的意义，在很大程度上取决于假设的潜在价值。[5]

假设贯穿于整个研究中。赵艳对《中学教师课堂提问的社会学分析》的研究假设进行了分析，并提出对研究假设的分析包括研究假设的形成、

---

[1] Mason, E. J. & Bramble, W. J., *Understanding and Conducting Research: Applications in Education and the Behavioral Sciences*, NewYork: McGraw-Hill, 1989.

[2] Sekaran, U., *Research Methods for Business*, John Wiley & Sons, Inc., 2000.

[3] Cooper, D. R. & Schindler, P. S., *Business Research Methods*, McGraw-Hill International Edition, 2001.

[4] 孙健敏：《研究假设的有效性及其评价》,《社会学研究》2004 年第 3 期, 第 30—35 页。

[5] 孙健敏：《研究假设的有效性及其评价》。

研究假设的论证过程及研究假设的信度效度分析等。① 研究假设须建立在一定的理论体系和实践基础之上，必须有扎实的理论根基和实践根基。它或者是已经被认同的某种理论体系的内容，或者是基于理论的推断，但这必须与实践相符合。研究假设的论证过程也就是研究的过程。样本的选择、资料的收集、资料的分析都围绕研究假设展开。有时抽样的误差会影响研究假设的效度和信度。一个科学有效的研究假设应该具有一定的范围，以便研究者能够很有目的性地进行整个研究过程的展开。② 提出研究假设的基本方法主要是演绎法和归纳法。③

研究假设的科学性决定了研究成果的有效性。中国人民大学劳动人事学院教授孙健敏提出了社会科学研究中的有效研究假设应该具备 5 个条件。④ 第一，假设必须在概念上清晰明了，表述必须准确。明确概念的目的是为了进一步的检验。抽象的概念是无法进行观察的，进行准确的表述，使抽象的概念变为可采用的指标，进而对这些指标进行观察。第二，假设应该具有实证参考物。有效的假设是对客观事实的关系的表述，能够作为验证假设的效标，具有客观的观察和测量的标准。第三，假设必须具体化。具体化的假设表述便于检验，可以提高研究结果的信度和效度。第四，假设应该与可利用的技术相关。并不是所有的技术都能检验同一种假设，不同的假设需要不同的技术检验，因此，确定研究假设时应该知道这些假设可以用哪些技术来检验。第五，假设应该与现有的理论体系有关。确定研究假设不是主观的臆测，而是客观的描述和说明。研究假设要么是现有理论的预测性推断，要么是经过验证了的理论或者推断。也有研究者提出了教育科学研究中确定假设须遵循四种要求，即研究假设不能与教育科学中已经验证的正确理论相违背，不能与已经验证的过去的事实相矛盾；研究假设应当对两个或两个以上的变量间的关系做出推测；研究假设应当以陈述句的形式简单明了地加以说明，而不

---

① 赵艳：《研究假设的分析方法——以〈中学教师课堂提问的社会学分析〉为例》，《晋中学院学报》2012 年第 8 期，第 90—93 页。
② 赵艳：《研究假设的分析方法——以〈中学教师课堂提问的社会学分析〉为例》。
③ 佟德：《提出研究假设的方法》，《教育科学研究》2006 年第 8 期，第 59—60 页。
④ 孙健敏：《研究假设的有效性及其评价》，《社会学研究》2004 年第 3 期，第 30—35 页。

能以问句形式或含糊不清的陈述句形式出现；研究假设应当是可以检验的，通过操作定义可被研究人员用一定的方法收集来的数据和事实加以验证。[1] 设计研究假设的原则：第一，研究假设必须具有科学性。研究假设是根据一定的理论、知识经验及事实提出的，是科学认识和思考的逻辑起点，它与毫无根据的迷信、臆测不同，也与纯粹的猜测、幻想不同。第二，研究假设要有一定的推测性。研究假设是一种推测性的论断和假定性说明，必须是目前尚未证实的。第三，研究假设要有对称性。研究假设本身不能有任何自相矛盾或无法自圆其说的地方。第四，研究假设的语言要能用实证的方法进行检验。研究假设必须能够预言新的现象或事件，这些语言能用实证的方法进行检验。它必须解释和说明已知的有关现象和事实，不能和任何确凿可靠的事实相矛盾。第五，研究假设应以陈述句的形式清楚、简明地表述。[2] 标准也好，要求也好，原则也罢，都是说明研究假设是一项研究的关键环节，它的提出和确定必须要有科学性、理论性、逻辑性、价值中立性。

克瑞斯威尔把研究假设划分为 4 种类型：一是语意虚无假设，以概念为基础，没有方向性。二是语意替代假设，以概念为基础，有方向性。三是操作虚无假设，以操作性定义为基础，没有方向性。四是操作替代假设，以操作定义为基础，有方向性。这种划分原则基于表述方式和研究的方向。表述方式固然重要，不同的假设有不同的表达方式。当然表述方式中也同时含有研究的方向，是验证的过程还是理论前提，都有不同的表达。但是，我们认为，研究假设还可以根据其在研究中的效用划分为基础假设和基本假设。基础假设是一项研究的理论前提，研究是建立在这个理论前提基础之上的，它不需要证明和验证，是依据理论界认同的理论成果提出的，亦可称为前提假设。基本假设是一项研究的预测性假设，研究的过程就是假设的检验过程，无论是虚无假设还是替代假设都需要验证。

基于对研究假设的理解、教师价值取向的理论成果以及研究目的，

---

[1] 佟德：《对研究假设的几个要求》，《教育科学研究》2007 年第 3 期，第 59 页。
[2] 彭波：《设计研究假设应遵循的原则》，《教育科学研究》2006 年第 3 期，第 60—61 页。

我们提出以下前提假设：

1. 教师价值取向是教师文化的深层部分，对教师文化有着重要的影响，教师文化改变依赖于教师价值取向的重建。

2. 教师价值取向影响教师教学行为，且常常处于无意识状态。

3. 教师价值取向内隐于教师信念之中，需要研究者主动关注，引领教师反思其行为背后的价值取向，由无意识状态转变为有意状态，进而检验其合理性与合法性。

4. 教师价值取向是隐性的，只能通过教师言语和教师行动表达出来。因此，教师价值取向可以通过观察教师言行来深描和解释。

5. 由于价值意识是文化建构的，是人在社会实践中建构的。主观的人生经验并不完全是社会的。个体会将自身理解成既是内在于社会中又是外在于社会中。客观现实与主观现实之间的对称关系，永远都不是固定不变的和一次了结的。它必须总是在现实中产生和再产生。换句话说，个体与客观社会世界之间的关系，就像是一种持续不断的平衡活动。① 所以，价值取向作为社会建构，是可以改变的。

6. 如同信念可以分为宣称的信念和践行的信念，② 教师的价值取向也有教师信奉的价值取向（宣称的价值取向）和践行的价值取向（指导教师行动的价值取向）。信奉的价值取向与践行的价值取向常常出现不一致，在教师个体内部形成价值冲突，出现教师悖论式价值取向。教师个体践行的价值取向与信奉的价值取向有时是两回事。教师可以将二者进行整合。整合不好的教师会出现人格上的分裂现象。

7. 学校教师所共享的价值取向是学校文化的内核，同时也是影响个体行为与价值取向的主要因素。探寻全体成员所共享的价值取向实质上也是对学校文化的本质的理解，而学校文化中共享的价值取向一方面是构成个体价值观系统的重要内容，同时又必然是教师个体价值观形成的重要影响因素。

---

① ［美］彼得·伯格、托马斯·卢克曼：《现实的社会构建》，汪涌译，北京大学出版社2009年版，第111页。

② 谢翌：《教师信念：学校教育中的"幽灵"》，博士学位论文，东北师范大学，2006年，第56页。

8. 个人的价值取向影响并体现在教师的决策、具体的教育教学行为和教学管理的方式之中。因此，可以通过对教师行为的观察以及对教师决策的讨论来推测个体拥有的价值取向。

9. 价值取向具有相对稳定性和情境性，它们既是学校文化内化的结果，又是学校文化运作的动力。

10. 个人的价值取向对他们的行为影响很大。

11. 价值取向是可以推断出来的，但这种推断必须考虑与价值陈述之间的一致性。

12. 价值取向是早期形成的，个体的价值系统包括了所有从文化传承中获得的价值观念。

13. 某些价值取向比另一些价值取向更难改变。愈早纳入价值观念体系的价值取向愈难改变。

14. 教师倾向于坚持自己形成的价值观念，哪怕是不正确的或者完全错误的，即使有关专家或者培训向其展示了科学的正确的解释，他们也仍然坚持固有的价值观。

15. 教师价值取向有群体共享的，也有个体的。本书以个案学校为研究单位，因此我们要关注教师群体的价值取向，对其进行归类，也要关注教师个体的价值取向。除了群体共享外，教师个体也有一定的或许不同于教师群体的价值取向。我们对群体价值取向进行平面透视，而对个体价值取向进行焦点透视。通过对教师个体价值取向与教师群体价值取向的冲突来展现价值取向是如何影响教师行为的。

第二节　研究的分析框架

一　基本概念框架：主要概念的操作性定义

对基本概念下操作性定义是研究的基础。根据研究问题，研究内容将涉及教师、课堂教学、价值取向、价值实现、情境界定、代价等基本概念。下面我将对这些基本概念逐一下操作性定义。

1. 教师

教师是一个常识概念，教师的科学概念指称与常识概念的指称差别

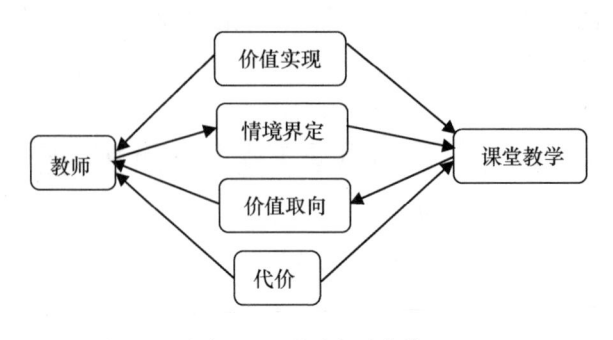

图2—3 基本概念框架

不大。本书界定教师概念只是为了确定研究边界，说明研究的是哪一部分教师，因此，本书只希望对教师概念的外延进行界定。对于教师的概念内涵界定将采用《教育大辞典》中的概念，即教师是学校中传递人类科学文化知识和技能，进行思想品德教育，把受教育者培育成社会需要的人才的专业人员。

对于教师概念外延的界定，就是确定研究的对象。由于课题研究的限制，研究中的教师主要确定为中学教师。所以选择中学教师进行研究，有两个方面的原因。一是我曾经在中学工作过，对中学的各种情况比较熟悉，对教师行为的敏感度更强，容易达到对局内人的思维转换。二是中学教师面对的压力要大于小学，学科也多样，在此背景下，教师的价值取向虽然更难捕捉，但是研究起来也更有趣味，提升的理论或许可以成为学校解困之需。中学都面对巨大的升学压力，学校如何更像一个培育人的地方，最重要的就是教师的价值观问题。因此，我们期望研究能为学校提供一个可操作的资信。

2. 课堂教学

课堂教学是一种教学组织形式，它既是一个空间概念，又是一个实体概念；既指涉物理概念，也指涉心理概念。对教师而言，一提到课堂教学，他们立即想到与上课、备课、批改作业、自习辅导等相关概念。对学生而言，一提到课堂教学，他们立即想到教室和教师上课。对学校以外的人员而言，一提到课堂教学，他们会与学校的教学联系起来，并将二者混淆使用，不作任何区分。对本书而言，课堂教学的外延很广，它等同于教学。除此之外,本书将课堂教学的研究边界限定在普通中学,关注的内容不仅包括第一课堂也包括第二课堂。之所以选择研究普通中学,是因为相对于重点中学来说,普通中学的数量更多,普遍意义更强,更适合本书研究的内容,且更容易达到研究目标。

3. 价值取向

在绪论中,我们已经通过对文献的梳理界定了价值取向的内涵。本书认为,价值取向是影响人们行动选择的一种观念体系。它是基于人的实践活动,经过主体的认知、情感、经验等元素相互作用而产生的,在一定的价值标准和价值目标的激发下,用于指导人们进行行动的指令。价值关涉社会和道德问题,在确定价值时,人们倾向于关照社会一致性的观点和道德的方面,按照社会文化要求确定的超越现实行动选择的价值,是对最高价值追求的行动选择取向,我们将其确定为理想的价值取向,也可以称之为信奉的价值取向,而基于个体的能力和现实的客观条件的限制,在关照道德和文化价值一贯性的视野下进行的对当下行动的指导性价值的倾向,我们称之为现实的价值取向或者践行的价值取向。

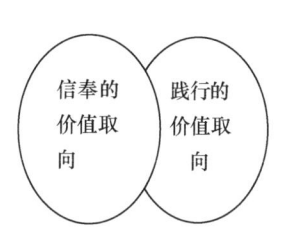

图 2—4 价值取向结构

价值取向系统还包括核心的价值取向和边缘的价值取向。无论对于个体还是群体,都存在着核心与边缘的价值取向系统结构。

4. 教师价值取向

在本书中,教师价值取向是指影响教师教学实践行动的观念体系,是在一定的价值标准和价值目标的激发下,指导教师选择教学行为的指令。具体讲,教师价值取向包括教师的教育价值取向、课程与教学价值

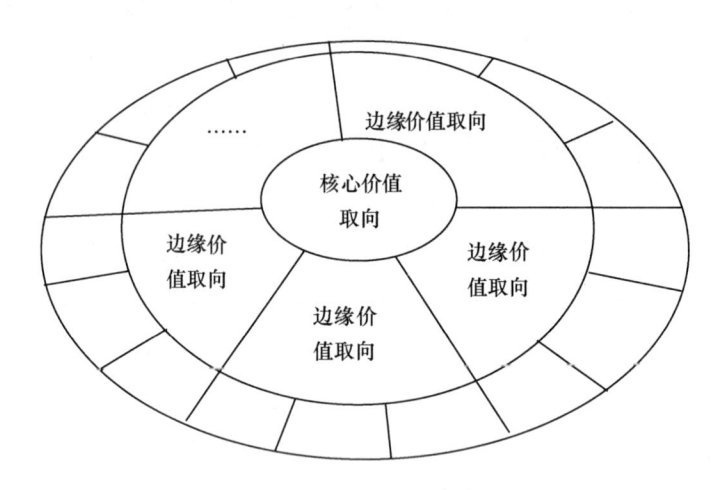

图 2—5　教师价值取向体系基本结构

取向、德育价值取向、科研价值取向、管理价值取向、职业价值取向，等等。本书只关注教师的教学价值取向。教师的价值取向也有教师宣称的价值取向（信奉的价值取向）和指导教师行动的价值取向（践行的价值取向）。信奉的价值取向是教师信奉理论的内核，践行的价值取向是教师使用理论的内核。[①]

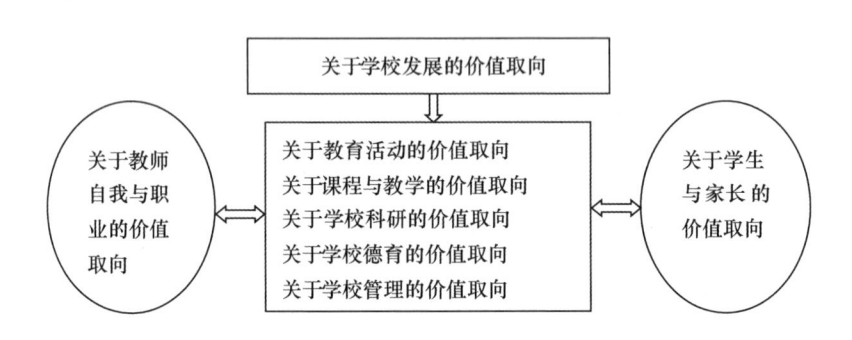

图 2—6　教师价值取向结构简图

---

①　[美] 阿吉里斯、[美] 舍恩：《实践理论：提高专业效能》，邢清清、赵宁宁译，教育科学出版社 2008 年版，第 6 页。

5. 情境界定

情境界定是司马云杰在其《价值实现论》一书中提出的。情境界定就是指人对环境、情境、情势等的认识、理解和价值判断。他进而提出了情境界定因明论：因，就是指环境、情境、情势的价值和意义所在及其运动变化的根据。明，就是指人认识、理解、判断、界定环境、情境、情势的经验、知识、智慧、意识。人对环境、情境、情势的认识、理解、判断、界定。情境界定因明论是研究人正确地认识、理解、判断、界定文化环境、情境、情势的价值和意义及其运动变化之根据与思维活动规律的理论。① 我们借用情境界定的概念作为分析教师价值取向的概念工具。在本书中，情境界定主要指教师对自我所处的环境、情境、形势等的认识、理解和价值判断。它是教师选择教学行动的内在依据。教师自我所处的环境、情境、形势蕴含于学校文化之中。除此之外，还有教师所处的时代和当下的社会文化。教师不仅要根据学校文化选择教学行为，而且当下的时代和社会价值观也是影响教师价值判断的文化依据。

6. 价值实现

司马云杰在其文化建构价值意识的理论中提出了价值实现理论。他认为，价值实现是人在文化世界的主体实现，是人凭借文化价值意识的实现。② 是一种人对文化价值认识、理解、领悟的价值思维活动，是人的一种意向性思维活动，是人的积极主动的价值思维、判断和选择，而不是一种机械性行为，也不是一种刺激反应的生物过程。③ 价值实现理论就是研究人类价值实现思维判断规律的一种理论学说。其理论的前提假设是人是文化的存在。人作为文化存在的条件是，人是具有先天道德本性的，是有追求法则秩序及美好品德的本质和内在规定性的。价值实现的学说认为，人只有创造了文化，创造了文化世界，才能真正进行价值实现。文化创造既是人的价值实现，又是人的本质实现，它既创造了一个

---

① 司马云杰：《价值实现论：关于人的文化主体性及其价值实现的研究》，安徽教育出版社 2011 年版，第 170 页。
② 司马云杰：《价值实现论：关于人的文化主体性及其价值实现的研究》，第 2 页。
③ 司马云杰：《价值实现论：关于人的文化主体性及其价值实现的研究》，第 8 页。

有价值、有意义的文化世界,又创造了人,实现了人的本质。人的一切理性的或非理性的价值需要,人的全部的思想、情感、意志以及追求自由和幸福的欲望、目的和动机,作为价值意识,作为意识到的心性存在,都是有意义的文化世界建构发展起来的,并且文化愈发展、愈进步,人的价值意识就愈清晰、愈明确、愈自觉,其价值需要和价值追求就愈高尚、愈强烈、愈理性化。文化世界的创造、积累和发展,最终表现为人的自我实现,表现为人的本质力量的实现,人与文化的统一,人的本质与文化价值的统一,文化创造积累与人的价值实现的统一,并把这种统一看成是人类文化精神发展的历史过程,看成是人的价值意识及各种欲望、目的、动机、追求不断提高、发展、理性化的文化过程,就是人类价值实现的全部理论基础,也是司马云杰在《价值实现论》中建立人类价值实现理论学说的出发点和全部前提。①

本书将司马云杰的价值实现理论作为理论资源,秉持人是文化的存在假设,借用价值实现作为分析教师价值取向的工具。

7. 代价

袁贵仁在《价值学引论》中将代价概括为三个方面:一是成本。指人们为达到某一目的所耗费的成本。这里成本指实践活动的投入,包括实践活动主体的体力、脑力和精力的付出,以及健康、生命的奉献。二是指副作用。副作用一般指的是在主要作用或效用以外附带产生的不好的作用。副作用作为一种代价,对于实践主体来说,有自觉的和不自觉的两种。自觉的即实践者根据知识、经验事先知道这种副作用,为了未来取得那种正面的、主要的作用而宁肯作出某些牺牲,付出一定的代价,并且会采取积极措施,限制和减轻这种副作用。不自觉的副作用是指这种副作用主体事前并不知道,在取得了积极作用后才发现同时带来的弊端或者不好的、消极的影响。三是失误。它是所有代价中最大的一种代价,主要指由于受到各种主客观条件的限制,实践主体尚未达到预期目的,失败和发生错误。总体上讲,代价是不可避免的。

---

① 司马云杰:《价值实现论:关于人的文化主体性及其价值实现的研究》,安徽教育出版社 2011 年版,第 3—5 页。

在本书的研究中，代价是指教师在教学活动中所付出的全部力量的综合，它包括教师的时间、精力、心思、体力和智力劳动等。

二 分析框架

教师的价值取向与教育变革、教师专业发展、教师改变、学校文化、教师实践之间有着重要的关联，因此，讨论教师价值取向非常重要。那么，要促进教育变革、使教师从根本上改变，首先要了解教师的价值取向。只有揭示了教师的价值取向结构，了解教师价值取向形成的根基，才能知道教师固有的哪些价值取向需要改变。因此，本书的首要目的就是要了解初中教师的价值取向，它们呈现出什么样的形态，以何种形式表征。其次，本书试图分析教师所践行的价值取向与理想的价值取向的差距，它们对教育教学的影响是什么，从而了解教育变革、课程变革实施的困难。当我们探讨初中教师的价值取向时，我们可以了解教师价值取向与教师的课程实践、教学方式和管理行为之间的关系，了解教师实践一直以来受到哪些价值取向的支持和限制，同时价值取向受到哪些影响因素的制约，它又产生了哪些影响，教师是怎么样应对这些影响的，进而了解教师价值取向转变遇到了哪些困难，为学校文化重建和学校教育改革以及教师教育和培训提供可供参考的信息。因此，我们需要着眼于教师价值取向与教师实践之间的关系，探索教师在教育教学实践中所运用的价值取向，了解教师文化重建的困难。再次，由于价值取向是文化中最核心的部分，或隐或显地与教师实践相关联，有些则隐藏得很深，存在于教师的潜意识之中，成为教师理所当然认为正确的信念，很少讨论，未能正确把捉。这些价值取向运行于教师实践之中，潜隐在教师对事物的判断当中，我们必须通过深度访谈或参与式观察，才能做到正确的解释和理解。

此外，我们关注的是教师在教育教学实践中"践行的价值取向"，主要揭示教育实践场域中影响教师实践的价值取向。我们必须从教师实践中发现这些"践行的价值取向"。基于此，我们需要对教师的实践进行观察和分析，探寻影响教师实践的价值观体系。基于上述假设我将从以下角度展开研究。

1. 关注教师一贯性行动，对学校中的惯常行动予以关注。

从文化模式的研究中，我们知道人的行为具有一贯性，惯常行为既是文化的结果，也隐藏着人的价值观。正如格尔茨所说，行为必须受到关注，并且必须带有某种程度的准确性，因为正是通过行为之流——或者，更准确地说，通过社会性行为——文化的形式才得以连贯为一体。无论符号体系"按它自己的说法"是什么，或者在什么地方，我们都可以通过考察事件，而不是通过把抽象的实体安排为统一的模式，而对它们作出经验的理解。① 本书在资料收集方面着眼于"学校教师的惯常教学行为和事件"，包括"学校教师所言、所思、所想、所为"等各方面，对教师实践行为进行描述。基于现象的描述，采用经验抽象，捕捉教师在不同场景中的感受，探寻教师行为背后的价值意识和取向。通过与合作研究教师讨论具体情境中的行动，鼓励他们分享过程中的经验，展现他们在行动中的价值选择。

2. 以价值冲突为焦点深描教学事件和行为，进而揭示和解释其意义。

通过对学校中惯常的教学实践的描述，从整体上透视抽样中学教师群体的价值取向样态表征及运作。平面解剖教师的价值取向与教学实践之间的重要关联。但这不能使问题聚焦于价值取向在学校中的内隐作用，也无法展示其弥漫性和隐藏性。因此，通过具体的教师故事，以价值冲突为焦点，深层挖掘价值取向在学校教育教学实践中的意义。在研究的过程中，我发现学校文化的进步和发展与教师的价值冲突有着重要的关联。从事物发展的博弈角度看，教师价值观的不同，导致学校中有意无意的教师博弈，这种博弈过程推动着学校往前走。这种博弈也是学校教育变革的动力。因此，揭示和解释这些焦点事件是透视价值取向在学校革新中的作用的最有利说明。

3. 关注教师的心灵世界，倾听教师声音。

价值取向的潜隐性和弥漫性特征决定了对教师价值取向研究的难度，仅从教师外部行动观察，难以把捉教师的内部世界，因此，倾听教师的内心声音，与教师进行深入访谈非常必要。

---

① ［美］克利福德·格尔茨：《文化的解释》，韩莉译，译林出版社2002年版，第22页。

研究关注的是对教师共享的或个体化的价值取向的理解，我们要探索的问题是个案中学教师具有怎样的价值取向？这些价值取向具有什么特点？根据研究问题和研究目的，我们建构了研究框架（见图2—7）。

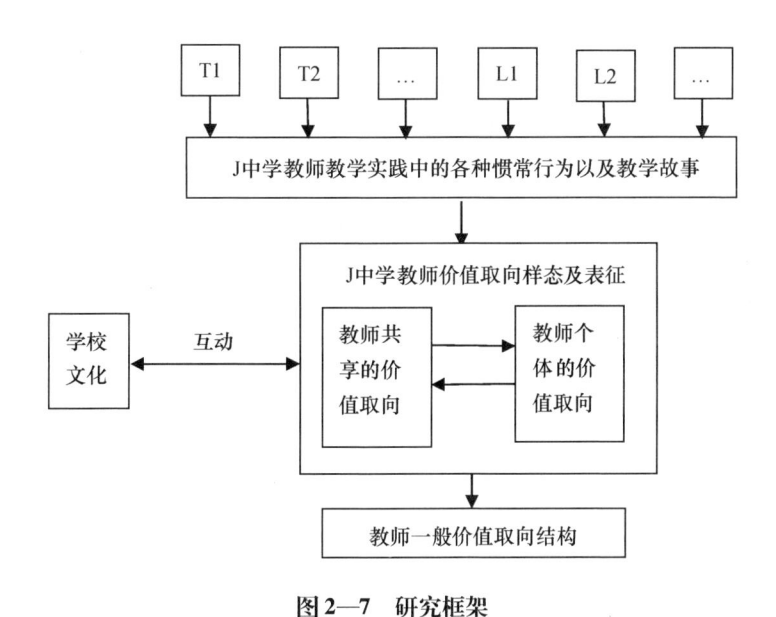

图2—7 研究框架

第三节 研究的问题架构

于泽元在其博士学位论文中引用了霍秉坤概括的一个研究设计框架。他认为这个研究框架的合理性在于：作为一个研究，首先要提出一个可以研究的有价值的研究问题，在这个问题的基础上，根据文献分析提出可以研究的问题以及概念架构，然后根据研究问题、概念架构确定适切的研究方法，并确定数据分析的方法。最后还可以对研究进行反思，提出研究可能的缺陷。[①] 研究问题是一项研究的起点和着力点。本书着力于揭示和理解哪些价值取向限制着教师、学校和教育变革的进程；努力去

[①] 于泽元：《学校课程领导对教师投入新课程改革的影响：中国内地一所小学的个案研究》，博士学位论文，香港中文大学，2005年，第112页。

认识是哪些价值取向驱动着教师的课程与教学决策,然后将这些价值取向作为教育变革努力和教师专业发展的焦点。这也是教育研究的重要方向。

基于有关教师价值取向研究的文献与本书研究的目的,我们提出了研究的基本问题是:教师关于课堂教学具有什么样的价值取向。这些价值取向从何而来?它如何决定了教师的教学行为?可以表达为三个基本问题。

问题一:教师的价值取向在实践中具体表征什么?(静态的表征)
问题二:教师的价值取向是如何形成的?(动态的形成)
问题三:教师价值取向是怎样影响教学行为的?(运作系统)

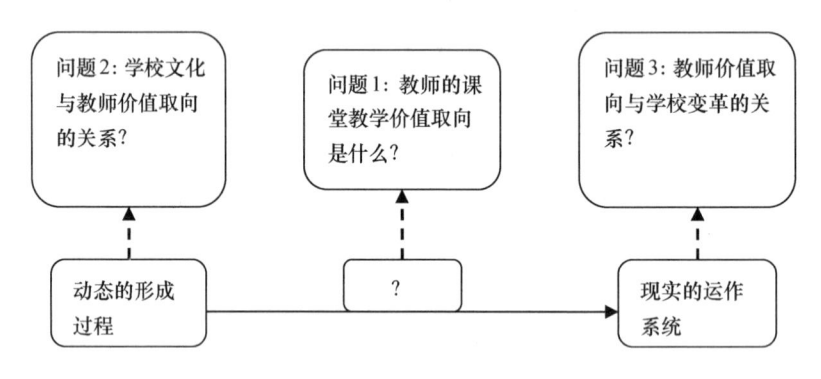

图 2—8　研究问题架构

这一基本问题又可以具体化为以下研究问题:

1. 普通中学教师持有怎样的价值取向体系?这些价值取向具有什么样的特征?教师价值取向与学校文化之间存在着怎样的关系?

2. 普通中学教师的教学价值取向与新课程的价值追求有何异同?哪些是不利于新课程实施的?哪些是有利的?

3. 从普通中学教师的价值取向体系可以看出,他们在进行教育教学变革时,要面对怎样的困难?教师改变会遭遇什么困难?

4. 教师价值取向与教学实践表现为怎样的关系?这种关系形成的主要影响因素有哪些?哪些因素不利于或者有利于教师和学生的发展?哪些因素有利于形成积极的学校文化?

5. 教师关于教学的价值取向与学校教学实践之间是怎样的关系？哪些价值取向是积极的，有利于教育变革和教师专业发展？哪些价值取向是消极的，不利于学校变革和教师专业发展？

6. 教师价值取向的改变与学校文化重建之间存在什么样的关系？运作于学校教育中的教师价值取向体系如何影响学校文化的发展变化？

7. 教师价值取向该如何重建？重建的方向是什么？策略如何？

8. 教师价值取向的一般结构如何？

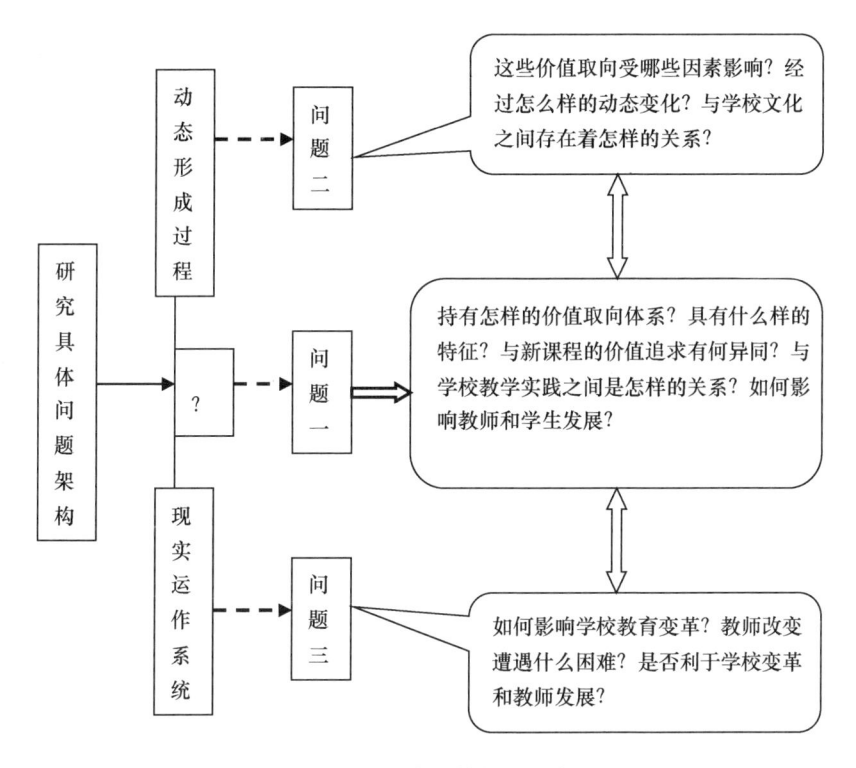

图 2—9　研究具体问题架构

第四节　研究的取向与路径

探究目的不同，研究取向的知识本质不同，其组织假设也不同。有学者区分了以下三种研究取向：实证主义、解释主义和批判主义。它们分别基于不同的知识本质和组织假设以及不同的探究目的：实证主义研究从自然科学中获得原则和程序，它假定存在一个客观事实并且致力于发展出关于促进更高层次的预测和控制的人类行为的可证实的普遍原理。另一方面，解释性研究与描述个体真实的经验有关，致力于十分详尽的个体研究，目的是理解情境中的人类行为。批判范式的研究关注的是通过理解实现解放，通过对他们处境的批判性分析，致力于敏感地捕捉人们自己背景中的人际关系以及他们行为的原因和结果。从研究的取向上看，本书的研究属于解释性研究。

　　秉持解释取向的质性研究因为扎根于建构主义的哲学，关注的是社会文化世界的复杂性在一个特定的环境下、在一个特定的时间点上是如何被体验、解读和理解的。本书研究的问题是揭示中学教师价值取向的样态及表征，探索当前社会文化背景下教师是如何理解教学的，他们的体验和感受如何。在学校场域的特定情境下，教师是如何体验和理解自己的行动的。他们看待世界方式是怎样的？正如格尔茨在著作《文化的解释》中所阐述的：我们从我们自己在对调查合作人正在做什么或我们认为他们正在做什么的解释开始，继而将之系统化。①

　　我们的研究坚持建构主义的取向，对学校场域中的教师惯常的教学实践进行深描，解释其意义，在与合作研究教师互动的过程中生成理论。

　　研究采用描述的路径呈现研究结果。研究的目的在于解释教师的价值取向何以如此？而非寻求规律、建构抽象的理论。对文化的分析不是一种寻求规律的实验科学，而是一种探求意义的解释科学。② 对教师价值取向的样态描述在于揭示其意义，因此，故事本身的融贯性非本书重点关注的内容。"融贯性不能作为确定文化描述的有效性的主要依据。没有什么能比偏执狂的妄想或骗子口中的故事更为融贯的了。解释的力量不能取决于使它们连在一起的严密性，也不能取决于论证这些解释时的信心。最使文化分析丧失信誉的莫过于建构具有形式次序的、无懈可击的

---

① ［美］克利福德·格尔茨：《文化的解释》，韩莉译，译林出版社2002年版，第19页。
② ［美］克利福德·格尔茨：《文化的解释》，第5页。

描述，因为没有人会完全相信其实际存在。"①

第五节　研究思路与方法

一　研究思路

基于上述探索，我将采用由"面"到"点"再到"面"的研究思路。（见图2—10）

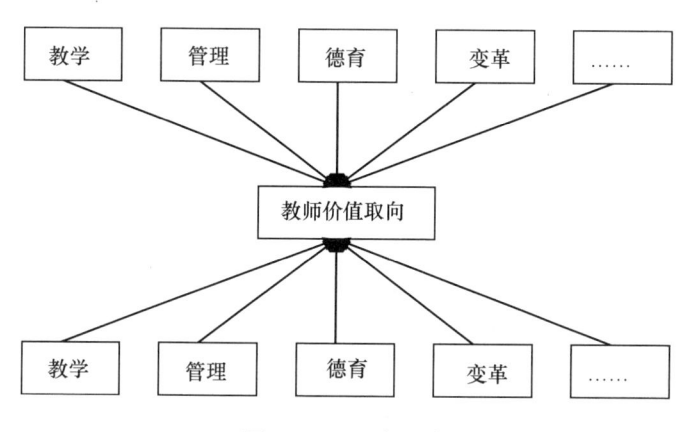

图2—10　研究思路

价值取向问题是深层次的，难以看见的，是教师行为的本质，因此教师价值取向是隐藏在学校诸多现象下面的"点"。对教师价值取向的探索是对"点"的探索，要从学校诸多现象的"面"着眼，层层剥开"面"的现象，探寻这些"面"与我所要探寻的"点"的关联，并通过对这些关联的揭示，理解价值取向这个"点"是如何作用于"面"的。

学校教育中的各种现象，如学校仪式、庆典、教师的管理方式、言语范式、同侪关系、学生的行为、交作业的方式、与教师交往的方式，等等，被哈格里夫斯称为文化形式。文化形式是文化的表象，并不是文化的本质。对于文化的研究应该通过这些形式（表象），探寻被遮盖的文

---

① ［美］克利福德·格尔茨:《文化的解释》，韩莉译，译林出版社2002年版，第22—23页。

化本质。因此，任何关于文化的探寻都要从文化形式着眼，从文化的本质着力。基于此，我们的设计——从"面"到"点"再到"面"具有文化研究的理论渊源。

学校中的教育现象非常多，我们以日常教师的划分为依据，将其确定为教学、管理、德育、变革、科研等。我们并非探索上述这些现象，而是看教师在这些活动中所表现的行事方式和言语范式。上述划分只为与教师交流时能够有一个共同的话语体系，便于彼此理解。我们也无力将上述所有方面做一个通盘式的"面"的覆盖式研究，而是攫取最有代表性的、学校工作量中所占比例大的、能够代表教师文化形式的事件、行为与言语进行研究，揭示这些"面"下面的"点"。

文化形式与文化内容之间是关联和互动的，不是单向的影响作用，而是互相建构的。因此，仅仅从"面"到"点"去揭示它们的关联，不能确保理论的效度和信度，还应该以"点"返回到"面"，探索"点"是如何作用于"面"的。教师行动时很少意识到价值取向这只"看不见的手"，他们认为事情就是"理当如此"，没有理由。价值取向影响教师的行为和言语，是通过教师一种无意识行动表现出来，只有我们对教师行动选择理由进行追问，促进教师返回自我的内部世界，才能让这些"无意识行为"漂浮上来讨论。

二　研究方法

研究方法是更好的揭示研究问题的工具，不合适的方法将破坏研究的信度与效度。基于本书的研究问题，揭示本质、解释运作的过程是研究的核心，选择质的研究比较合适。因为，质的研究比较适合在微观层面对个别事物进行细致、动态的描述和分析。擅长于对特殊现象进行探讨，以求发现问题或提出新的看问题的视角；使用语言和图像作为表述的手段，在时间的流动中追踪事件的变化过程。强调从当事人的角度了解他们的看法，注意他们的心理状态和意义建构。重视研究者对研究过程和结果的影响，要求研究者对自己的行为进行不断的反思。[①]

[①] 陈向明：《质的研究方法与社会科学研究》，教育科学出版社2011年版，第10页。

质的研究方法主要具有以下特点：1. 具有自然主义的探究传统；2. 对意义的"解释性理解"（interpretive understanding）；3. 研究是一个演化发展的过程；4. 使用归纳法；5. 重视研究关系。[1] 基于这一特点，与量化研究相比，质的研究在以下方面更具优势：1. 质的研究比较适合在微观层面对个别事物进行细致、动态的描述和分析；2. 质的研究擅长于对特殊现象进行探讨，以求发现问题或提出新的看问题的视角；3. 质的研究使用语言和图像作为表述的手段，在时间的流动中追踪事件的变化过程；4. 质的研究强调从当事人的角度了解他们的想法，注意他们的心理状态和意义建构；5. 质的研究十分重视研究者对研究过程和结果的影响，要求研究者对自己的行为进行不断的反思。[2]

黄瑞琴指出，质的研究的理论概念采取现象学、象征互动论和人种方法论的观点，注重人类行为的主观意义、当事者的内在观点、自然情境的脉络以及理解人们解释其经验世界的过程。她参照有关质的研究、人种志研究、自然式探究、参与式观察和个案研究方法的论述，将质的研究方法和过程归纳为以下主要特征[3]：（1）质的研究是"描述的"（descriptive），质的研究丰富地描述场所和人群现象的过程；（2）质的研究是统整的（holistic），研究者将现场的人、事物看作一个整体来研究；（3）质的研究是自然式的（naturalistic inquiry），研究者在自然的情况中搜集现场中自然发生的事件资料；（4）质的研究注重情境脉络（context），从现场的关系中去看事件发生的连续关系和意义；（5）质的研究注重现场参与者的观点（participant perspectives），从现场局内人的观点去了解他们如何看世界；（6）质的研究是归纳的（inductive），从资料搜集的过程中归纳概念和发展洞察力；（7）质的研究是有弹性的（flexible），持续地参照现场的情境定义研究的方向和焦点；（8）质的研究不作价值判断，研究者着重于了解人们的观点；（9）质的研究是人性化的，研究者亲自去体验人们的内在生活和人性特质；（10）质的研究是一个学

---

[1] 陈向明：《质的研究方法与社会科学研究》，教育科学出版社2011年版，第7—9页。
[2] 陈向明：《质的研究方法与社会科学研究》，第7—10页。
[3] 黄瑞琴：《质的教育研究方法》，台北：心理出版社1991年版，第16—23页。

习的过程，研究者向人们学习他们观看世界的方式，并对自己的价值观有新的觉知。

基于解释主义认识论（interpretivist epistemology），社会现实被看成是由参与者构建的一系列意义组成的。质性研究的一个主要目的就是发现这些意义的本质。本书旨在揭示与解释，主要探寻教师的价值取向的实践样态，获悉教师的价值取向是如何运作的，它怎样与教育教学、学校管理、学校变革及学校文化之间关联的。对文化的分析不是一种寻求规律的实验科学，而是一种探求意义的解释科学。[①]

基于上述理论基础，根据研究问题和研究目的，我选择质的研究方法。其理由如下：

研究是描述的。研究是对 J 中学教师的教学实践活动进行描述，对重要的相关事件进行深描，通过对现象的描述与深描，揭示该现象的意义。教学活动在学校场域里每天都"惯例"地发生着，它是学校的常规存在状态。教师在进行教学活动时既是有意而为，又是无意而为。描述能够更"真切"地看到教师的行事方式，教师的思维方式，教师的价值选择。

研究是自然式的。质性研究的"自然式"是指在自然的情境中搜集现场中自然发生的事件。本书的研究正是采用民族志的扎根方式，长期在田野与"理论"中"穿梭"。由于导师的资源，我得以经常到学校里感受学校文化。另外，在开题之后的一年中，我长时间在个案学校里，记录他们的生活、对话、行动。有些时候不在场，也有知情教师向我讲述所发生的事件。

研究是统整的。本书的研究采用的是质性研究中的个案研究，是将个案中学作为一个整体来研究。将学校中的人、事物等相关资料作为整体来解读。把教师价值取向问题镶嵌在学校整体文化构架内来研究，把关键事件和特别意义与整体关联起来，从统整的视角进行研究和思考。

本书的研究关注的是情境脉络。情境脉络强调的是脉络，是"从现场的关系中去看事件发生的连续关系和意义"。统整的视角研究，必然要

[①] ［美］克利福德·格尔茨：《文化的解释》，韩莉译，译林出版社 2008 年版，第 5 页。

把握情境脉络。价值取向是弥漫的因素,它通过课程选择隐性地影响着教师所培养学生的特征。[1] 情境脉络能给本研究提供一个联系的思维,能使学生与教师以及教学三者之间的价值关系清晰起来。

研究是归纳的。本书的研究不是逻辑演绎研究,而是归纳演绎。起初,我们只是有个研究的方向和领域,具体的研究问题还不清晰。随着研究的深入,与合作研究教师的互动,对田野的感受和习惯,才不断地清晰了要研究的问题。"在资料搜集的过程中归纳概念",发现一些有意义的现象,建立起研究的框架。从理论研究的角度看,本书不是一开始建构一个宏大的理论框架,然后进入现场为这个理论寻找"注脚",而是从资料中"扎根"出理论。

有学者指出,"一般来说,当提出的问题是"怎样"或"为什么"时,当研究者对事件只有很少控制时,以及当重点是一些真实生活情境内的当代现象时,个案研究是较可取的策略。[2] 基于本研究的特点,质的研究中的个案研究比较适合。选择什么样本和采用哪些方法搜集资料也是非常关键的。

(一) 样本选取

在样本选择的实际过程中,我遭遇了些挫折。样本的选择从某种程度上决定了研究问题和研究结果的信度。我最初希望选择一些有意义的或者典型的样本。另外,对于样本选择还要方便我进入现场,并且那个学校欢迎我。为了方便,我必须在重庆市选择,这样,便于我在书斋与田野中穿梭,也便于我及时整理所收集的资料。由于我的研究取向不是探索最好的学校拿给其他学校做样本借鉴,而是希望对学校中教育问题有所揭示,引起对某些问题的思考,所以,我选择了一些很普通、很平常的学校作为个案研究的样本。虽然普通学校里的事件可能不一定引起读者关注,也许它太平常,但是越平常的东西越表明文化的一贯性,这

---

[1] Catherine D. Ennis, Juanita Ross, and Ang Chen, "The Role of Value Orientations in Curricular Decision Making: A Rationale for Teachers' Goals and Expectations", *Research Quarterly for Exercise and Sport*, 1992, Vol. 63, No. 1, pp. 38 – 47.

[2] Yin, R. K., *Case Study Research: Design and Methods*, Beverly Hills, CA: Sage, 1984. p. 1

也许正是它们"普通的"原因。我希望我的研究能够为改进薄弱学校提供思考的"养料"。质性个案选择的首要标准，是研究者可以从该个案中了解到最多的信息，而不一定要求它有多大程度的代表性。所以，个案所承载的信息越多，对研究者而言就越有意义。[①] 因此，对我的研究来说，选择样本要有三个条件：一是方便。我在重庆市中择取样本。二是普通中学。我曾经在中学教书十六载，对中学里发生的事件更敏感。三是学校愿意合作。我就在重庆市某区选了一所普通学校作为样本。应学校领导的要求，我每天下午到学校找老师访谈，另外学校校长还提出一个要求，希望在假期我能给他们学校老师做个培训。作为回报，我答应了。

进入现场原本就没有那么简单，再加上我原来对这所学校不熟悉。通过我导师的介绍，校长非常欢迎我。但是我与学校的老师并不熟悉，需要长时间的接触才行。这所学校里平时也"做课题""搞科研"，但是他们的科研多是科研室的工作任务，教师们不喜欢"打扰他们的工作"。把我的访谈看作是完成校长交给的任务，以时间作为完成的量的标准，要求时间短些。他们也跟校长反映，说他们太忙，没有时间。校长要求我与每位老师访谈时间二十分钟到半个小时。因为不熟悉，很难快速进入深层次交流，半个小时的时间实在是不够。在我再三解释和争取的情况下，我们还是对每位老师访谈了大约六十分钟。访谈之余，我们就在学校里"东瞧瞧西看看"。进了校门，去看哪里基本就没有人管了，因此，我得以在某个教室驻留几分钟，听听老师在讲什么，看看学生在干什么，也得以看看学生的课间和学校的通知等。访谈了大约十位教师，学校里迎来考试，科研室主任安排我过段时间再去。这时由于北京大学访学的限制，我就暂时回北京整理这些资料。我向校长说明了情况，回北京两周。

那时我与一个师妹一同进入现场，每天回来互相讨论，对一些需要再次访谈的教师和问题也做了初步的厘定，准备再次访谈。但是，到北

---

① 谢翌：《教师信念：学校教育中的"幽灵"》，博士学位论文，东北师范大学，2006年，第63页。

大两周后，我打电话给个案学校校长，他告诉我这个学期期末工作太忙，委婉地拒绝了我。后来我又接二连三地打了几个电话，校长越来越不热情。同时，在整理资料的过程中发现，我也听不懂他们的本地话，后来还是懂本地话的一个师妹帮我转录录音稿，帮我完成资料整理工作。听到校长的拒绝，我真的是"傻眼"了，怎么办？就这么半途而废了吗？是争取回到现场，还是另寻样本。再寻什么样的样本才能使我更快地进入现场？我又回头将整理的资料进行了简要的分析，希望在日后研究中能够有所用处。

因为对个案学校是否会再次接纳我，我心里确实没底。假期回到家里，心里仍然纠结此事。刚巧一个机会，一个同事给我介绍了几位老师访谈，由于是熟人介绍，说明了我访谈目的并非"政治"性的，而是"研究"性的，他们也愿意跟我交流。后来我企图改变我的研究设计，只从几个教师的研究个案着手，而不衬托学校文化背景，在几次论证并向有经验的教师以及与师兄师姐们讨论后，终究还是觉得不可行。最后放弃修改研究设计，只能考虑再选个个案合作学校。

因为"伤不起"，研究时间确实很短了，所以我把择取样本的目光放在了我熟悉的学校。我原来在吉林省某市一所中学工作，市里还有几所中学我都熟悉，很多老师我也认识。我曾经工作的中学现在已经是市里重点中学了，每年升学考试成绩总是居全市榜首。因为离开多年，也基本没有机会回去看看。我动了心思，这所学校是否可以作为我的研究样本？因为我不断地提高和深造，他们是否愿意给我讲他们最真实的故事？从样本选择的理论视角看，我能否选择一个我曾经熟悉的地方作为田野？我到社会学和人类学的领域中寻找，正巧陈向明老师向我推荐了一本社会学民族志的研究《礼物的流动：一个中国村庄中的互惠原则和社会网络》。作者阎云翔也是选择了自己曾经成长的村庄作为研究的样本。那些日子案头书是王铭铭的《人类学讲义稿》。近代以来，尤其是"冷战"格局结束以后的人类学、文化学、社会学、民族志等研究不再像起初一样选择一个陌生的或者未开化的民族作为研究的样本，而是"强调从'土著人'（指研究者本身的社会）出发理解'土著人'"。① 因此，我确认了回到我的家乡吉林选择样本的可能。我又与导师进行了交流，导师也理解我的语言障碍，同意我回吉林选择个案研究的样本。回去选择样本的一个最重要原因就是时间，到一个陌生的文化里，只有长时间扎根在那个地方，才有可能用"局内人"的思维去感受"局内人"的世界，而这对于我来说简直是奢侈，所以我选择了曾经工作过的学校作为个案研究的合作学校，以"局内人"的身份去感受"局内人"的世界。这对于我来说，同时也是个挑战：如何转换身份？怎么样"搁置"我的前见？

当我回到学校后才发现，除了学校的建筑物是我非常熟悉的以外，很多教师我都已经陌生了，增加了很多新面孔，我原来熟悉的一些人，有调离的，有退休的，还有病假在家的，也有一些更换了工作岗位。站在我曾经工作过的学校，突然觉得我完全需要从一个"局外人"转换为"局内人"身份。这也帮助我搁置前见，我马上像一个小学生一样，倒空了我头脑中所有的记忆，也如孔子到庙堂一样"每事问"。

这里我要简要说明，我是1994年到2004年在这所学校工作过，但对于学校之前和之后的事情基本不熟悉。我在该校工作期间的故事也多是个人故事，我自己相关的事情大约还记得，但是于己无关的基本不清楚。这是我个性使然。我当时做班主任，除了班级或者与班级相关的事情之外，我概不关心，甚至从来不知道自己的工资是多少钱。其他班主任也与我差不多，这对我来说，刚好是与其他教师互动的机会，从记忆说起就是质的研究访谈"搭脚手架"的策略。我还要将个案中学的基本情况进行说明。

1. 个案学校 J 中学简况

J 中学 1975 年建校，建校时间不长，历史也不算悠久，但是发展很快，现在已跃居全市初中第一的地位。1994 年到现在是 J 中学发展最快的时期。从学校硬件设施的更换与购买，到学校"三室"的建设，整个学校基本翻新。原来的几栋平房全部改建教学楼，学校的实验室也不再是"摆设"，学生可以做实验了。学校的操场也是塑胶的了，当年的"养

---

① 王铭铭：《人类学讲义稿》，世界图书出版公司 2011 年版，第 10 页。

鱼塘"已经成为全校教师的记忆。一直在J中学工作的工会主席告诉我,"教学质量上去了,也就啥都上去了"。

工会主席说的"教学质量上去了",指的是升学考试的成绩。J中现在是市(县级市)里的"重点"中学。说它是重点,主要是每年中考成绩好,考入市里重点高中的人数居全市第一。现在市里只有两所中学,除J中外,还有一所中学,我们称为J1中。J1中以前的升学率比J中高,是最近一些年才逊色于J中的。所以每次考试,J中总要和J1中进行对比,两所学校一直在竞争。在2008年以前,市区是四所中学,都是完全中学,除J中和J1中外,还有两所中学。因为那两所中学升学率不高,所以也不太受到关注。到2008年,市里决定将这两所中学与J中和J1中合并。因此,J中在2008年经历了并校的历史。

J中发展快还在于数量方面。虽然J中是一所完全中学,只有初中三个年级,但是学生人数并不少。每个年级大约18个班,每个班都在60人以上,有的大班甚至超过90人。在编教师大约216人,还有研修教师、硕师计划教师、外聘和返聘教师等26人,另有后勤工作人员13人。即便如此,根据国家编制计划,学校严重缺编。由于学校空间小,教室少,教师也少,因此班额严重超标。在2000年之后,J中基本没有再进新教师。所以"老教师多,年轻教师少"。有位学生微笑地跟我说:"教他们班的都是'老头老太太'。"我开始没有听懂她的话,看到我疑惑的表情,她笑起来,跟我解释说:"教我们班的老师没有年轻的,都是岁数大的。"我方才明白,学生们更喜欢年轻漂亮或者帅气的教师。

因为人多,学校空间就显得很小。作为一所有四千学生和二百多教师的学校,J中只有两栋五层的教学楼,两栋教学楼一前一后,相隔非常近。从前面教学楼(以下简称前楼)出后门就到了后面教学楼内(以下简称后楼)。一二年级师生和领导、教服等行政人员等在前楼,三年级师生在后楼。除三年级教师的办公室外,所有的"室"都在前楼,教师办公室、领导办公室、行政人员办公室、图书室、实验室、微机室、印刷室、心理咨询室等都在前楼,塞满了每一个角落。在前楼的前面延伸出一个二层楼的"前脸",作为校领导办公室。教师办公室一般在楼的两侧拐角上,教师们经常自嘲说"那是被遗忘的角落"。除了这两栋楼以外,在锅炉房的旁边又加盖了一间平房，作为学生和教工的食堂（食堂是这两年才有的）。

2. 我的抽样原则

社会科学研究中的抽样可以分成两大类：概率抽样和非概率抽样。质的研究中常使用"非概率抽样"。"非概率抽样"指的是：按照其他非概率标准进行抽样的方式。这种方法也被称为"理论抽样"，即按照研究设计的理论指导进行抽样。[①]"非概率抽样"主要遵循：样本的限定是否合适，即该样本是否可以比较完整地、相对准确地回答研究者的研究问题。因此研究目的在抽样中占有重要地位。[②] 我的研究目的是通过对中学教师价值取向的揭示和理解，了解价值取向在教师行动中的作用，为教师文化改变提供基本依据。因此，能够了解教师最真实的想法和感受教师最真的行事方式，对于达成研究目的最重要。因此，能够为我提供大量真实信息的J中正是我需要的样本。基于此，我的抽样原则是：

普通中学。对普通中学民间有很多种"说法"，一种是针对重点中学而言的非重点中学，一种是学校发展不好的中学，还有一种是小城市里比较好的中学。我选择第三种，不是因为特意而为，而刚好是这所中学欢迎我。

方便。学校愿意接纳我，欢迎我，对我来说也正好方便。这所学校又是我曾经熟悉的学校，很欢迎我。

3. 研究对象抽样

在决定对哪些教师展开研究时，我主要采用了以下抽样策略：

随机抽样。我是按学校教师的总人数和各学科比例对教师进行的抽样。按照不同的学科、不同职位及其在全校教师总人数中所占比例，随机抽取样本。任教学科对教师的价值取向是有一定影响的，而我要以个案学校为研究单位，从文化视角整体抽象出教师的一般价值取向结构，因此，选取不同学科和不同职位的目的，是希望尽量控制任教学科这个变量。

[①] 陈向明：《质的研究方法与社会科学研究》，教育科学出版社2011年版，第103页。
[②] 陈向明：《质的研究方法与社会科学研究》，第104页。

目标抽样。格拉斯和斯特劳斯指出，在传统的量化研究中，研究者运用随机取样、分层取样或其他统计机率的技术，来确定样本的代表性；而质的研究运用的是一种"理论的取样"（theoretical sampling），研究者亲自进入研究现场，尽量扩大资料搜集的范围，并且检视和分析这些资料的关联性，从而了解这个研究场所或研究对象是否能扩展新的理论洞察力，再决定是否要选择或增加其他的研究场所或研究对象。① 目的抽样（purposeful sampling）旨在选取能够提供和研究目的相关的丰富信息的个体。个案研究者不是在实地调查每一个个体，而是寻找重要信息提供者（key informant）。② 为了能够最大量地获得信息，我请校长和比较"要好"的教师给我推荐合作研究对象。另外，教龄在 10—20 年的教师，价值取向更稳定、更不易受影响。教龄在 20 年以上的教师，有了非常稳固的价值取向，一般不愿意改变，也不能改变。③ 因为 J 中老教师多，基本教龄都超过 10 年，因此，这个变量也不用过分考虑。

滚雪球抽样。我们也运用了滚雪球抽样策略。在与教师访谈过程中，当触碰到某个问题，他们也会建议我去找某某教师访谈。用这样的方式，我的个案群体就像滚雪球一样越来越大。从访谈对象上看，涉及各个层面的各种人物。我首先通过关键人物作为布点，然后以点生发开去，不断形成新的网络。

基于上述抽样策略，我制定了自己的抽样标准：

关注不同职务的教师。不同职务层次对教学价值有不同的看法，所以本研究抽取了不同职务的教师进行访谈和观察。在教师受访表格中，我隐去了教师职务的信息，主要是为了防止日后有机会看到该文的 J 中教师对号入座。

关注不同学科背景的教师。从 J 中实际情况看，所有老师都已经评了职称，而且除了个别高级职称外，大家都是中学一级教师，职称不存在

---

① 黄瑞琴：《质的教育研究方法》，台北：心理出版社 1991 年版，第 41—42 页。
② ［美］梅雷迪斯·D. 高尔、沃尔特·R. 博格、乔伊斯·P. 高尔：《教育研究方法导论》（第 6 版），许庆豫等译，江苏教育出版社 2002 年版，第 296 页。
③ Ennis, C. D., & Chen, A., "Teachers' value orientation in urban and rural school settings", *Research Quarterly for Exercise and Sport*, 1995, Vol. 66, pp. 41–50.

太多的影响。因此,我只关注学科背景。不同学科背景对教师的价值取向具有一定的影响,本研究的目的是抽象出 J 中教师价值取向的一般结构,因此研究的对象必须涵盖所有的学科。出于对受访者的保护,最后的研究结果中没有出现教师任教学科的相关信息。

关注不同任教年限的教师。从表 2—1 中可以看出,参与本研究的教师的工作年限是不同的。

关注在学校里被认为不错的或者相对不受欢迎的教师。任何一个学校中都会有领导和教师心中的"教学英雄",都有他们认为"不受欢迎的教师"或者"无能的教师"。我两者同样关注。

关注学校各种人员的声音。除了教师之外,参与本研究的学校人员还包括后勤的工友等。在闲聊时,我发现他们同样对教学有着自己的看法,对老师有着自己的评价,而且他们在学校生活的时间长,且经常接触学生和教师的侧面,他们平时的空闲时间多,我可以随时向他们请教。

表 2—1　　　　　　　　J 中学被访教师

教师	姓名（化名）	性别	访谈资料档案代码	职务或任教学科	教龄	职称	备注
T1	伟伟	男	12–01–8	略	20	中一	
T2	君君	男	12–01–16	略	18	中一	
T3	景景	男	12–01–9	略	30	中高	
T4	东东	女	12–10–1	略	25	中一	
T5	华华	女	12–09–3	略	26	中一	
T6	云云	女	12–11–15	略	20	中一	
T7	梅梅	女	12–02–8	略	20	中一	
T8	艳艳	女	12–03–2	略	29	中一	
T9	秀秀	女	12–06–6	略	30	中一	
T10	昆昆	女	12–05–4	略	26	中一	
T11	玲玲	女	12–04–7	略	30	中高	
T12	红红	女	12–04–5	略	30	中一	
T13	丫丫	女	12–04–12	略	24	中一	

续表

教师	姓名（化名）	性别	访谈资料档案代码	职务或任教学科	教龄	职称	备注
T14	郭郭	女	12-04-10	略	19	中一	
T15	晓晓	女	12-04-19	略	24	中一	
T16	纯纯	女	12-04-3	略	27	中一	
T17	娟娟	女	12-04-13	略	24	中一	
T18	芳芳	女	12-07-2	略	22	中一	
T19	慧慧	女	12-02-4	略	13	中一	
T20	松松	男	12-02-3	略	20	中一	
T21	翠翠	女	12-04-11	略	15	中一	
T22	珠珠	女	12-03-3	略	20	中一	
T23	芬芬	女	12-10-5	略	18	中一	
T24	周周	男	12-03-7	略	15	中一	
T25	林林	男	12-05-9	略	12	中一	
T26	范范	女	12-08-1	略	25	中一	
T27	丁丁	女	12-04-20	略	12	中一	
T28	静静	女	12-02-8	略	14	中一	
T29	佳佳	男	12-03-4	略	15	中一	
T30	琴琴	女	12-02-7	略	32	中一	
T31	森森	男	12-04-18	略	30	中一	
T32	航航	女	12-04-16	略	26	中一	
G1	勤勤	男	12-12-1	略	32	无	

注：T指教师；G指校工；12指时间；中间数字指文档资料序号；最后数字指对应的页码；"中一"指"中学一级"；"中高"指"中学高级"。

（二）资料收集

在进行研究之前，我一直在关注这个主题，也曾做过一些研究。这次研究基本是前面研究的修正与延伸。我在2006—2011年参与研究教育部青年专项课题"新课程背景下城乡教师文化个案研究"（项目号：062403）时，正好负责对教师价值取向进行研究。那时，我们关注的范围很广，对教师职业价值取向和教师的生活取向及教师的价值取向冲突都有了一些研究。

1. 资料收集的进度。根据时间脉络，研究的资料收集分为不同的阶段。

第一阶段。2006—2009年，个案学校是我们课题研究的样本之一，但不是我们的主要研究样本，对学校已经有部分的了解。

第二阶段。2012年5—8月，在重庆市某区一所普通中学实地调查以及假期对教师进行访谈。因为合作的终止和偶然，我没有"资格"对教师故事进行解释，所以这段调查资料并没有在本书中显示出来，但这部分资料对我的研究启示非常大，能够使我尽快投入J中学样本，在思考上给我很大帮助。我也在这里感谢提供资料给我的学校和老师们。

第三阶段。2012年10—12月，田野研究阶段。主要采用了个体访谈、焦点团体访谈、文件收集、参与观察等多种方式。

因为特殊的背景，我只用了一周的时间就熟悉了学校里原有教师和"新教师"，了解了学校并校后的一些情况。我最需要做的不是熟悉现场，而是倒空我自己，向他们说明我来学校的意图。这一周里我除了各个办公室拜访他们，更深层的用意是在寻找我访谈的对象和观察的样本，看看这些人谁能给我提供最大量和最真实的信息。

这一周我跟老师们一起上班，一起下班，早餐和中餐都在学校食堂吃，目的是能更全面地了解情况，更真实感受教师们的生活，同时也能增加我与所有教师接触和聊天的机会，从不同渠道获得信息，并对所获信息进行验证。

我的正式访谈基本是在校长为我提供的办公室内进行的。因为这里安静，录音方便，不容易受打扰。除了个体访谈外，我还组织了三次六人的焦点团体访谈，主要围绕对教学的感受和对教学改革的想法。在访谈之余，我深入教研组，参加他们的教研活动，观察教师在办公室的语言和行动，聚焦我深度访谈的素材。

年底正是上级部门检查多的时候，我也希望了解他们如何整合检查和自我之间的关系，了解他们应对检查的方式。检查的第一步就是听领导汇报，这个过程我没有参加过，因为我觉得现在还不是我提出参加这个过程的时机，但对参加了这个过程的人员进行了访谈，了解了第二手的资料。我主要参加了他们应对检查的各种教师会议，进行了观课。

我对学校里的课堂观察可以分为两部分，一部分是"偷听"的。主要是在教室的门外，以各种理由多停留一会儿，看看教师跟学生说什么、学生们什么反应，教师有什么表情和手势等。偷听收集到的资料不全面，但是他们决定我是否要对这些内容进行追问，如果需要，我就想办法找这个老师访谈。另一部分是听公开课。这个公开课基本是指应对上级检查安排的课。这个不完全是真实的，有给检查人员看的意思，因此，老师们称这种课为"做课"。课后，对"做课"的老师进行了访谈，了解教师设计的各个环节的意义。这部分收集到的资料显示，教师课堂设计基本依据教师信奉的价值取向和理论，但教师却承认平时他们不会这么上课。我很感谢这些教师的直率和真诚。除此之外，也有我专门提出要求随堂听的课。他们说："你是搞研究，不能玩虚的，这对我们国家教育不好，我就给你最真实的想法，不管对不对，反正是我的真实感受。另外，你可不要把我说的这些实打实'诌出去'呀，你得委婉点。别说是我说的就行。"

我很感动，他们心系教育，只要对教育有用，他们愿意付出。因为这种感动和回报，我也常跟他们讨论教育和教学问题。因为信任，他们还跟我交流自己子女的教育问题，有的孩子正在这所中学读书，有的读了高中，还有的读了大学，但是当年对孩子的教育进行反思，多种多样。这些也给我的研究提供了丰富的养料。

一直以来我都是以"熟人"的身份介入，因而，没有"守门人"的障碍。与学校教师彼此之间比较信任，从心理上消除了被访者对"我"的戒备。黄瑞琴认为，如果研究对象是一个机构中低阶层的人们，研究者在获得该机构主管的同意进入现场后，要避免与高阶层主管保持太密切的合作关系，以免低阶层的人们有所顾忌。[①] 对我来说，虽然我是通过校长助理进入学校的，但是对学校教师来说却不认为我是"谁的人"。在他们那里，我是他们的"熟人"，所以不需要"提防"我。校长也跟老师们明确表示，我是来搞课题研究收集资料的，没有"政治目的"，希望老

---

① 黄瑞琴：《质的教育研究方法》，台北：心理出版社1991年版，第97页。

师们提供个方便。我有了"自己的办公室",每天跟大家一样上班,我也基本上经常在"自己办公室"和教师办公室活动。

在我进入 J 中时,确实有一位教育工作者提醒我,选择这个学校是否合适?他曾经是这所学校的领导,刚刚调走半年多,了解学校的情况。他的理由是:"你变了,他们没变。你们的差距太大了,你跟他们太熟悉,也许他们不敢'暴露'。另外,他们也'太俗'了,收集到这些资料对你的研究不一定有用。"

开始我也确实怀疑自己的选择是否合适,听他这么一说,我反倒觉得也许这个样本正合适。是什么导致他们"没有变"?他们什么"俗"?这里面含有教师什么样的价值选择和判断?面对着这个"变的世界",他们如何保持着"不变"?一方面,我坚定了对样本选择的信心,另一方面,我也两手准备着,委托他帮我找另外一所学校。我决定先到 J 中"工作"一周看看情况,然后决定是否更换样本。

我到学校"工作"一周,开始确实遇到了他说的"太熟"的情况,教师们似乎觉得自己教学的"那点心得"跟我这个博士不能比,羞于启齿,有些躲避。但是,经过我多次澄清来校目的,以及我在与他们交谈时,故意装作"无知",消除了他们一半的"害羞"。另外,我又给他们提供一些"外面的信息",并询问,这个方面我们学校是怎么做的。他们也就很自然地跟我谈起来。经过了一周的时间,我觉得交流不会有障碍,而且他们愿意提供给我大量真实的信息。对于"太俗",经过我与学校教师接触,他们的"俗",首先表现在他们没有一些"时髦"词汇,总让你有一种"这个学校怎么这么落后"的感觉,这与他们的中考成绩相对照,似乎让人有些不可思议。中考成绩这么好,而且全市前十名的学生都是这所学校培养的,怎么会让我感到他们落后呢?这反而引起了我的研究兴趣。其次,他们的"俗"表现在"实用主义",只要能赚钱,其他的东西都不重要了。这也让我跟他们的教学联系起来,实用主义表现在教学方面是怎么样的呢?他们的价值取向如何呢?我决定就以这所中学作为研究的个案样本。

第四阶段,2013 年 1—3 月,解释、验证与修改,资料补充阶段。由于时间紧,我在资料收集的过程中,已经进行了一些整理。在 2013 年 1

月，我初步建立了资料的解释框架，我将电子稿发给一些老师求证我的解释的准确性，让他们把有异议的地方标示出来。然后，我就这些地方对他们进行了电话访谈。在解释的过程中，又对一些细节与部分教师进行了电话长谈，讨论的时间长达两三个小时。2月，春节期间，我开始撰写工作，并在基本工作完成时就部分研究再次邀请教师"求证"。因为涉及保密信息，我只将部分论文的解释给相关的部分人员阅读，尽量避免教师获得与他无关的信息。

2. 资料收集的方法

质的研究通常采用多种资料收集方法。鉴于本研究的目的和内容，资料收集采用常用的三种方法：文件、观察、访谈。

文件指涉的范围非常广泛。李康德和普瑞索把文件界定为人造物，包括符号性的材料，如文字作品和记号；非符号性材料，如工具和家具等。林肯和古巴则认为文件涵括了与研究有关的书写的、视像的、物理的材料。在本研究中，研究者收集的主要是文字性资料和视像资料。文字资料包括教师的工作日记、导学案以及教师个人的教学设计。视像资料多是学校提供的，我个人没有对任何一堂课进行过录像，主要原因是研究设备的限制。

观察是人类认识周围世界的一个最基本的方法，也是质化研究中资料收集的主要方法之一。观察可以分成两大类型：日常生活中的观察和作为科学研究手段的观察。质的研究中的观察属于"作为科学研究手段的观察"。"作为科学研究手段的观察"进一步分成实验室观察和实地观察，而质的研究的观察主要使用实地观察的方式。实地观察还可以进一步划分为参与型观察和非参与型观察。[1] 参与型观察是指观察者和被观察者一起生活、工作，在密切的相互接触和直接体验中倾听和观看他们的言行。非参与型观察则不要求研究者直接进入被研究者的日常活动，观察者通常被置身于观察的世界之外，作为旁观者理解事情的发展过程。虽然非参与型观察能够拉开与被观察者的距离，比较"客观"些，并且

---

[1] 陈向明：《质的研究方法与社会科学研究》，教育科学出版社2011年版，第227—228页。

操作起来比较容易,但是这种方法也有一些弱点:(1)观察的情境是人为制造的,被研究者知道自己在被观察,可能受到更多的"研究效应"和"社会赞许"的影响;(2)因为与被观察者拉开了一定的距离,观察者较难对研究的现象进行比较深入的了解,不能及时就遇到的疑问请教被观察者;(3)可能受到一些具体条件的限制,比如看不到或者听不清。相反,参与型观察的情境比较自然,可以深入被观察者文化的内部,了解他们对自己行为意义的解释。[①] 本研究更适合参与型观察,因为研究需要在一个非常自然的情境下认识学校教师是如何进行实践的,他们对自己的教学行为是怎么样认识的。能够进行参与型观察,对我来说实际上是个偶然。由于我的条件限制,我的研究计划本来是非参与型观察,惟一的奢望就是学校和教师不会"防我",能让我观察到最真实的一面。当我到 J 中时,刚好一位英语教师的脚扭伤,而代课教师不好找,我主动提出是否可以打个"替班",对我来说是半开玩笑的话,没想到英语组长当真跟年级校长提出建议,年级校长是我原来的年级主任,对我非常熟悉,同意了。虽然我觉得很不好意思,但是事已至此,我又自然地走回了英语组,拿起了英语课本。虽然时间只有十天,那个英语老师就来上课了,但是这次参与,把我迅速地由一个"研究者"(局外人)变成了"教师"(局内人)。

对于质的研究者来说,最大的挑战就是"局外人"和"局内人"身份的转换,如何同时保持双重身份。陈向明列了一个表格说明"局内人"和"局外人"的区别(见表2—2)。对我来说,这也仍然是个挑战。我当时无意把自己推进"局内人"的境地。因为,虽然我已经十年左右的时间没有跟这些同事见过面了,且有一些我根本不认识,但是领导基本都认识我,他们给我提供了办公室、办公桌,甚至还给我要了教案本,完全没有把我当作研究者。有的同事听说我读了博士,还跟我请教一些教育教学中的问题,向我倾诉他们教学中的苦楚。但是,这十天的代课让我重新体验了学校文化中潜隐的部分,即难以表达的成分。尽管我非

---

① 陈向明:《质的研究方法与社会科学研究》,教育科学出版社2011年版,第228—230页。

常幸运,但是同时保持两种身份却非常难。刚好一个好心的同事给我提供了住处,非常方便,我每天晚上整理白天的访谈资料和观察日记,把我从白天的"局内人"拉回到"研究者"的思维中。

表2—2　　　　　　　"局内人"与"局外人"的区别

	公开与否		亲疏关系		参与程度	
局内人	隐蔽的局内人	公开的局内人	熟悉的局内人	陌生的局内人	参与型局内人	观察型局内人
局外人	隐蔽的局外人	公开的局外人	熟悉的局外人	陌生的局外人	参与型局外人	观察型局外人

资料来源:陈向明《质的研究方法与社会科学研究》。

参与观察的过程就像是一个漏斗,描述性观察是漏斗上端的宽缘,要将看到的所有事物容纳进去,焦点的观察逐渐缩小观察的范围,选择的观察则到了漏斗的底部,更集中于某些特定的焦点。[①] 参照研究时期的发展,有研究者将人种志者参与观察的形式分为描述性观察、焦点性观察和选择性观察。本研究的观察主要包括以下几个方面:(1)课堂教学观察(观课);(2)学校教学活动与会议;(3)教师与同事、学生以及领导的交往方式;(4)师生之间的对话形式、内容及表情;(5)教师对学生管理的方式;(6)不同的教学时间内教师的行事方式,等等。

访谈。访谈也是质的研究中最重要的一种收集资料的方式。[②] "访谈"是一种研究性交谈,是研究者通过口头谈话的方式从被研究者那里收集(建构)第一手资料的一种研究方法。它与日常谈话有重要的区别。[③]

[①] 黄瑞琴:《质的教育研究方法》,台北:心理出版社1991年版,第97页。
[②] 陈向明:《质的研究方法与社会科学研究》,教育科学出版社2011年版,第165页。
[③] 陈向明:《质的研究方法与社会科学研究》,教育科学出版社2011年版,第165—167页。

表 2—3　　　　　　　研究性访谈与日常谈话的区别

区别 维度	研究性访谈	日常谈话
有无目的性	目的明确，交谈双方对目的都非常清楚	没有明显的目的性
接触方式	友好打招呼，但不会有超出握手的身体接触	友好打招呼，且常伴有身体上的亲密接触
内容重复性	访谈者经常要求对方重复说明具体细节	避免重复
问题互动	通常是谈话者单方发问，对方提供信息	谈话双方互问问题
继续交谈兴趣	访谈者对受访者表示继续交谈的兴趣	双方都有继续交谈兴趣，常伴有鼓励性语言和动作
是否衬托对方	通常只是访谈者表示无知而衬托对方	双方都有衬托对方的意思
言语轮换规则	言语轮换规则不平等，访谈者提问多	言语轮换是平等的，双方平等提问
言语表达形式	必须介绍细节，且越具体越好	使用简略语和参照物时不必详细介绍细节
是否允许沉默	不能长时间沉默，访谈者尽量想办法让对方说话	允许较长时间的沉默
如何结束	只需表示时间到了，或者信息够了就可，可以商谈下次访谈时间	一定要使用结束语，且常常是一种形式上的

　　因此，质的研究访谈是一种专业会话，是一种有结构、有目的的会话。① 根据访谈结构的控制程度，可以分成"结构型""无结构型"和

---

① ［丹］斯丹纳·苛费尔、斯文·布林克曼：《质性研究访谈》，范立恒译，世界图书出版公司 2013 年版，第 2—3 页。

"半结构型"。① 结构型访谈是指研究者按照自己事先设计好的、具有固定结构的统一问卷进行访谈。研究者对所有的受访者都按照同样的顺序问同样的问题。在本研究中,由于研究现象的潜隐性和复杂性,很难确定一定要问哪些问题,难以严格控制整个访谈过程,以免错过一些重要信息。

与结构型访谈相反,无结构型访谈没有固定的访谈问题,研究者鼓励受访者用自己的语言发表自己的看法。受访者在访谈中占主导地位,访谈者只是起辅助作用,尽量让受访者根据自己的思路自由联想。就研究者而言,这种方法很难控制整个访谈过程,并不一定能有效地获得重要的信息。在本研究中,对要了解的信息已经基本有个理论框架,因此,没有采用这种方法。

半结构型访谈通常是研究者根据事先准备的访谈提纲对受访者提出问题,既有一定的控制作用,又有一定的灵活性。本研究采用半结构型访谈。我事先拟定了访谈提纲,尽量提一些开放性问题,引导受访者积极参与。(访谈提纲见附录)

根据受访者的人数,访谈还可以分成个别访谈和集体访谈(焦点团体访谈)。个别访谈通常只有一名访谈者和一名受访者就研究问题进行交谈。而焦点团体访谈则是以焦点问题为中心进行多人参与的讨论,研究者通过观察群体成员之间的互动以及彼此的反应来获得需要的资料。② 除了对教师做了个别访谈之外,我还做了一次六人的焦点团体。在最初设计时,本没有打算使用焦点团体访谈的方法,但是,进入现场后,一个偶然的机会听见同事们在办公室争论,突然想通过焦点团体访谈的方法了解大家对教学是如何看的。想了解一下,在学校里教师们一致认同的和不认同的观念。我以教研组为单位进行了焦点团体访谈。

---

① 陈向明:《质的研究方法与社会科学研究》,教育科学出版社2011年版。
② 陈向明:《质的研究方法与社会科学研究》,第211页。

表 2—4　　　　　　　教师价值取向资料收集技术

资料收集技术	具体内容	研究对象
个别访谈	关于教师教学的价值取向	表 2—1 中的教师
观课	教师教学设计和教学方式	上公开课的教师
观察	教师的言谈举止和行事方式	随机
文件收集	近五年的会议资料和相关文件、教案、教师工作日记	会议记录和相关文件、教案、日记
焦点团体访谈	讨论有关教学与管理问题	表中教师
教师语言分析	教师不同场合说的话及本人解释	课堂内外的教师语言
布设"线人"	通过他们向我传递有关学校的信息	学校中的"知情人"

（三）研究资料分析

把访谈的录音资料听写下来，转换成文字资料。注意在每一份资料上标明访谈对象，同时写上自己在访谈时候的感悟。写完之后，根据教学不同方面进行简单的归类，如教师对教学设计的价值取向，教师对教学管理的价值取向等。

对上述文字资料进行进一步的分析和整理。研究者采用了斯特劳斯和考宾（Strauss & Corbin）所提倡的"扎根理论"（grounded theory）的方法。所谓扎根理论的方法，就是研究者在研究之前没有严格的理论假设，直接从原始材料中归纳出概念和命题，然后通过比较、归类等方法建立概念或命题间的联系，从而形成能够解读现实的理论。简单来说，扎根理论就是让理论在数据中扎根，并生长出来，"填平理论研究和经验研究之间尴尬的鸿沟"，这样，既避免了由于事先确定的理论框架扭曲现实的弊端，又通过理论的构建使个案研究具有了更广泛的推论意义，给实践以更多的启发。[①]

扎根理论最重要的环节是编码（coding），通常采用三级编码。

一级编码，也称开放性登录。之所以称作"开放性"，是指在这个过程中，研究者尽量搁置自己个人的"倾见"以及已有理论的"定见"，真

---

① 转引自于泽元《学校课程领导对教师投入新课程改革的影响：中国内地一所小学的个案研究》，博士学位论文，香港中文大学，2005 年，第 131—132 页。

正根据数据所表达的意义对数据进行概念化（conceptualize），然后发现一些概念相互接近的类属，并根据这些类属对数据进行重新登录。在这个过程中，研究者不断地问自己：这段话语（词语）要表达一个什么意思？这个意思对整个研究有什么意义？通过反复追问，"让数据自己说话"。在此过程中，研究者也运用了 Nvivo 软件进行系统的命名和分类，达到了事半功倍的效果。

二级编码，也称关联式登录或者轴心登录。这个阶段的主要目的是发现和建立类属之间的各种联系，研究者的做法是每次对一个类属进行深度分析，在这个类属之下找出不同的部分、层次以及这些部分、层次之间的关系，有些时候通过图表来编写这些关系。但是，仅仅从内部分析是不够的，研究者还要积极思考，这些类属之中的复杂关系构成了一幅什么样的图画？这些图画对于本研究的目的具有什么样的意义？这些图画和别的图画的联系是什么？通过反复思考、对照，一幅更大的图画出现了，研究的线索也逐渐清晰。

三级编码，也称作核心式登录，因为在这个阶段，通过对整体图画的思考，一个核心概念或者核心类属出现了，研究者发现这个核心概念或者核心类属不但频繁出现，而且其他概念和类属都汇聚在这个概念或者类属周围，和它发生着有机的联系，再也没有任何一个概念或者类属比它更容易和其他概念和类属联系起来，因此没有任何别的概念和类属比它更能说明通过前面的编码和比较所形成的那个整体的画面。这时候，研究者觉得：哦，一定是它了！然后一个理论就建立起来了。

（四）研究的信度、效度与局限

1. 研究的信度、效度

与量的研究不同，质的研究一般不讨论信度问题，重点要解决的是"内部效度"问题而不是"外部效度"，也有学者建议用"吻合度"（fittingness）来代替普遍性（generalizability）。我希望通过以下方法来提高研究的效度。

通过资料收集的过程提高研究的效度。研究过程中通过在资料、文本与理论之间穿梭提高对研究对象的敏感度以及总结和概括的能力。

通过编码和"三角验证"来提高效度。有效编码是确保研究效度的重要方面。"三角论证"是普遍使用的提高效度的方法。

通过与合作研究者的互动来提高研究的效度。通过与教师的交谈来验证自己对教师本土概念的理解和归纳是否正确。

邀请有经验的学者，对研究的过程和结果进行评判。

2. 研究的局限

时间的局限。教师价值取向是一个内隐的复杂的现象，短短三个月时间只能发现其中一部分真相，无法达至全貌。我希望之后仍然能够对这个研究领域不断深入，延伸研究的过程，突破该局限。

自我的局限。我在研究过程中有两个方面的不足。一是自我研究能力的不足。质化研究对于研究者的水平要求非常高。虽然我从硕士毕业论文研究就开始运用质的研究方法，但却从未经过非常严格的质化研究训练，且在田野研究中缺少有经验的指导，经常会有经验不足之感。二是理论上准备与占有不足。教师价值取向研究在我国并未形成系统的理论框架，现有的成熟理论多来自西方，而教师价值取向又是深深植根于文化中的概念，因此可能会对一些特殊文化背景缺少深层次的理解。另外，对于西方的理论研究文献占有有限，也会造成理论资源的不足。

研究设计的局限。由于教师价值取向潜藏在教师文化的深层，宣称的价值取向与指导教师行动的使用价值取向大多时候会不一致，因此，仅仅通过教师言说来推论教师的价值取向有所局限，只能对教师行动的观察与教师言说相映衬才能深入分析和理解教师践行的价值取向。这个过程非常复杂，因此，可能在某种程度上，对有些研究资料不能做深入的分析，导致理论深度不够。

（五）研究的伦理问题

研究主要遵循了以下5点伦理原则。

一是尽量避免给研究对象造成伤害。每次我与教师交谈时，首先向其保证"不会以任何伤害个人或学校的方式发表"。正因为如此，每每整理完现场资料后，我都会以某种方式返回给个别受访者阅读。之所以这样做，目的是：其一，避免解释的过度，保证研究与学校实际的契合性；其二，保证慎用其中资料，对不利于教师个人的文字进行处理。若阐释与教师的意见不符时，我尽量听取教师本人的意见。为了保护受访者，我在文稿中主要采用匿名的方式来处理，如我文中所涉及的 J 中的教师都采用化名。

二是自愿参与。对每一位老师的访谈都是先同他说明研究目的，在征得他们同意的情况下对他们进行访谈和录音。对于拒绝访谈的教师，我都予以理解，并对我的打扰致以歉意。以下摘录了一段我的访谈日记，描述了访谈时遭遇到的困境：

> 今天是我第一次访谈遭遇拒绝，心里有些淡淡的伤。不过，这应该是好的迹象，面对困境，如何突破，是我以后要面对的。如何与受访者建立合作关系，我一直在尝试。以前很幸运，从来没有碰到过被拒绝的情况。今天仍然很幸运，遭遇的困境会让我不断成熟起来。
>
> 今天这位语文教师是校长给我推荐的。校长认为，她教得很好，人也很有思想，并且承诺能给我找来。这位语文老师是合校的时候合并进这所学校的，所以我与她不熟悉。我向校长表示过，不知道她是否愿意参与。校长认为不会有问题。
>
> 校长把她从办公室请过来，并首先声明，"我的行为是研究，跟政治无关"，然后离开了。我接过校长的话，说明我的研究目的和保密原则等，她微笑着应承。当我正要开口提问时，她突然说："我现在岁数大了，啥也记不住了，我根本说不好。"我试图跟她解释以消除她的顾虑，她仍然坚持给我找别人来，我表示歉意并同意她的推荐。
>
> 她给我推荐来了另一位语文老师，与她同一年级，是位男教师，年龄在五十岁左右。当这位男老师落座，寒暄介绍过后，我像刚才一样说明我的研究和保密原则等。这位男老师没等我提问，却先给我提了个问题："你这是读什么书啊？"我回答："博士研究生"。他接着问："你多大岁数了？"我如实告诉他年龄。他接着说道："你这么大岁数了还读这个干啥呀？这有什么用？我们国家的教育挺好的，没啥问题。"我不知所措，又不知道如何回答，我只是报以微笑倾听着。他一会儿给我说奥巴马，一会儿说国际风云变幻。我被他说得

晕头转向，记也不是，不记也不是，当时觉得自己在他面前像个小丑被他耍一样。碍于身份，我仍然很认真地倾听，想找个时机把话茬拉回来。也许是我的态度转变了他的思想，他后来话题主动转到了学校和教学上。

三是避免侵犯隐私权。资料的收集难免涉及个体或群体的"隐私"，我相信只要做到不伤害被研究者的利益和名誉，并且资料只是用作研究和分析用，应该是符合研究伦理的。

四是互惠性。除了让教师知道研究的价值并与他们建立相互信任的关系之外，我还意识到教师需要从研究中获益，所以我需要和他们共同讨论学校中所存在的问题。并应一位老师之邀，给他的学生做了一场关于学习方法的报告。有时，也与他们一起分享我的想法。为了感谢他们，我经常主动要求帮他们做一些事情。

五是当我的解释与"局内人"的观点发生冲突时，我宁愿放弃个人所认定为真的解释，主要以他们的声音为主。我尽量把研究文本发回给老师。

第三章

J中学学校文化剖析

研究的基本理论前提是学校文化是建构教师价值取向的源泉。基于这个前提，我们从学校文化着力研究教师价值取向。因此，我们首先要对J中学学校文化有所了解，才能理解J中学教师的价值取向。对学校文化的剖析是为了更好地理解教师价值取向的建构及其根源。

第一节 J中学发展的基本历程

学校文化从来不是无源之水，它是一所学校历史的积淀，凝聚着学校的传统。组织文化学将组织创建的过程视为组织文化形成的重要来源。学校文化是学校成员的创造，也是学校成员的精神家园，非常深刻地影响着教师的行事方式和思维方式。J中学的发展有一段不寻常的经历，我们将其划分为三个阶段。

一 "被欺负的时代"

J中学1975年建校，至今也不过四十几年的历史，在当地算是年轻的学校。与其同期建校的还有三所中学（我们暂时称为A、B、C），与J中分别分布在城市的东南、西南、东北和西北四个角上。从四所中学的校址分布看，建校之初并没有学校层次的分别，只是为了学生就学方便，按照东西南北方位将市区划分为四个圈，以四个学校为中心划分了学区。建校和就学的政策公平并不能掩盖客观条件和人为造物的偏向。从地理位置上看，四所中学均不在市中心，处于城市周边的四个角落。该市南面偏丘陵，交通不便，而北部较平坦，交通便利。

为了阐述清楚，我不得不将该市的大致轮廓进行勾勒。该市有三条街道，分别称为一道街、二道街和三道街。原来一道街最宽，是市政府所在，很多政府机关单位也都位于一道街。二道街和三道街相对一道街来说，街道有些窄，却更繁华。如果说一道街是"政治街"，二道街可以称为"经济街"。各种商店和批发点多处于二道街，虽然也有在一道街和三道街的，总是少数，所以二道街显得更热闹，居民住房也更紧密。三道街（可称为"文化街"）学校多，处于三道街中心位置的是全市的重点高中（当地老百姓戏称其为高等学府）———一中。J中学位于一中的东面，相隔路程不过二千米，步行路程十几分钟。另外，市里当年曾经非常红火的师范学校和技工学校都位于三道街，且离J中学很近。从城市的特点看，一道街政府机关多，二道街商业店铺多，三道街学校多。除J中之外的三所中学均处于城市边缘，这奠定了后来J中学崛起的根基。甚至在政策有些偏向的情况下，J中学仍然在当地中考成绩中独占鳌头。

J中原来并不是市里成绩和名声最好的学校。经过多年的努力，一步一步走到今天，也非常不容易。一直在J中工作的现任工会主席Y跟我讲述了J中的学校发展史。建校七年后，1982年J中考上重点高中的人数才突破零，有一人被重点高中录取。从那时起，J中开始慢慢起步。Y主席说，"那时候是J中学最'熊'的时候，让A中欺负得翻不了身"。Y主席的意思是说当时A中的中考成绩更好，考上重点高中的人数更多，在市里名声也更好。虽然J中不断努力，但是家长还是愿意将学生送到A中学去读书。直到1994年，市里规划了三道街，加宽了街道，便利了交通，且开发了几个商品房小区。此时，J中也换了新的领导班子。新任校长年轻有为，非常有智慧。副校长是位女性，五十几岁，非常精干。自此后，J中开始崛起，成为全市中考升学率最高的学校。从1994年起，J中学就开始慢慢地与A中学并驾齐驱了。经过四任校长至2004年，J中中考的综合考核各项指标就远远超过了A中，Y主席非常自豪地说："到了2004年之后，他们就被我们远远地甩在身后了。后来，教育局给A中有一些政策操控，但是一直也没太好的结果。"

从1994年至2012年，J中学经历了五任领导班子，取得了丰硕的成果。每届领导班子各具特色，构成了 J 中学校文化发展的历史。第一任领导班子改变了 J 中学的精神面貌；第二任领导班子形成了拼搏向上的文化；第三任领导班子巩固成果，扩建校舍；第四任领导班子构建了以班主任为核心的教师队伍，打破了"大锅饭的形式"；第五任领导班子提出了新的办学理念和新的教学模式。虽然说是五届领导班子，实际上是换了五任校长，领导班子的其余成员基本没有太多变动，都是原 J 中学的"老人儿"。"老人儿"就是一直在 J 中学工作的人。

二 "崛起的时代"

第一届校长为 J 中学的改变做了非常大的贡献。当时，J 中学校园环境非常差，教师素质并不高，很多教师都不是"科班出身"。不是"科班出身"的意思是所教学科与所学学科不同。如 L 老师原来是生物专业的，J 中学数学老师不够，她改科教了数学。在班主任和主科教师中有很大一部分是这种"改科"的，而 A 中学却不一样。家长们对"改科"教师并不十分信任，因而在孩子入学问题上经常面临着到 J 中学还是 A 中学去的选择。这几年家长们总是很遗憾地将孩子送到 J 中学。遗憾是因为对 J 中学教师的疑虑，而 J 中学中考成绩却更好。

第一任校长做了两件大事改变了学校当时的窘境。第一件大事是"旧貌换新颜"，第二件大事是"挖掘好生源"。J 中学当时的"旧貌"是：教室少而破旧，只有三栋小平房，每栋平房有 6 个教室，每个教室能容纳五十人。而当时 J 中学三个年级的在校学生有一千五百多人。由于教室少，平均班额超过 65 人，有的班级甚至九十几人。教室没有暖气，每到冬天，孩子们就在"冰火两重天"中上课、学习。"冰火两重天"描述的是冬天教室生炉子时的情景。围在火炉周围的学生被烤得穿单衣还出汗，而离炉子最远的学生（尤其是靠墙和靠窗子的学生）却是冻得哆嗦。那时的 A 中学已经是楼房了。挨过了严冬，该是孩子们的好日子了。下课可以到操场上玩玩。那时的操场只是一块"不让长草"的平地而已，非常低洼，一下雨就成为"养鱼塘"。因此，一年到头，学生很少有条件到操场去玩，体育课也被迫在室内上。全校师生都希望上级部门能够拨款改善这些条件，屡次"打报告"都没用。学校自身没有钱来建设，并且还有债务。这种情况下，家长自然不愿意孩子到这里来上学，学区内的学生也会"剜门子盗洞"去A中读书，就别说学区外的学生根本不会择校到这里来。学校的教学设备匮乏，没有学生实验室。教师的教具就是"粉笔加黑板"。教师们的干劲和信心也就是"马马虎虎"。这就是Y主席说的J中"最熊"的时候，也是"被欺负地翻不了身"的时候。

第一任校长（K）就在这样的背景下，领导J中改变了旧貌。当时正赶上市里规划，K校长就用很少的钱买了搬迁户的房子，然后带领老师和学生将砖瓦拆回，用这些旧砖瓦在每一栋旧房子一头接了两间教室，又把教室地面铺了砖。拆迁的土是不要钱的，K校长又决定用这些土来填操场，使低洼的操场不再存水了。这一件事，让所有的老师都非常佩服。K校长既节约了学校经费，又改变了学校现状，且校长亲自带领学生去拆房子，教师们都很感动，增加了对J中的信心，提高了干劲。学校条件的改善并不意味着教学质量一定提高，J中领导和教师都认为，教学质量才是学校的生命力。教学条件虽然是非常重要的方面，但是"没有好学生"也很难提高教学质量。因此，K校长带领全体领导班子做的第二件事就是"挖掘生源"。他们认为，只有好的学生才有高质量的教学。因此，他们动用各种关系说服家长把孩子送到J中来读书。副校长和教务主任首先到市里知名小学去"摸底儿"。"摸底儿"的意思是到小学了解情况，看看哪些学生比较好，有潜力，并"做班主任的工作"，希望他们说服家长将孩子送到J中读书。那一年用这种办法招来很多"尖子生"。J中领导承诺为这些尖子生组建好班，特殊配备最好的班主任和最好的科任教师，保证孩子们的学习软环境。也就是在那一年（1994年）J中开始有了好坏班，而且一直延续到2012年。有了"好学生"，教师的工作热情也提高了，起早贪晚，"累并快乐着"。到了1997年，这届学生中考时，确实取得了非常好的成绩，考入重点高中的人数超过了A中，在全市"一炮打响"，从此摆脱了发展的困境。

第一届校长打了"好底儿"，对接任的校长来说，是个好事，但是如何维持佳绩，也是一个挑战。新任校长是原J中主管教学的副校长，对学校里的情况非常熟悉，领导班子的成员除了新提升的教务处副主任之外，其余都是原来的领导成员逐层升级上来的，即副校长升任正校长，教务主任升为副校长，教务副主任升任为教务主任，后勤校长、总务主任和德育主任没有变。第二任校长也干了两件大事。一件是平房改建楼房，另一件是购买了新校区，并为 J 中学填平了债务，提高了教师待遇。同时，在软环境建设上，"潜规则"化了好坏班制度，升学率逐渐提高。

第二任校长是位女性，做事细致谨慎，非常会"过日子"，也就是会"花钱"。学校一天比一天好，教师的干劲非常足，每次考试都与 A 中比，而且学校内部各班之间也都在默默地较量。但是，就结果来看，无论教师怎么努力，成绩好的班就是好的班，不好的班就是不好的班。这给教师一个启示：摊到不好的学生，累死也考不出来。所以，后来有个说法，叫"有菜没菜，或者有货没货"。把好学生称为"菜或者货"。班级里有好学生就叫"有菜或者有货"。每年新生入学，老师们都会向"坏班"的班主任问："今年怎么样？有点货没有啊？"教师们在聊天时也经常会使用这个概念。如，我与 G 老师闲聊时说，"听说您是班主任，而且非常认真负责"。她回答："是的，没啥意思。我们班不行，没有几盘菜。是学校威胁我，我才当的这个班主任。"她看我遗憾的表情，给我讲述了所谓"威胁的故事"。好坏班在学校里并不是明文规定的制度，但教师们似乎都习以为常，非常能够接受，偶尔有抱怨，只是为自己开脱而已。大部分老师都在"努力"探索如何才能教到好班。教到好班的关键在于两个方面：一方面是好学生"投奔你"，另外一方面是领导信任你。分班工作只有校领导参与，教师都是分班工作的局外人。因此，无论从哪个角度分析，要想教好班，只有"领导认可"，且一定是"说了算的领导"。领导决定让谁教好班，谁就能教好班。这样，领导会将摸底摸来的好学生送到这个班，给这个班配备一些好的科任教师。因此，逐渐地形成了一个风气：教师"围望"领导才能教好班。因此，每年尚未分班之前，教师们就开始预测哪位教师教好班，结果预言都很准确。教师们共享了一条规则，"能干"不如"会干"。

直到 2012 年才打破了这个局面。2012 年新生入学时，教委强行平均分班，并且为 J 中提供了分班软件，教委派人监督分班，这才打破了好坏班的规则。好坏班的分班原则是什么呢？什么样的人才能教好班呢？开始时，领导"摸底儿"摸来的好学生放在一个班或者两个班，叫好班。

好班的班主任由领导认为能担当的人来当，在学校里大家都公认非常好的老师不一定能当上好班的班主任，而且是一般不会让这些人来当好班班主任的。这些人要做那些中等班或者差班的班主任，因为没有他们这些班不好管理。这就是那些大家（包括领导）都承认"有能力且不被看好"的老师。这些老师往往很有个性，对领导来说"不太好使"。但他们以学生发展为己任，也非常认真工作。后来好班改称为"条子班"。就是领导写"条子"把学生送到这个班，这个班就被称为"条子班"。"条子班"的班主任不是有能力就能当的，还得是领导觉得合适的。时间长了，教师们发现，只是"低头拉车不行，还得学会抬头看路"，也就是老师们认为，"不仅要能干，还要会干"。后来，不知什么原因，学校经常挨告。一点小事或者"没事整事"被告，校长隔三差五就要写个检讨书。"校长与其他老师心中都有数，这些事情无非是一个比较年长，面临退休的副校长所为，目的是能在退休前当一次一把手。"一把手校长不喜欢经常写检讨，自己也要到退休年龄了，就申请辞职退休了。

  第三任校长是从农村中学调上来的，非常年轻，也非常会说话。他特别注重教师的思想，每次开会都会做一些思想工作。他擅长构建学校教师愿景，教师们被校长的美好愿望和理想感动着，不断地努力，但是待遇一年不如一年，"原来的全勤奖都不发了"。学校大兴土木，修操场，建新楼，改校门。几年之内，学校建成了花园式学校。因为修建需要钱，学校又开始借债，教师待遇不断下降，但是中考升学成绩仍然居全市榜首。由于新校区与老校区有一段距离，沟通成本太高，学校决定将那块地卖掉，用卖地的钱在老校区的教学楼后面再建一幢新的教学楼。学校此时的硬件条件改善了，学生都进了改善后的教学楼，冬日教室也温暖如春，教师也不用再生炉子过冬了。条件改善了，教师关系并没有改善，压力也没有改变。

  学校里轰轰烈烈地建设，并没有耽误教学，教师们还是"你争我抢地干"，甚至为了一分两个老师都会争得面红耳赤。按理说，教学与管理是不分开的，但是在 J 中，教学好像是独立的，它的进展与其他方面没有关系一样，除了完成上级检查的任务外，主科教师都主动下班辅导，班主任也主动"坐班"。老师们嘴里说"干活不给钱",抱怨学校不好,但是仍然卖力地工作,他们称自己"傻干"。"傻干"的老师一般是班主任和主科教师。有的班主任开玩笑说"把自己卖给 J 中"了。因为全勤没有奖励,所以学校也不每天严格"查岗",绝大多数教师还是按时上课下课,保持全勤。老师们觉得,"如果不认真教书,一方面良心上过不去,另一方面,学生和家长也不允许"。更重要的是自己教的是主科,主科就是主要的学科,主要的学科就是中考必考的学科,如果你不认真教就耽误了学生考试,就等于教师误人子弟了。"当老师最重要的一条就是不能误人子弟",除此之外,"咋地都行"。

小科教师的干劲不如主科教师。小科一般指那些不参加中考的科目,如地理、生物、音体美等学科。学生和家长不重视这些小科,学校和班主任通常也不在意小科成绩。音乐老师 W 告诉我,"我们教这科没人重视,你看我们学校的通讯录和点名册,我们都排在最后,在我们之后就是退休老师和勤杂工了"。在不被重视的问题上,小科老师认为是因为自己所教学科不是中考科目所以不被重视,也自然就不重视小科的教学。但他们仍然坚信他们的学科对学生的智力发展很重要,他们盼着有一天也要"把音体美纳入中考科目就好了"。

社会上对 J 中的评价就是 J 中老师"认干"。从 1994 年到 2004 年这十年间,J 中基本形成了"无言的竞争"文化。这种竞争是教师之间用"心"做的,而不是"大张旗鼓"的比。班主任都是,"较劲"是"比",是一种竞争,而在嘴上却经常说,"就我这破班,怎么整也整不上来"。班与班的竞争促使了每个班的教师团结,而与其他班级的教师关系不紧密,哪怕就是教同一学科的老师。这逐渐形成了"班主任挑科任的风气"。这一方面促进了教师教学的积极性,另一方面也加剧了教师个人主义文化的形成。虽然说教师彼此之间也讨论教学和学生管理,但是都能把握个"度"。这个"度"是什么,老师说不清,我也不得而知,但是老师们知道就是守住"自己这块田"。因此,班主任每天在班上"看堆",基本上是一天都不在办公室。良好的教学风气自然有好的中考成绩,因此到了 2008 年,在中考成绩上,J 中已经远远超过了 A 中。Y 主席自豪地告诉我:"原来我们的'老大哥'A 中已经被我们超越了。开始那几年

A中有时候跟我们比，或者是升学率高或者及格率高。从2010年到现在，中考的前十名，基本都是我们学校的了。全县前十名的学生，我们学校从2008年就多了，去年前十名有八个是我们学校的，今年全县前十名都是我们学校的。"

三 "融合的时代"

第四任校长是市里进修学校的副校长。那个时候能到J中当校长可是一件荣耀的事。但是，他刚上任一年左右，就遇到了合校的挑战。因为生源逐年减少，一直处于生存边缘的B中学和C中学就更难维持，教委曾经想了很多办法，但难以恢复这两所学校的生机，最后决定将B中并入A中，将C中并入J中。这被J中教师称为强强联合与强弱联合。因为，无论从校风还是中考成绩看，B中都比C中好些。这样，A中和B中的结合就是强强联合，而J中与C中的结合算是强弱联合。C中曾经是市里最落后的中学，说它落后，并不仅仅就中考成绩而言。C中教学风气不好，上班时教师报个到就出去打麻将、跳舞等。教师不认真备课，也没有严格的纪律约束，学生都是农村来的，有个别好的学生基本上转学去了J中或者A中，学生人数少而基础差，没有约束教师的力量，教师自身也没有教学动力。因此，将这样一个学校的全体教师和学生并入J中，对J中校长来说确实是个挑战。校长多次开会研究方案，合并后学校该怎么办？如何同化这些老师？怎么来约束这群散漫的人？从数量上看，C中教师和学生人数都不多，学生三个年级加起来也不过八十人，教工也就五六十人。与有在校学生两千人左右和教工一百七十多人的J中相比，C中的规模实在算小。这对J中来说却是个吉祥数字。经研究决定，从管理、活动、身份定位三个方面做好并校工作。管理上，贯彻J中制度；活动上，尽力多搞些融合两校教师的活动，如教工足球赛、新年联欢会等。在身份定位上，统一采用J中人称呼，另外原C中学各级领导职位不变，任务分工不变。

访谈资料

到 2008 年，C 中和 B 中解体。那时，C 中所有的老师和学生合并到我们学校，B 中所有的老师和学生合并到 A 中。C 中本来就是很弱的，他们一来呢，通过一些活动，通过领导关心，通过各方面，很快就融入到集体当中。我记得当时是 8 月合并的，10 月工会说搞点活动，把这些男老师搞到一起踢踢球。那天正好也是下大雪，顶着雨雪在操场踢球。踢完球，晚上自己就组织喝酒去。这些人都互相介绍，渐渐就都熟悉了。无论活动，还是其他方面，领导都不把这两方面人算作两方面人。第一年的元旦联欢，C 中出个代表节目，J 中出个代表节目，领导说今年可以提 C 中，以后就不允许提了，大家都是 J 中人。C 中来的老师本来就很弱，无论从哪个方面也没有办法跟 J 中一比高低，所以很快就融入了这个集体。

合并时原来他们领导该做什么还做什么，比如他们原来的 L 校长主管教学，他在这里也是抓一个年级的教学。老师该教什么课，也教什么课。

总体看，我们学校对 C 中老师是不歧视的，平等相待。比如，年终评优选先，要是凭选票，他们肯定一个也上不去。我们就设定名额，原 J 中几个，原 C 中几个。外来的这些老师必须得有什么比例，然后把这些指标都分到各组。所以他们一看，咱们拿他们也确实跟这些老师是一样的。一样待遇，该旅游旅游，该各方面代表代表，评优选先该有这个名额有这个名额，甚至有的时候他们的比例还高于原 J 中。制度上，咱们也是一视同仁。不管你是哪里来的，谁违反规定也不行。除此之外，我们也从正面引导，领导大会小会都强调教师互相之间不歧视。不歧视不看不起，这样的话就叫两股小绳拧成了一股大绳。因此，现在原 C 中也能有一些成用的老师。

并校后教师安排了，还有学生呢？J 中采取的措施是原 C 中的学生独立成班，由 J 中教师做班主任。

当时被人家认为，B 中和 A 中的结合是强强联合，当时 B 中有一个班据说得有二三十个特别好的学生。C 中过来能有个 80 左右的人。几乎那里头就没有菜。然后那个班就由高老师经管。B 中也有几个学生过来，都合并到她那一个班。当时，那届根本没有考虑能够和 A 中比，当时以为能跟 A 中拉平就可以，结果出乎意料的是我们考得特别好。

第四任校长正赶上我国基础教育课程改革全面推广之际，因此校长去了杜郎口中学学习，回来后提出了新的办学理念和教学模式。根据 J 中的实际情况，提出培养"合格+拔尖"人才，采取六步教学法。当我想深入了解六步教学法的具体内容时，一位老师告诉我，其实就是使用导学案。其余的没有什么不同。

一位一年级数学老师告诉我："我们没有条件使用导学案。人家是每天发给学生一张纸，我们这里发不起，也印不出来。就一台印刷机，根本不够用，咱这还是条件不够。导学案实质上挺好的，但是咱们这里实行不了。"改革后，学校在教学改革上没有大的变化，除了应对上级部门的各种改革任务之外，教学依然走自己的那条路。

现在是第五任校长，他也是从农村调上来的。这任校长是中文专业的，"能说能写"，"工作日记都记了好几大本子"。他在原有办学理念的基础上，提出快乐教学法，旨在使学生快乐地学习。具体怎么操作，老师和领导都没有表达清楚，他们认为这只是个口号，教学上还是按照原来的那样教。学校发展越来越好，已经成为全市中考成绩最好的学校了。在这期间，教委也曾通过政策调控，扶植过 A 中学。教委的政策调控是在择校生这方面。通过对择校生的择校费的收取，希望能够使一些家长把孩子送到 A 中学，但是最终还是 J 中学"取胜"。在其他人看来，J 中之所以取得这么好的成绩，主要原因有两个：一是 J 中老师认干，对学生认真负责；二是 J 中分好坏班，好班的科任教师和班主任都很强。而对于 A 中，家长们认为教师素质非常高，都是科班出身，但是在认干程度和负责程度上不如 J 中。另外，A 中一般不会像 J 中好坏班相差那么明显。"有能耐的家长都愿意给孩子送个好班，那些学区内没有能耐的家长也就认命了。"因此，教委在 2012 年提出要求，要 J 中平均分班，并为 J 中提供了分班的软件。分班时由人大、纪检委、教育局纪检科、义教科、家长代表、学生代表、教师代表以及一年级新班主任共同监督分班。

访谈资料

现在一年级已经平均分班了。平均分班使用的是吉林的一个叫什么软件啊，由教育局提供的。分班前先试机，证明分班软件是没有人为操控的。试机三次后开始分班。我们第一批分的是1055人，分为18个班。这1055人以性别、小学考试成绩、学校分布为依据进行分班。然后在微机当中啪一按，就分成了18个班。分班过程中，所有人都在下面看着，只有3个人在前面操作。一个是微机操作员，还有两个人在两边站着，其余人都在下面瞅着。分好后，直接打印出18份名单。这边一打，那边就复印，直接就是18份，然后由咱们那个硕师计划的一个小丫头分别放。打印完之后，把这18份名单都卷成整卷封好，放到备抽签的箱子里头。这时，班主任去抓阄，抓到哪个班就是哪个班的班主任。这个分班是非常严格的，非常准确的。用我的话呢，要是你那个班不好的话，你就是手气太差。

大部分教师认为这样分班还是公平的，但有少部分人还是对此有疑惑。老师们都认为这样分班好，一是调动了教师工作的积极性，二是公平。但是，这样分班也给J中带来了另外一种影响。很多家长知道J中平均分班，而且多大领导写条子都没用了，就直接选择去A中了。有的人在观望，希望分班之后可以再回到J中来。再回来仍然组织第二次平均分班，因此有很多学生就不来了。

访谈资料

咱们这么分班，有些学生学籍都不过来，直接上A中，能有个二百来人。如果这二百来个学生想要过来，还得抓阄。后来有二十多人，看看咱们还这么分班，最后还是上A中了。就这么的，咱们这届的生源跟A中比就不行了。对学校来说还是损失挺大，但以后还得这么分，主要是考虑对老师公平。不过这样也不公平，对那些通过自己干创出名的老师就不公平。比如说其中就有 L 老师，如果不这么分班，他今年还是个大班。

平均分班对于每一位教师来说，都有同样的机会证明自己是优秀的。平均分班后，所有教师都很努力。因为 J 中学一直以来都是班主任选科任，虽然这件事没有明确规定，但却成为一个"显性的潜规则"。如果没有班主任选择你，或者是给你分配到哪个班级而班主任拒绝接受你，对教师来说都是一件难以接受的事。因此，科任教师也都特别"卖力"。

Y 主席在跟我讲述学校发展的过程中，只是简单说明了两届校长提出的理念，对于新课程改革学校做了什么，却根本没有提及。在我追问的时候，他回答的是，现在教学不归我管，我也不参与，你可以问问他们（指抓教学的领导）。我心存疑惑，等待与抓教学的教务主任和校长访谈的机会。

第二节　J 中学学校文化体系分析

对文化体系的分析有很多种方式，如依据文化传播方式分析、依据文化濡化过程分析、依据族群文化类型分析、依据文化层次分析等。对组织文化分析一般采用依据文化层次分析的方式（如沙因），对组织文化中的结构要素加以细致的描述来勾勒组织文化。对于 J 中学来说，教师中个体英雄主义的思想比较明显，团队合作与竞争有多种表现形式。采用类型学的方法分析 J 中学学校文化更合适。因此，我们将以类型学和文化层次两种分析方式对 J 中学学校文化体系进行分析，为后文分析教师价值取向与学校教育变革之间的关系做铺陈。

一　J 中学学校文化类型分析

"文化类型"是一种用来分析文化体系的单位。美国人类学家 R. 林顿最早提出"文化类型"的概念。他在《人的研究》这部著作中所使用的文化类型的概念实质上指的是文化区域的含义。后来，斯宾格勒和汤因比分别对文化类型进行了系统的理论研究。在反对以单元直线的历史来思考文化方面二者有共同的主张。他们都认为，共时性和等价性是文化比较的前提假定，即世界上所有的文化或文明在哲学上都是同一时代的，都具有相等价值，这种假定是文化比较的前提。然而，每一种文化或文化民族盛衰兴亡、生长老死和自我完成的历史与另一种文化生命是有差别的，不能彼此替代，各人类民族的发展样式和生存形态迥然有别。据此，斯宾格勒将世界历史文化分为九大类型（其中包括已经完成的八大部分和尚未完成的俄罗斯），汤因比将世界历史文化分为26个部分。他们主张：在分析文化体系时应"充分考虑某一文化系统的整体特征和内在联系，详细考察把一种文化的各个部门的表现形式内在地联系起来的形态关系，而不应以个别现象或个别特征划分文化类型"，主张寻找不同"文化民族"（他又称作"文化团体"）的"基本象征符号"。[①]

在斯氏和汤氏理论的基础上，班克斯（Banks）把种族划分类型学阶段论应用于很多研究，并使其在多种族学校的课堂中成为一种教学工具。在此基础上，他发展出了非种族文化族群的类型学。他认为，一个族群就是一种文化族群类型，例如性别族群、语言族群和性取向不同的族群等。[②]

依据上述理论研究，J中学校文化中有明显的"族群"特征，如各学科族群、后勤族群，保卫族群等。我这里借用"族群"概念比喻学校中亚群体文化的丰富性和关联性特征。各部门虽然分化，各司其职，创造了自己的亚文化，却与学校整体文化保持着非常高的一致性。我们以学校中的群体和活动为划分依据，将学校文化划分为亚团体文化和活动文化，以期理解二者之间的关联性。

（一）学校亚团体文化分析

J中的学校工作分为两部分：一是前勤工作，二是后勤工作。前勤工

[①] 郭齐勇：《文化的比较类型学研究》，《江汉论坛》1989年第8期，第13—19页。
[②] ［美］班克斯（James A. Banks）：《文化多样性与教育：基本原理、课程与教学》，荀渊译，华东师范大学出版社2009年版，第122页。

作主要指学校的教育教学工作,而后勤工作是为保证学校教育教学活动顺利进行的一些服务工作,如添置设备、桌椅维修、室内照明设施安装与维修等。学校工作以前勤为主,后勤为辅。前勤教师和后勤人员打交道的时候并不多,很少联系。在学校里,虽然所有人员都被尊称为"老师",但在后勤人员和教服人员眼中,教师的地位似乎高些。

按照教师所在群体,我们将J中学学校文化分为科组文化、年级组文化、班级文化、领导文化、教服文化、校服文化和班主任文化。其中,校服文化是指后勤的学校服务人员的文化。J中的后勤包括学校食堂的管理人员、学校各种设施维修和管理人员等。这里主要分析学校前勤工作中的各亚团体文化。

为了讨论亚团体文化,需要将J中学学校组织结构关系做一个整体勾勒。(见图3—1)

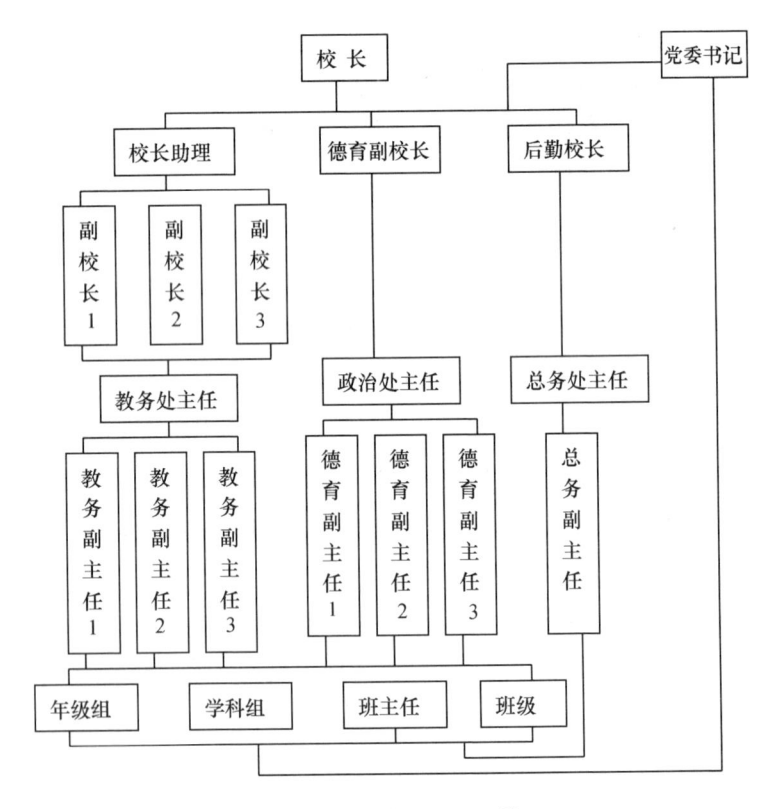

图3—1 J中学组织结构

J中学校级领导设校长和党委书记各一位。由于J中是校长负责制，因此校长主抓学校全面工作。书记主要管党员及一些和党员有关的活动，发展新党员以及传达上级部门的政治决策和精神。在书记的党务工作中没有设任何处室，书记直接与基层接触，但通常情况下，很多工作书记会委托教服人员帮忙通知或者去做。

在校长之下，设校长助理、德育副校长和总务副校长（后勤校长）。校长助理主管教学，由教学副校长3兼任，直管教学副校长和教务处主任以及教学系列的人员和工作。德育副校长直管政治处主任以及全校德育工作。总务副校长直管总务处主任以及后勤系列工作。

三位教学副校长每人主抓一个年级的工作，一年级教学副校长我们用教学副校长1作为称谓，同样副校长2指抓二年级教学工作的副校长，副校长3指抓三年级教学工作的副校长。因为三位副校长分别主管一个年级，所以也就直管这个年级的教务副主任。因此，J中教师称这种形式为配套领导，即给某校长配套的是某主任，给某年级主任配套的德育主任是某某某。学校教师在指称主管教学的领导时省略教学二字，如教学副校长直接称副校长，教务处主任直接称主任，而德育副校长、后勤校长、德育副主任和总务副主任都明确指称，如在说明德育副校长时就直接称德育校长某某某。

教务处主任主抓学校教学的具体工作，直接对主管的副校长负责。教务处主任也是二年级的教学副主任，我们称为教务副主任2，与教学副校长的指代方式相同，教务副主任1指主抓一年级教务工作的主任，教务副主任3指主抓三年级教务工作的主任。与三位教务副主任平级的是三位政治处副主任（德育副主任），年级的教学工作由教务处主任负责，而德育工作由政治处主任负责。那么，什么是德育工作，什么是教务工作呢？没有非常分明的界限，但一般情况下，有关上课的事情都是教务处主任管，下课的学生纪律和行为问题以及有关学生品德培养和心理健康的工作由政治处主任管。

J中基层单位有年级组和学科组以及班主任和班级。学科组和年级组的划分没有特别的界限，空间分配也不固定。因为学校空间有限，因此前楼（前面一栋楼房）是学校领导、行政人员以及一二年级教师的办公和上课地点，而后楼（后面一栋楼房）是三年级相关人员办公和上课的地方。一般情况下，由于主科教师（主要指语文、数学和外语三科）人员较多，按照学科年级组分配办公室。如语文1组、语文2组和语文3组，英语和数学与此相同。物理和化学老师相对不多，二年级的物理老师被分配在同一间办公室。三年级物理老师和化学老师被分配在同一间办公室，在后楼办公。政治和历史也是中考科目，因此初三的政治和历史老师被分配在同一间办公室，也在后楼。初一和初二的政治和历史老师同在一个办公室。地理和生物不是中考科目，初二就结业了，因此初一和初二的地理和生物老师在同一间办公室办公。音乐、体育和美术等在学校里叫做"小科"，音乐和美术每个年级只有一位教师，因此音乐和美术老师在同一个办公室在前楼。这里需要说明，三年级没有开设音乐课和美术课。体育老师也不多，因此全校体育老师在一个办公室办公。根据办公室分配情况，就相应产生了学科组和年级组。

  学科组和年级组还有另外一个含义，即同教一门学科的老师也是一个学科组，

  虽然不在同一处办公，但仍然同属于一个团体。学校中的有些活动会以学科组为单位组织，如足球比赛等。同在一个年级的老师也是一个年级组的人员，很多活动也会以年级为单位，如学校每年组织的旅游活动都是以年级为单位组织。

  班主任是学校中的特殊群体，他们分属于不同学科组或者年级组，但由于他们经常在一起开会或者交流，同时有一些班主任自己知道的事情彼此之间也会结成同盟，因此，虽然不在一处办公，但是却有一个"班主任圈子"，另外，班主任共享同一种管理班级的基本假设和价值观以及信念，因此，我们也把他们看做一个亚群体。

  班级其实是以班主任为单位的，但是不同的班级也有不同于其他班级的文化，因此我们也把班级作为一个亚群体。但因为本研究只涉及教师的价值取向，所以不会过多讨论班级文化和学生文化。只在涉及教师价值取向时有所论述。

  从以上的空间分配和群体组合，以及科层的领导关系中，我们可以看出，虽然J中具有非常明显的科层制迹象，层层对上一级负责，分工明

确，但是由于有很多工作难以划清界限，又因为很多教师具有多重组织身份，再加上几位领导同时分管一个年级，所以，亚群体之间并非孤立行事，而是必须互相关照，如果侵犯了其他人的利益就等于把自己推入一个尴尬境地。无论领导还是教师，看起来相处得都非常和谐，似乎他们彼此合作得很好。

表面的合作并不等同于合作文化。我们在上面表述的群体都是组织中的正式群体，并没有涉及组织中的非正式群体。除了这些正式群体之外，学校里还有因为共同爱好、志趣相投以及利益结盟等各种非正式群体（俗称圈子）。因此，学校中的教师表层看是非常和谐的，当你深入地越久，越会发现教师之间那种微妙的人际关系。综合起来，教师之间的竞争还是非常激烈的。但是他们并不与其他教师直接竞争，而是通过学校领导的关系取得竞争的优势地位。在学校发展历程中，我们看到，J中学学生入学时分好坏班，并且没有任何科学依据，几位领导找个地方偷偷地就把班级分好了，并且分配好了班主任和科任教师。教师之间并不在专业实力上竞争，而是在人际关系和操作上竞争，如果想要教好班，必须跟"领导整明白"，领导认可，就会给你分好学生配好科任。因此，教师之间，尤其是班主任之间，只是暗地里较劲，并不将此表现在表面上。在人际关系的表层，教师会相约一起打麻将，或者参加其他活动，也会经常聚在一起，但心里彼此也有一层"隔"。

学校文化包罗万象，我们这里无力述及其他，只就群体中有代表性的文化进行描述，以期能为求解教师价值取向获得依据。在学校所有群体中，最有代表的文化类型有：

1. 领导文化："县官不如现管"

自1994年以来，J中已经换了五届领导班子，实质上不过是换了五位"一把手"校长而已，领导班子的其余成员基本是原来学校里提拔起来的。J中的领导选拔基本是上级委派和任命。除第二任校长是校内产生的之外，其余四任校长都是上级委派来的。校内产生的校长也是上级任命的，没有学校的民主选举程序。近年来也有群众选举了，但是在老师眼中都是"走过场"，"上边没人上不来"。时间久了，教师们习得了规则，每次知道一定是谁能上来，干脆做个好人就选他。J中教师的判断力极强,哪个人能被提拔或者是哪个班一定是好班,每次判断基本与事实相符。通过领导产生的方式,教师们知道无论怎么努力都"永远是个老师",那就好好做个老师吧。

由于校长都是外来的,因此要与其他领导团结才能在学校里"站住脚"。1994年的校长刚来的时候,就曾被一些老师"拒之门外"。K校长年轻,三十多岁,不太说话,人很和气,从不发脾气,会上也不多言多语,学校中原来的领导和同事都没觉得"他有什么"。因为刚来,还有些老师不太熟悉他。那天,他给一个班级送学生,班主任将校长拒之门外,"没有见到某主任的条子,决不能收人"。校长回来非常生气,给领导班子开会,会上的内容,同事们自然不得而知。但是有传闻说校长有一句经典名言:"就如打牌一样,你们能不能分清大王和二王。"有的老师说:"K校长说话咬人。"自此,校长在学校里有了地位。这位校长不同一般,虽然年轻,是上级委派来的,但是做了几件大事之后,老师们自然佩服。领导班子的团结也成为风气。

J中基本是传统组织的科层制文化。K校长在班主任那里碰了钉子之后,也学会了规则——办事要找"主管"。给班里送学生的事情由年级主任负责,无论是谁,都要找年级主任写分班条,班主任见到条子就收人,不见条子"谁来也不行"。J中的科层等级制非常明显,但这并不妨碍领导之间的合作。各个领导自有其职责和管辖范围,彼此都不越界行事,因此,没有更多利益纷争,表面保持着平和。Y主席曾经是年级主任,也就是教务副主任,性格耿直,人非常能干,每届初三中考成绩都非常好,但是始终没有提拔他,其原因为何,大家众说纷纭。但这也同时磨练了他的性格,他说:"原来我脾气不好,看不惯就愿意说,结果总是得罪人,现在我这脾气好多了,一般事情我也不吱声了。校长书记还拿咱挺当回事,有点什么事都会找咱商量。"

2. 学科组(年级组)文化:多元并存

如前所述,学科组即一个学科的族群,年级组就是一个年级的教师族群,由于学校的办公室分配,学科组有时和年级组是同一的,因此,我们这里统一用学科组代之。

J中把语文、数学和外语三门学科称为主科,将历史、地理、生物和政治四门学科称为副科，将音乐、美术、体育、微机、心理健康和劳动技术等课时要求非常少的科目称为小科。物理和化学两门课，也是中考科目，所占分数权重不如语数外，却高于政治和历史，因此也被视为主科。物理是在初中二年级开设，而化学在初中三年级开设。有时，当教师提及主科的时候，大多是指语数外，如果有物理和化学老师在场，会补充说还有物理和化学，否则似乎物理和化学就是学科族群划分的"外星人"。物理学科在初中二年级开设，对于这个学科的老师来说是个良好的时机。很多学生小学自认为学得不好的，上初中的时候还想努力往前赶，所以刚上初一时，各班学生还比较有劲头，感觉"新鲜"。到了初二，对学校的环境、自己的班主任和其他科任教师以及同学都非常熟悉了，学习的劲头也开始减弱了，甚至有的同学发现自己无论怎么努力都没有可能比班上的其他同学更好，基本失去了学习的信心。初二刚刚开设物理，对于这部分学生是个良好的契机，他们也仍然会感到"新鲜"，因此还能"热"一阵子。这对于物理老师来说，在课堂教学管理上会省很多心。而化学在初中三年级开设，初三的学生基本"懂事"了，纪律问题不用操心。针对语数外及其他科目而言，这两门课显得"来也匆匆，去也匆匆"。如此看，时间对于个体价值意识建构和文化建构确实是个重要的维度。

由于学科组涵盖不同学科族群，自然就有多种文化类型表现，因此我们这里称为多元文化并存于学科组。我们分别以主科文化、副科文化和小科文化来简单描述。

（1）"主科"文化："集训"

从学科划分中，我们能够看出，所谓主科与副科和小科的差别，无非是就课时分配和中考分数权重而言。主科的课时量大，中考分数权重高，语文、数学和外语三门课每天1课时，每周5课时，中考满分150分。而副科每周2课时，中考两科合在一起才等于主科一门课程的分数，甚至两科加一起还不如一门主科（如历史与政治）。这就是为何教师认为社会和学校不重视自己的原因，也是学生重视主科不重视副科的原因。所谓价值就是对人有用或无用，对人有用或者无用是针对人的需求而言。对于学生和家长来说，学习主科更有用，可以在中考中取得好成绩，既是证明自己的存在价值,也同时获得物质收益(公费上学)。那么,主科教师因为自己的"位置"重要,受到社会、家长、学校与学生的重视,同时担当的责任也更大,因此也就更努力去证明自己的价值。

相对于副科和小科教师而言,主科教师被认为更负责,工作奉献精神更浓厚,对课程与教学的钻研程度更高。因为课程内容多,课时量大,主科的备课量也大。因为中考所占分数权重高,教师压力也更大,他们生怕中考在自己教的这个课程上失利,似乎那样便成为"千古罪人"。这被日本学者作田启一称为"客观责任"状态。他对责任进化的历史考察之后指出,从起源上看,负责任的除了例外以外,必然都带有某种——现实的,或者至少是虚构的——意图。他把这种意图看作是"使约定的世界秩序得以运行的因子"。如果主科教师不承担起这份责任,"约定的"学校组织秩序同样会混乱,主科教师也将遭到制裁或惩罚。我们也从这里看到:对学生负责本是学校责任(作田启一称为集团责任),学校的责任承担转移由教师担负,同时维护秩序的客观责任被转移为主动承担维护的主观责任。这就涉及两个维度,即客观责任—主观责任维度(属性本位—业绩本位)与学校责任—个人责任维度(个别主义—普遍主义)。作田启一将此作为价值的两个基轴。他认为,从集团责任到个人责任的转移意味着由个别主义到普通主义的重点转移,从客观责任到主观责任的转移意味着从属性本位到业绩本位的重点转移。[①] 也就是说,一方面,个人从特定的个别关系中独立出来,成为责任的承担者;另一方面,从人是什么到人究竟做了些什么方面,责任得到追究。随着这种价值的转移,满足"结合"要件活动的学校秩序发生了变化,慢慢就出现了主科、副科和小科各自的地位和文化结构。同样的原理也适用于副科和小科,因此,在副科与小科文化里我们不再进行阐释。

因为责任发生的价值转移,主科教师备课更认真,主要表现在对教材知识的挖掘和习题训练两个方面。一方面备"要教给学生哪些知识",另一方面备"这些知识能否满足习题训练"。主科教师也经常为这些事情争论。就学科知识问题,争论的焦点是哪些知识必讲,而哪些知识可以

---

① [日] 作田启一:《价值社会学》,商务印书馆2004年版,第177页。

不讲。就习题训练而言，主要争论的是问题的答案是什么，有时针对某一个问题的答案，教师会有不同意见，为了统一答案，教师们争论不休。我经常在英语组和语文组走动，有时也参与他们的一些讨论。

表3—1　　　　　　　　学科的课时分配及中考权重

学科类型	具体学科	课时分配（周课时量）	中考分数权重
主科	语文	5	150分
	数学	5	150分
	英语	5	150分
	物理	3	80分
	化学	3	70分
副科	政治	2	50分（开卷）
	历史	2	50分（开卷）
	地理	2（初三不上）	初二结业考试
	生物	2（初三不上）	初二结业考试
小科	音乐	1（初三不上）	不参加任何毕业考试
	美术	1（初三不上）	不参加任何毕业考试
	体育	2	毕业达标测试
	微机	1（初三不上）	不参加任何毕业考试
	心理健康	0（有检查来前上一课时）	不参加任何毕业考试
	劳动技术	0（有检查来前上一课时）	不参加任何毕业考试

从教学的角度看，主科教师基本形成了"集训"文化，即"讲—考—批—讲"模式。讲即讲课本知识和课外知识。考即考老师讲过的内容，确认学生是否掌握了教师所讲内容。批即批改，包括批改作业、大卷子和小卷子。大卷子是指正式的考卷，小卷子是指教师临时指定考试内容，学生随便拿出一张纸作答。在"讲—考—批—讲"的集训模式中，批通常指批改小卷子。第二个讲字，指的是针对批改后的卷子内容讲解，将学生没有掌握的知识重新讲一遍。从初一入学开始，主科教师便以这种"讲—考—批—讲"的集训模式进行教学。因此，每天有批不完的卷子，改不完的作业，讲不完的课。很多工作班内时间干不完就拿回家做，

工作空间由学校延伸至家庭。晚上，教师将小卷子带回家，批改后，第二天早自习"抢课"（后面详述）来讲。如果早自习被其他教师占了，就要到下午自习课的时候到班上给学生讲解。反正不会留到第二天再做。这叫"跟考"，也叫"及时消化"。主科教师的办公室生活基本如此单调，即便我去搭讪，他们也是一边说话一边批改作业："你先坐啊，我把这点批完。"

（2）"副科"文化："维护职业良心"

副科的课时量小，相对于知识内容来说，课时量显得有些"捉襟见肘"。因此，副科教师也是"左右为难"，如果不讲，好像对不起想学习的学生，也对不起自己的"良心"（指应付了事违背良心）；如果讲，又觉得实在讲不完。当副科教师向学校领导表达这种尴尬时，校长说："实在讲不完就给学生划重点吧。"这更使副科教师纠结："领导都不重视，咱还重视这个破科有什么用呢?"

副科之中，历史和政治与地理和生物也不完全一样，因为历史和政治是中考科目，地理和生物是非中考科目。历史和政治老师在一个办公室，而地理和生物老师在一个办公室。在谈话时，地理和生物老师经常认为在副科中历史和政治比较受重视，而历史和政治老师觉得根本没有得到重视。四门课程的课时量相同，遇到的尴尬是相同的。唯一的不同是中考与非中考的区分。因为政治和历史在中考时开卷考试，所以学生将如何抄作为学习这两门课的要领，因此，他们所教内容与地理和生物老师所教的知识同样受到轻视。

副科教师有个共同价值倾向：他们都认为副科在培养学生的人格和责任感上有着重要的作用，不能忽视。在课堂上，他们也经常会进行道德教育。他们认为，这是他们自己在维护自己的职业良心——"当老师的就得对得起学生"。这种纠结实质上是教师自我的价值取向与学校对副科教师的价值取向的要求相悖的结果。每当我与他们聊天，总会听到这句："人家都不重视我们，我们重视自己。"

（3）"小科"文化："挣扎"与"应付"

与主科和副科相比，小科教师在学校被认为是不负责任的，也是工作积极性不高的。上课就是"应付"。小科不参加任何整体评价的考试，包括期中和期末考试。小科的考试自行进行，学生也不在意音体美的分数。劳动技术科和心理健康课只是有其名而无其实，所以根本不上课，一般也不给学生评分。微机课与音体美的课同样，由教师自行考试评分，甚至多数时候，老师根本就不考试，也不评分。

音体美的教师都觉得学校对他们不公平，甚至有的老师还发现学校的签到薄上音体美老师排在全校教师的最后。他们会经常抱怨，甚至在领导面前抱怨，向领导讨个公道。领导面对此情此景时，常常是报以微笑、洗耳恭听。小科教师就在摆脱不被重视的地位中"挣扎"，回报给组织的是"应付"教学任务。挣扎得越久，越发现没有改变的可能性，应付的态度越发严重。一位五十岁的音乐老师说："我年轻的时候，也挺认真的，我每堂上课都带琴去。我都认真备课，认真上课。上了这么多年，还不就这样，人家不认真的比我混得还好，我一想那么认真有什么用呢？"美术老师对我说："我也曾努力过呀，这里哪有我的舞台呀。"

小科的办公室文化就是聊天、谈笑和打牌。开学初，把要检查的内容都准备好，上课时间之外，基本以自娱自乐为主。

3. 班主任文化："捉住学生学习"

班主任在学校中是一个特殊群体。他们每个人都分属于一个学科，分属于一个办公室。而班主任并不在一起办公，他们平日里没有什么集团形式，但是却可以称为一个"族群"。他们共享一种文化。

从地位上看，班主任是学校中最受重视的教师。学校考勤，一般不查班主任的岗。在中考奖励上，班主任的奖励最多。遇到麻烦，学校领导会帮助班主任开脱。在平时的补助上，班主任也比普通教师多。但班主任费一直不是很高，班主任费从 2.50 元涨到现在的 200 元。这个费用对班主任的劳动付出来说，确实不多，但领导对班主任总是高看一眼，这也是大家追求做班主任的一个重要原因。与主科教师相同，地位越高越受重视，责任心越强，工作努力程度越高。因此，班主任是学校教师中最"能干"的，也是最"认干"的。地位高，意味着班主任在学校中的价值最大。

从工作量上看，班主任也是学校中工作量最大的，他们的工作要求没有底线也没有上线，他们的工作量是无止境的，每天从来到学校一直到晚上下班回家，基本上在班里。对于多久开一次家长会，或者多久找学生谈一次话，学校都没有什么规定。每天都有抓教学的领导检查，班主任总是在班级。绝大多数班主任每天跟学生守在一起，连下课时间都在班里。

从工作形式上看，各班主任是"八仙过海，各显神通"，"自己这块领地自己说了算"。绝大部分班主任的基本工作策略是"看"。他们认为，只要有老师在，学生就不能违反纪律。因此，教师必须要一直在班。下课在班，学生不敢在教室和走廊里打闹；上课在班，学生会认真听课，遵守纪律，就连科任老师留的作业，因班主任在班学生都不敢不完成。"班主任"三个字就是权力，多么纪律不好的班级，班主任上课纪律都好。

学校将厉害作为优秀班主任的或好班主任的标准。因为，只有厉害才能管住学生，即管住学生的老师是好的老师。学校假设，学生怕老师才能学习，才能听话。所以，班主任也希望学生怕自己。君君说，"我不管别的，只要我去了没声就行"（指学生安静）。事实上，确实学生对班主任所教课程更努力，成绩也更好。

(二) 学校活动文化类型分析

我们这里的活动涵盖学校生活中的各种活动，并非指第二课堂或者课外活动。按照学校中的活动类型，我们可以将其分为德育管理活动、教学活动、教学管理活动，等等。为何将德育管理活动与教学管理活动分开呢？因为德育管理活动只是几个管德育的领导的工作，而其他教师都属于教学，在课堂上的管理被教师称作教学管理，我们采用教师本土概念的划分原则，将德育管理活动与教学管理活动分开了。除了这三种类型外，还有其他活动，由于与本书关系不大，故此未提及。与此活动相对应，形成了学校中的德育文化、教学文化和管理文化类型。

1. 德育文化："完成上级交给的任务"

学校德育活动由政治处承担，主要任务是"管学生道德思想品质教育和组织一些有益学生思想健康发展的活动"。管理学生道德思想品质的工作，在J中表现为每天的常规检查。我们将在管理文化中详细阐述。"组织一些有益学生思想健康发展的活动"主要指完成上级交给的任务。

例如，教育局宣传科和市里宣传部要求学校每个月开一次班会，并确定了班会的题目，届时会有领导来督导检查，并且检查活动的过程和资料，如班会教案和记录等。

学校德育活动非常丰富，除班会外，还有看电影、组织运动会、每星期一升旗仪式、道德标兵推荐、组织演讲比赛、评选三好学生和优秀干部，等等。这些任务都是上级分配下来的，政治处贯彻执行就行。这些任务最终还要落到班主任的肩上，上报的各种表格和记录都要班主任填写，各种活动也要班主任组织。这些活动被视为任务，因此成为班主任的负担，也被班主任和教学领导们视为干扰教学。从政治处的领导到班里的学生，都将这些活动作为完成上级交给的任务来做，因此效果以领导满意为标准。主抓团工作的伟伟老师对此也感到很无奈和为难。

2. 教学文化：常规课堂和非常规课堂

在J中，说到教学，教师就想到上课。J中教学工作分为两部分：一部分是常规课堂，即每天都要按照教学计划执行的课堂教学；另一部分是非常规课堂，即"各种课"，包括优秀课、示范课、公开课、观摩课、竞赛课、检查课（三分之一过关），等等。

非常规课即不定期上的课。学校里每年都会有一些展示教师教学技能和水平的课。其中，每个学期都要举行的是公开课。公开课就是面向全校教师公开的课堂，学校没有课的老师可以来听课。学校规定，每个学期每个教师必须听课15节以上。公开课是教师的"听课季"，有领导会记录哪些教师来听课了，对经常来听课的教师进行口头表扬。公开课的类型包括：优秀课、示范课和观摩课。每个学期每一位老师要上一节公开课，学校会规定哪些老师上优秀课、示范课和观摩课。学期初，教师报计划，教务处统一安排后公布。除了这些公开课之外，上级教育主管部门也会不定期举行一些竞赛课。竞赛课有不同级别的，竞赛成绩好的教师会颁发证书，有时有微薄的奖金，大部分是没有物质奖励的。这些证书在教师评职称的时候可以用。因此，前些年教师们都挖空心思弄这些证书，最近几年不需要评职称了，所以老师们讲竞赛课的劲头也不如从前。

非常规课还有检查课。教委督导科每年组织检查一次，除了听课外，还看一些文案材料，如教师的教案，作业批改记录等。同时，督导检查也要对学校的其他方面进行检查。我们这里就不去提及其他了。可以这样说，非常规课主要是"对外"，做得好不好的标准看外部评价。教学设计是依据学校和上级教育管理部门的创新要求。而对于学生，他们只是设计过程中的依据而已，更多的时候这些课可能要在班里反复讲，"才能拿到台面上"。这种正式场合，学生都不会捣乱，积极配合教师。非常规课既然是"给人看的课"，就重在"好看"，教师会设计丰富的活动，学生也非常活跃，即"热热闹闹"的，"摆花架子"，"不实在"。

如果说非常规课是"对外"，那么常规课就是"对内"了。常规课就是"平常的课"。"平常的课"即不摆花架子的、不热闹的课，是"实在的课"。实在的课就讲实在的内容，依据教师对教学和学科的理解设计课程和教学环节。一般情况下，教师就是把要讲的知识讲清楚，然后就是大量的习题训练。没人来听课，学生也不一定那么听话，不一定那么守纪律。教师一边讲课，一边监控课堂纪律。平常的课教师导入经常是开门见山，或者检查上节课的内容是否掌握了，这节课要学什么，直接讲解，或者以提问的形式引起学生思考再讲解。总之以"实在"为主要特征。常规课"对内"的另外一个含义是内部评价，即"学生成绩说话"。常规课堂效果主要看考试成绩，因此，"完成教学任务"是常规教学中必须遵守的准则，否则跟不上进度，考试时学生回答不上试卷的问题，教师无法承受这种压力，因此教师"拼命也要把课讲完"。配合教师完成教学任务的学生是教师喜欢的，也是教师合作的对象。否则，学生将被教师置之于教学之外，或者罚站，或者赶到教室外站着，等到老师把课讲完，再来处理这个学生的问题。

3. 管理文化："看"与"罚"

这里的管理文化是指学校的前勤工作管理，不包括后勤管理。学校的前勤管理包括"两块"：一是德育的常规管理，二是教学的常规管理。德育的常规管理由政治处负责，主要针对学生（班级）。教学的常规管理由教务处负责，既包括学生也包括教师。

（1）德育的常规管理："罚"

德育的常规管理内容包括卫生和纪律检查两方面。每个班级派一名学生干部组成政治处的学生值周检查小组（值周学生）。值周学生在每天早自习、中午上课前、下午自习三个时段对各个班级的卫生和纪律进行检查。每个班级以一百分为满分，对违反规定的给予扣分处理。检查的结果在第二周周一的升旗仪式上（或间操时间）公布，并依据检查结果评选出红旗班（奖励红旗）。对纪律的检查包括教室内的秩序、学生安静程度、学生名签佩戴情况、学生的不良行为（骂人、打闹等）。每周还有名签抽查，名签佩戴少一人次扣一分，其他行为酌情扣分，对骂人打闹等现象视情节轻重扣分，并给予批评。卫生检查包括室内和室外两部分。每个班级都有室外卫生责任区。室外主要检查班级承包的卫生责任区。室内检查讲桌、地面和黑板是否干净，物品摆放是否整洁，走廊卫生是否符合标准等。不整洁的话按程度扣分，具体标准在学校文件中未规定。

除每天三次的常规检查外，每天下课时间都有值周生和值班领导在走廊上监督，检查是否有打闹、骂人等违纪现象。时间长了，学生就会看着值周生和领导，背地里打闹。

除掉扣分之外，如果有学生做好事，也会酌情给班级加分，例如，学生捡到名签送到政治处一次给班级加二分。有的调皮学生故意把另外一个学生的名签拿着送到政治处说捡到的，政治处表扬并给班级加分。

德育常规管理的评价作为年终班级评比和奖励的一个依据，因此，班主任更在意检查，尽管有时不满，发两句牢骚，仍然会每天比值周生检查得还早，尽量做到不扣分。如果哪个学生违反纪律扣分了，班主任会严厉批评这个学生。

（2）教学的常规管理："看"

教学常规管理包括两部分：一是教师的常规管理，二是学生的常规管理，主要针对课堂教学。对教师的常规管理主要是定期检查教案和作业批改记录等，对每天教师到岗的情况进行检查，检查只公布结果，不做任何处罚。前些年，学校有全勤奖，检查得严格一些，近几年没有全勤奖励了，检查也相对宽松一些。对教师检查的另一方面是教师的上课情况。领导每天会到各个班级检查，检查教师是否按时上课，是否按时下课，上课时纪律好坏等。年级教学领导定期开会，会提及检查到的不良现象，但是不会公布是哪位教师，有时领导可能背地里找这位教师谈话。

教学上，对学生的常规管理主要关注上课和下课的纪律。纪律被 J 中领导和老师视为学习的保证。纪律不好学习就不会好。其实，对学生的检查一半是针对教师的，哪个教师连纪律都管不住，就会被看作"很差"。纪律好坏的标准是安静程度，越安静的课堂越是好的课堂，这个老师就越厉害，也就越有"水平"。

教学常规管理的各项检查没有扣分，只作感性评价的依据。教学常规管理与德育常规管理是"搅在一起的"，因此应对这些检查的唯一办法就是教师"坐班"（坐在班级里看着学生）。教学管理检查的特点是"看"，而德育管理检查的特点是"罚"。无论哪个部门管理，都是通过对学生的检查评价教师。因此，学生成为教师价值实现的重要因素。好学生受宠是理所当然之事。

二 J 中学学校文化层次分析

文化可以分成不同的层次。"层次"是指对观察者而言文化现象的外显程度。吴浩明借用斯肯的文化层次架构将教师文化分为三层。第一层是最显性的文化层次，体现在文化创造物及创造方面，主要指教师的教学方法、工作方式和教师继续教育等方面，可以通过观察获得。第二层次是价值，主要体现在成员共享的价值观上，主要表现为教学理念、交流分享和专业自主等方面，可以在客观环境或从教师的共识中测试到。第三层次是最隐蔽的层次，表现为基本假设。任何一种文化的背后都隐藏着一些基本假设。这些基本假设是指文化共同体成员认为理所当然、毋庸置疑、不可争辩的东西，是潜在的、不易察觉的、无意识的，主要表现为教师在谁主命运沉浮、求同性、社会意识形态和对知识能力的信心四个方面的假设。[①] 埃德加·沙因认为，组织文化的层次分析主要包括人工饰物、信奉的信念和价值观以及基本假设。基于上述理论，我们将学校文化中外显的行为和人工饰物合在一起讨论，将中间层次的教师信念和价值观放在一起讨论（见图 3—2）。

[①] 吴浩明:《香港与大陆教师文化差异研究》,《华东师范大学学报》（教育科学版）2002 年第 1 期。

基于上述的文化层次观，我们试图分析学校文化结构的具体内涵。

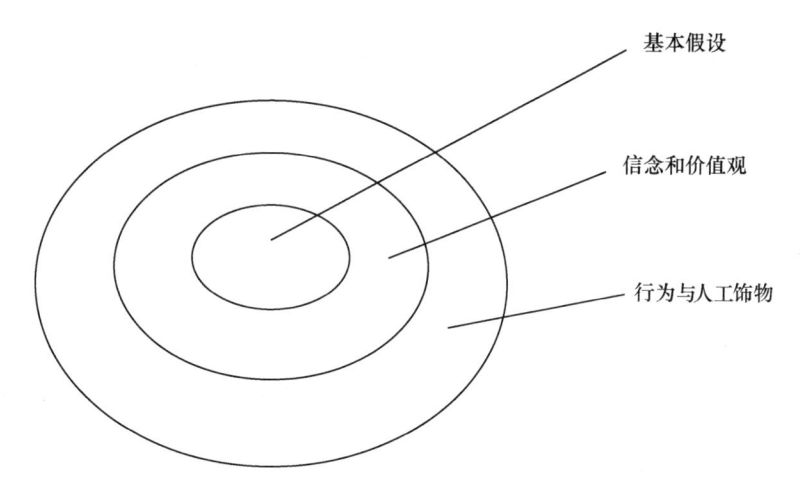

图 3—2 学校文化层次

表 3—2 学校文化结构的具体内涵

层次	基本成分	具体内涵
行为与人工饰物	显性成分	学校环境的布置；空间分配；仪式；典礼；标语或口号；教师的着装；行事方式；语言与表达方式；情绪与表达；习惯；与他人的互动；教学方法；教学成果；人文方面的创造；团队的神话与故事；等等
信念和价值观	灰色地带	关于学校整体发展的价值观和信念；关于教师自我角色的价值观和信念；关于课程与教学的价值观和信念；关于科研的价值观和信念；关于管理的价值观和信念；关于教学方法、教学过程的价值观和信念……
基本假设	隐性成分	创造物与价值的终级来源：教师团体关于时间、空间、真理、人性、人类关系与活动等方面想当然的假定

学校文化划分层次是为了更好说明文化的内隐性和共享性，说明文化是"基于经验的抽象概念"。行为与人工饰物层是学校文化的表层，是教师的"经验层"，这些经验不断地重复，每次经历都获得成功，这些经验就深入一层成为教师信念和价值观，当这些信念和价值观在教师实践中重复之后，就成为自动化的、无意识的、理所当然的基本假设。基本假设是学校文化中最隐性的部分，很难观察到，也很难被教师意识到，成为教师"实践理论"的理所当然的依据，也是教师行事方式的"行动理论"（舍恩将指导人们行动的理论称为实践理论或行动理论）。"基本假设"就是"人工饰物层"背后的意义。我们通过对教师行为与人工饰物的描述，揭示指导教师行动的信念和价值观，并抵达教师共享的文化基本假设。

（一）行为与人工饰物层

行为与人工饰物层包括教师的一贯行为及其创造物。教师的一贯行为中蕴含着教师的一贯性价值体系，教师的创造物中蕴含着教师的价值取向。具体包括：学校环境的布置、空间分配、仪式、典礼、标语或口号、教师的着装、行事方式、语言与表达方式、情绪与表达、习惯、与他人的互动、教学方法、教学成果、人文方面的创造、团队的神话与故事，等等。

J中学建筑面积11848平米，正对着学校大门有前后两栋教学楼，每栋教学楼都有5层。前楼1998年左右建成使用，呈飞机形状，据说设计时预示着该市的腾飞，因此将其设计成飞机样式。"机头"是二层楼，是学校领导和行政人员及安全保卫人员的办公室。机身与两翼直接相连构成前楼的主体，是初一、初二学生的教室。两翼的翼尾是初一、初二教师的办公室。从空间分配上看，教师在"被遗忘的角落"里办公，非常冷清，尤其是冬天，办公室非常冷，班主任都躲到教室里取暖，剩下几个科任教师在办公室都得穿棉袄，这完全不符合北方的习惯。办公室都是三角形，因此，每个办公室的布局基本相同。教师的办公桌一字形排开，两张桌子相对，非常紧密。前面已经介绍了办公室分配，这里不再赘述。

后楼比前楼建得晚，大约在2001年左右建成使用。后楼是初三年级的所有相关人员办公和教学的场所。后楼设计时没有专门的办公室，只设计了领导办公室和实验室。因此，将三楼的教室全部改为教师办公室。教师的办公室空间很大，但是由于人多，却显得空间很狭窄。初三的办公室也都是一字形桌子排开，两张办公桌相对。进入办公室，首先映入眼帘的是一摞摞的作业本和一打打的考试卷，以及埋头改卷子的老师。每次去办公室，总是让我感受到一种愧疚，看着教师忙碌的工作，一边心疼，一边又要打扰，虽然不忍，必须这样，这种矛盾的心理总是让我感受到研究的那种苦涩，也让我感受到研究的必要。

从一间办公室到另一间办公室要经过一个长长的走廊，也就是要经过一间间教室。我经常慢慢在走廊里驻足观察教室的情况。每一节课，主管教学的副校长和教务主任都会巡视一遍。在我做中学教师时，也经常这样被领导看着，其实那时我也看着领导。领导检查过了，我就自由上课了，否则如果上课学生很活跃，领导在窗外看到的景象就是"乱"。看到他们，我仿佛又回到从前。这样被看的感觉如何呢？教师们说这样检查有个好处，就是学生也不敢捣乱。我明白了，原来他们是用领导检查来"压制"学生。偶尔，有的老师把学生赶出教室，正赶上领导来了，直接交给领导自己回班级接着上课。

班级人较多，教室里显得很拥挤。有的班级，学生课桌紧挨着讲台，教师上课时可以伸手够得着第二桌的学生。因为拥挤，教师很难走下去，后面坐着的学生就可以随意一些。领导检查一般从后门看教室里，这些学生上课就看着后门，看到领导来了就收敛，检查过后就"自由"了。我在一旁看着，似乎觉得学生实际上在跟教师"做游戏"，躲过了领导检查的"一劫"就是"胜利"，显示"智慧"。我观察了几个班级，教师上课的"架势"非常相似：始终在讲台上走动，基本以讲为主，兼有提问，提问一般在课前复习和新课过后的练习巩固之时。教学中没有其他形式，教师认为这样的课才"实在"。走廊里每个班的墙上，都张贴了一些学生的作文、书法等作品。我了解到，这是他们前任德育校长号召做的文化墙，作为学校文化建设的一部分内容。

虽然前楼与后楼很近，但是教师交往很少。在平房时，不同学科组的教师会经常"串门"，隔壁办公室也会"走动走动"，那时候科任教师与班主任之间交往更频繁些，办公室离得很近，非常方便。现在教师的办公室距离很远，且工作任务繁重，教师之间的交往越来越少。小科教师在下班后经常会聚在一起打打牌，而主科教师常常将工作任务带回家，平时基本没有时间娱乐。偶尔周末也会聚聚，一方面为了放松，一方面也沟通感情。交往频繁的还是同学科组的教师。原来学校里从来不要求教师守在自己办公室备课，现在学校领导会强调这一点，这也是教师不愿到其他办公室交流的一个原因。华华有一次到另外一个办公室办事，说完正事正要走时，被校长检查撞见了，校长没批评她，她自己却觉得不好意思。我在学校里也有这个感觉，好像自己的天地就是办公室那么大。为了我的研究方便，领导专门为我安排了办公室，在前楼实验室旁边一个闲置的小房间。虽然每天有那么多老师与学生要从我门前经过，偶尔也会有教师和学生向里张望一下，但是我感觉与学校里的其他人和物隔得很远。组织文化学大师沙因认为，研究者的感觉非常重要。这也是质的研究将研究者置于研究工具的一个方面。我与教师渐渐熟悉的时候，我就到语文3组和英语1组的办公室分别坐了两天，同他们一起办公，帮助他们批改作业，主要是验证我的感觉。感觉是同样的，我看到的都是大家埋头批改或者到班上辅导。到了下午，七八节课，学生的自习课时间，英语1组的老师都去班里辅导了，办公室剩下我一个人。

　　学校每两三年秋季召开一次全校运动会。各班都会积极准备，运动会上会评出各种奖项，除了运动会的竞赛奖之外，还设有精神文明奖、纪律奖、新闻报道奖等若干。竞赛奖一般每个年级组设有一等奖一名，二等奖两名，三等奖三名。运动会结束后发现，各班基本都有奖项，每个班都能派学生到领奖台领一次奖。学校中凡是各种奖励，都会考虑到"平衡"。除运动会外，学校里平时基本没有什么大型活动。

　　每天的常规活动是眼保健操和课间操。每天第二节课下课是眼保健操和课间操时间。学校政治处会派值周生到各班检查。学校里非常重视这两操，但是似乎班主任和学生都不热衷，有些班主任会强调两操的好处，有的班主任甚至在学生眼保健操时也要布置习题，更多的时候学生的眼保健操比课间操要认真些。课间操时前面的学生做得比较认真，后面的学生通常不认真做，只是装装样子比划两下。当学生特别不认真的时候，政治处主任会在广播点名哪个班级的哪几个学生没有认真做操，学生又会认真点。

初三与初一、初二的作息时间不同，初一、初二没有早晚自习，而初三既有早自习，也有晚自习。早自习七点上课，晚自习有两节课，在班内第七、第八节课的自习时间也安排了课程。因此初三的"自习"三个时段，实际上都是学校统一安排了教师上课的。学生没有"纯自习"时间。也就是从早自习开始到晚自习结束，每天11节课，都有老师讲课。因为备战中考，初三学习任务很重，初三上学期要将初三全年的内容学完，在第二学期进入全面复习，到五月时已经进入了全面模拟阶段。在初三第二学期有三次"摸底"考试，一般安排在三月底、四月底和五月底三个时间，我没有赶上他们摸底考试的时间，很遗憾不能现场感受紧张状态。一般情况，在每次摸底考试后都会召开一次家长会，目的是：一方面向家长汇报考试成绩，另一方面也希望家长能够积极配合，在家"看好"孩子的学习。除此之外，每年初三第二学期要召开一次全校性的家长会，通常安排在第一次摸底考试后，他们称之为"百日会战"，意思是用最后这一百天取得决战的胜利。百日会战之时起，每个教室的黑板左上角或者右上角都醒目地写着中考倒计时的时间，兼有班级用更醒目的办法，即在黑板的上边悬挂着用颜色设计的倒计时牌。且每天教师都要强调倒计时，增加学生的紧迫感。

初一、初二的学生早上七点到校上早自习，每天晚上四点半或者五点放学。冬季中午午休一个小时，晚上四点半放学；夏季中午午休一个半小时，晚上五点放学。平均每个班级每天有6节正课，两节自习课。"正课"是针对辅导课和自习课而言，按照课程标准规定的课时上的课，即"正课"。初一、初二的所有自习时间，学校一般不安排科任教师辅导。通常情况下，班主任会在学生上早自习前到校，看着学生早自习，并组织课代表收作业。有时候也有科任教师会早点来给学生辅导。通常情况下，哪个任课教师赶上第一节正课，都会早点来，利用早自习时间给学生辅导，或者出题小考。第七节课和第八节课，各班通常都是自习课，语文、数学和英语等主科老师基本都会下班辅导，尤其是英语老师，辅导次数最多。当我问及他们如何看待学生的自习课时。他们回答："按照道理，自习课就应该给学生自习，让学生自己安排。但是不行啊，我们现在换新教材了，跟以前不一样了，讲不完。你不讲到位，学生也不会呀。现在初一开始很多学生都跟不上，就得辅导。"班主任老师通常都由语文、数学和英语等主科老师担任，因此，他们不在自己班辅导就要到另一个班上辅导。

　　无论初一、初二还是初三，班主任基本"坐班"。"坐班"就是坐在班级里看着学生。学校以前曾经规定过班主任要坐班，现在没有规定，但是所有的班主任都会去坐班。我问他们，学校没有规定为什么一定要到班上坐着呢？并与他们讨论了坐班的问题。班主任一致回答："不在班上不放心。"他们已经习惯了坐班，坐在班里，学生就在老师的"眼皮子底下"，都得"听话"。

　　因为办公室相隔较远，学校也曾经规定"教师不能乱串办公室"，再加上时间紧，教学任务重，校内教师交往不多。但是，教师交往中有一种规则：平衡辅导时间。通常情况下，学校里的主科老师一般都是教两个班。如果是科任教师，无论两个班的情况怎么样，要是给A班辅导了一节课，一定要去给B班辅导一节课。如果组里的其他老师都经常去班上辅导，那么自己也会主动去辅导，哪怕教师个人认为没有必要辅导。如果是班主任，且是两个"搭班"的，即A班班主任教B班语文，B班班主任教A班英语，那么，两者通常是换班辅导，即A班主任给B班辅导，B班主任给A班辅导。在学校里，每天看到的就是教师上课，无论什么时候，教室里都有老师在讲课。

　　学校里还有一些平常事，碍于篇幅和研究的内容，不再罗列。

　　（二）教师信念和价值观层

　　信念和价值观本来是两个不同的概念。因为它们都是通过考察，与教师交谈能够解释的，所以沙因将二者放在一起讨论，我们采用了沙因的划分方式，不去刻意区分二者。我们在第二章中已经讨论了教师的价值观和信念。不论价值观还是信念，均是教师用以界定什么事（物）是好的，什么事（物）是不好的，"什么是对的或错的，什么会起作用或什么不会起作用"的标准，是教师心目中所向往的或认为"应该怎样"的反映，是教师对教学目标、教学设计、课程与教学、教师情感等半隐半显的判断标准。

J中教师的信念和价值观是以学校发展为核心的,我们主要考察了教师关于学校整体发展、自我角色、课程与教学、科研、管理、教学方法与过程以及学生等方面的信念和价值观。为了清晰描述J中教师的价值观和信念,我们采用列单形式表达(见表3—3)。

表3—3　　　　　　　　J中教师的价值观和信念概论

类型	内容
关于学校整体发展的价值观和信念	考试成绩是学校发展的生命力;学校应该为教师提供更多的便利条件;学校应该为教师提高待遇;国家应该重视学校,给学校更多的自由。
关于教师自我角色的价值观和信念	教师就应该管住学生;教师应该有更多的学习机会;教师应该受到社会尊重;教师也是人,也要有七情六欲,也需要学校关心;教师的职业是一种良心的职业,不认真备课和上课,对不住良心。
关于课程与教学的价值观和信念	课程就是教的知识,教学就是怎么把知识教会;现在的教材知识不系统,所以编得不好;学校应该开设利于学生发展的课程;教学应该信息化;教学应该有更多的自由空间;教学应该呈现多样化,不应该模式化。
关于科研的价值观和信念	教师不应该做科研,而应该主要搞好教学;科研应该是搞理论的那些人研究;学校里的科研形式化,没有实质内容;教师本来没有搞科研的理论高度;教师没有时间和精力搞科研;科研纯是浪费财力和人力。
关于管理的价值观和信念	管理就是保证教学的顺利进行;管理就是管好秩序,纪律是管理的重要内容;管理应该严格;学生没有自主,必须依靠严格管理。
关于教学方法、教学过程的价值观和信念	教学方法非常重要;教师没有更多的方法,还需要学习;面对实际,学习的教学方法有时用不上;教学过程是师生共同活动的过程,但是面对考试压力,常常是满堂灌;教学中学生主动性最重要。
关于学生的价值观和信念	学生学习不主动;学生不配合老师;学生需要控制和严格;学生先天是有差异的,且后天难以弥补;学生的家庭教育不过关;学生无情无义;学生一届不如一届;学生能说谎;

(三)基本假设层

教师的基本假设是教师文化中内隐的方面,是人工饰物和价值取向的终极来源,有力地塑造着教师的行为,被认为是引领教师预设性行为的想当然的"观点和价值观体系"。谢翌等①根据人类文化的基本假设，指出教师文化假设有6个维度（见表3—4）。

表3—4　　　　教师文化假设的基本类型及主要内容

假设的类型	教师假设的主要内容
关于真理与真相	定义何者为真何者为假；真理的判断标准；真理是客观的还是主观的
关于时间	过去取向/现在取向/未来取向；因果关系；周期性
关于空间	空间如何定位与分配；空间对师生的象征意义；空间在彰显关系方面的意义
关于人性	人性的真善美判断；可塑性/一成不变的；有缺陷的还是完美的
关于人类活动	人是主动的还是被动的；教师与周遭环境的关系；工作于闲暇的界定
关于人类关系	权威、权力与地位的问题；资源分配问题；教师与教师、行政、学生、家长以及社区之间的关系；个体与集体的关系；教师与其他职业者的区分；个人身份认同等各方面共享的基本假定

资料来源：谢翌、张释元《教师文化论》。

基于上述教师文化假设的维度，我们重点讨论教师关于学校发展、教师自我角色、学生发展、学校变革等方面的基本假设。

1. 关于学校发展的基本假设

假设学校发展是学校领导的责任，与教师本人无关。大部分教师认为，自己上好自己的课，教好自己的学生，其余的事情不应该是教师做的事。学校发展是校长应该考虑的事情，而不应该是教师的责任。同时，校长也认为，校长对学校发展和规划具有不可推卸的责任，教师参与的主动性不高。

假设学校的事情都是校长说了算，校长负责制，教师毫无权力。很多时候，在学校里能够听到这样的话：校长给我们买台电脑吧，校长给我们放几天假吧，……有教师向我透漏：每年分班时，都有教师托关系找校长要好学生和好的科任教师。的确，J中分班没有教师代表参与，也

---

① 谢翌、张释元：《教师文化论》，中国社会科学出版社2012年版，第46页。

没有学生考试成绩，领导找个地方"禁闭"一天就把班分好了。

假设学校发展就是学校占地面积的扩大，学生数量的增多，学校设备的更新，升学率的提高，获奖人数增多等数量与外延上的发展。在谈到学校发展时，教师很少提及教师专业发展、校长领导力提升等内涵上的发展。

假设学校发展依赖于上级教育管理部门重视、政府拨款等外部力量支持，而忽视了学校教师的责任和权力，以及学校中内在力量。

假设考试成绩是学校发展的生命力，学校应该大力抓中考。大部分教师将考试质量等同于教育质量。多年在 J 中担任领导的工会主席给我介绍学校发展历程时，反复强调中考成绩，并且自豪地表示学校质量上去了就什么都上去了。当我追问他对教学质量如何理解时，他表示考试成绩是衡量学校质量最重要的指标。

2. 关于教师自我角色的基本假设

假设管不住学生的老师一定没有本事，也不会把课上好。厉害是教师们比较认同的，"严师出高徒"是教师遵循的为师之道。课堂教学更强调纪律，强调教师的权威角色。教师是拥有正确答案的人。对于学生而言，教师公布的答案是可信的，不容置疑。

假设教师的个体经验具有普适性。只要听教师的话，考试一定会取得好成绩。如果学生没有拿到好的成绩，一定是学习不努力，而与教师教的无关。遇到学生的反教育行为时，教师也总是在学生身上找原因，而不是反思自己的教学行为的合理性和科学性。玲玲老师被告到市委，市委责令教委调查此事。玲玲不但不反思自己的教育行为是否恰当，反而认为这个家长不应该去上告，是家长"事多"。

假设教师专业学习就是听优秀教师的课。当我问到学校里教师专业学习的情况时，校长说："有啊，我们老师总出去学习。前几天还到长春去听课了呢。"当我向教师了解是否有业务学习的情况时，老师的回答与校长相同。他们都认为，教师学习就是派出去听课，尤其是听优秀教师的课。

假设集体利益是最高价值，个人必须无条件地服从集体利益。校长是学校集体利益的最高代表，教师必须服从领导的安排，无条件地执行学校的规定。

假设教育体制是束缚教师开放性和创造性的。在提到学校变革时，教师都认为，现在的教育体制使得学校的改革无法进行。教育体制限制了学校的潜能发挥，也限制了教师的创造性。

3. 关于学生的基本假设

假设学生的问题都来自学生本人，而与学校教育和教师无关。一位五十多岁的语文老师一直强调，"学生顽劣，家长护短"，他没有对自己的授课方式和教育方法做反思。而其他教师与他一样，似乎我是法官一样，向我控诉家长的种种"罪恶"和学生的种种"恶行"。

假设学生的最高利益就是考试成绩。教师认为，只要帮助学生考出好成绩，就是学生最大的利益，给了学生最大的幸福。因此，教师单方面地强加和压制学生学习。教师把帮助学生学习当做负责任的表现。

假设当下的学生在个人品行、行为方式、个性特征以及外在行为方式和习惯都是不好的。所有的教师，包括学校领导，都认为"现在学生难管"，对教育失去信心，对学生失望。事实上，教师只是用过去的标准来评价今天的学生，并非是学生真的糟透了。

假设有好生源才能有好教师、好学校。J中在起步时的一个措施就是"挖好生源"，这项措施取得了成功，给学校带来了发展，这也就固定为教师共享的假设之一。从本质上，学生虽然是教学中一个重要的要素，但是真正好的学校应该是具有良好的师资和学习氛围，充分调动学校成员的热情和期望，形成促进每一位师生持续增能和发展的机制。

4. 关于家长的基本假设

假设家长对孩子的期望就是考出好成绩，而且这是家长唯一的期望。这与假设考试成绩是学生的最高利益相一致。基于这一假设，教师不断强调中考这一目标，并将这种个人信念以各种方式传达给学生和家长。家长希望孩子在学校学习好，这是肯定的，但并非是唯一的。他们更希望孩子能够健康地成长，更希望孩子在学校里生活得快乐和幸福。教师却将这些推回给家长，希望家长在家教育孩子养成良好的生活习惯和具备良好的品质。

假设家长的素质可以遗传给孩子，好学生的家长都是好的，学习不好学生的家长都是不好的。"你可以品着,学习不好学生的家长素质就是差。"班主任在交流时表达的个人经验,这是通过他们的观察总结出的经验。

假设家长都是反教育的,或者是不懂教育的。

5. 关于学校变革的基本假设

假设办学条件是学校变革的前提条件,如果学校的条件不改善,教学改革就施行不了。一提到改革,教师就会提到学校条件不够好,比如学校没有多媒体上课,没有办法改革。

假设教师素质提高后才能进行改革,假设教师观念陈旧,只有老教师,等这些老教师退休回家,改革才能更好地进行。

假设改革就是创造一套教学模式,提出一个新理念。学校挖空心思搞创新,新来一任校长提出一个新的理念。

假设改革是危险的,教师如果彻底进入改革就将要面临危险。

假设改革是可以照搬他人做法的。校领导经常出去考察,向一些知名学校学习,杜郎口经验传遍中国大地,有些学校也学习杜郎口改造教室。

第三节　J 中学学校文化特征解读

上述对 J 中学学校发展历史的回顾以及对学校文化体系的分析,目的是呈现 J 中学校文化形成的过程和根源。从整体上看,J 中教师以中考取得好成绩为价值目标,在教学过程中有各种不同的取向。为了更好地理解教师价值取向问题,我们简要概括 J 中学校文化。J 中学校文化具有以下几个特点:

一 "认干"

"认干"是"挂在 J 中学领导和教师嘴上"的词,用来描述教师勤奋、敬业、努力工作的精神,是一个综合性含义的本土概念,很难用一个词来替代它。在 J 中,"认干"就是"认干",没什么可说的,也是这个组织生成的缄默知识。一般来讲,具有褒奖的含义。要是夸奖某某老师，他们经常会说："某某老师是真认干！"但这种褒奖随着时代的发展，随着教师们的学习以及对教育的经验和认识的不断提升，其含义也发生微小变化。尤其是新课程改革后，各种培训和校际交流的活动逐渐增多，教师们也逐步在提高认识。这时，他们觉得"只认干还不行，还得有方法"。此后，认干有时也含有一点隐含的贬义，说明这个老师方法不多，"靠汗水出成果"，管学生使用"蛮力"。但总之，认干在 J 中是被认可的。

认干，也是 J 中教师在描述学校教师的整体面貌和特点时使用的词。一位外语老师告诉我："咱们学校老师就是认干，没有啥方法。真能吃苦，起早贪黑的，跟学生在一起摸爬滚打，学校这些年发展挺快也是靠这个（认干），要是不认干，J 中也没有今天。"

一个偶然的机会认识几个 J 中学生家长，闲聊之际，他们评价 J 中老师也用了这个词："J 中老师就是负责任，非常认干，敬业。老师整天跟学生在一起，每天比我儿子去的都早。"

"认"就是"愿意"的意思，"干"就是干活，认干就是"愿意干活""积极肯干"的意思。因此，"认干"也含有任劳任怨的意思。这里含有高度的责任感和事业心。我在这里强调的是教师的责任心不等于教师的激情和热情。J 中教师工作的积极性高，但他们却不承认自己对教育还存有当年参加工作时的激情和热情，他们认为自己只是"为了良心工作而已"，得"对得起孩子和家长"。

在 J 中，不同人使用"认干"时意义不同，但其在教学上的基本表现包括：总体上看"摸爬滚打"，从时间上看——"磨"，从课程安排上看——"抢课"，从上课状态上看——"撞车"。虽然我一直是秉持"文化是整体的"观点，但无奈在叙述上还要分开来说。

◇ "摸爬滚打"

从总体上看，J 中教师跟学生"摸爬滚打"。为什么用这样一个词来描述呢？老师们的解释是"跟学生整天厮守在一起，起早贪黑，披星戴月，一起奋斗"。我在 J 中的那些日子和这些日子都亲自感受到了"摸爬滚打"的真正意蕴。

J 中教师早上七点半上班，我每天早上是七点二十到学校，学校里已经安安静静，"各班各就各位了"。虽然不再像以前一样听到朗朗读书声，

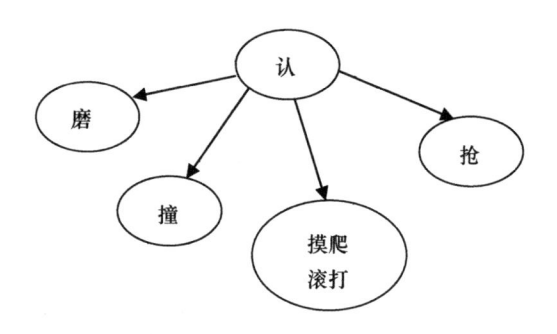

图3—3　J中教师"认干"文化

却仍然看到有条不紊的学习状态。每个班主任早已守在班上,有的班级有科任教师上课,班主任就偷偷地扒窗户看,看看哪些学生没有认真听课。当学生看到班主任在窗外的时候,也就必须认真听课了。我依稀记得以前大家也是这样,那时由于我身在其中,从未对此有过敏感性,这次我就抓住这个班主任打破沙锅问到底。

访谈资料

我:您经常这样看吗?

艳艳:呵呵,你说不看咋整,你不看着,就有学生溜号不听,看着点就多学点。咱当班主任不就是这样啊,良心账,咱们做到了,哪怕他们学不好,家长也说不出啥来,学生自己也怪不得老师。

我:您这样看着,觉得效果好些,对吧?您觉得对学生有哪些影响呢?

艳艳:现在学生习惯不好,你看着他就干点活,你不看着他们就玩,不懂事,孩子小,没有别的办法,老师就得费点心,谁让咱干班主任呢,咱干了就不能误人子弟。其实有时候也挺烦的,觉得每天这样有啥意思呢?不过干过来了,看到学生都考出去了,有的回来看你,还说老师你忘了,那时候你总在窗户外边看着我们,现在想想真的挺感谢您的。听学生这么一说,哎,想想那些累也就不是啥了。

不只是艳艳这样，所有的班主任都是这样做的。他们已经这样做了多年，觉得收效还不错。的确，我在办公室里基本见不到班主任，班主任基本上都是围着班级转的。有的教师除了上课外，整天坐在教室里，连中午都不回办公室，吃了饭直接去班级。每年中考结束后，初三班主任几乎都会生病，他们说："这股毒火一下子都出来了，你说也真奇怪，你看干的时候还真没事，一闲下来，这事就来了。"

对于科任教师来说，摸爬滚打的意思"跟学生一起轱辘"，主要表现在"磨"和"抢课"上。从初一到初三，语文、数学、外语三科主科教师基本上每天出题考试，每天晚上拿回家里批改，第二天早上自习来讲评。只要学习了新课，就会马上出题考试，检验学生学的情况。

如前所述，在学校发展的历程中，挖掘了"好生源"才有J中学的崛起，当时对这些"好生源"的家长承诺的是分好坏班，好班配备好的科任教师，差班当然配备差的教师。虽然并不是绝对这样，但此后逐渐形成了班主任挑科任的风气。"哪个班主任也不愿意要不负责任的科任教师"，因此，科任教师也在默默地"比"。

认干还有比着干的意思。J中教师一个比一个勤奋，你来得早，她来得更早，班主任和主科教师根本不用领导检查出勤，学生到校班主任就到学校了。主科教师都会早点来抢着多上几分钟的课，有的教师喜欢上第一节课，就是能够早点上，"多抢十分钟是十分钟"。自习课不用学校安排教师给学生辅导，主科教师都会抢着下班辅导。有的教师连下课时间都要抢。例如，有的教师在第三节课上课，她在第二节课下课就已经到了班上，利用学生下课休息把下节课的内容提前写在黑板上，学生看见老师在黑板上写，大部分就不出教室了，也拿出笔来抄写或者计算，这样，上课铃声一响，老师已经开始讲课了。课前的热身就在这课间十分钟。

在我描述的过程中，小科教师和副科教师是缺席的。在J中学，很少提到小科教师和副科教师，不是他们没有故事，而是中考考试没有他们的席位，因此，他们也不需要如此认干。对于副科教师和小科教师来说，他们的认干表现在课堂上。小科教师经常被认为是不负责任的，而副科教师则因人而异。副科教师中也有学生喜欢的和不喜欢的，也有学校认为负责任的或者认干的以及不认干的和不负责任的。在副科教师中，认干的教师表现为"课上得好，能够管住课堂纪律，吸引学生的注意力，学生喜欢，等等"。

综上我可以看出，在J中认干通常是对于主科教师和班主任而言，而班主任通常都由主科教师来充当，副科教师和小科教师是默默存在着的，一般情况不太提及，这里可以明显感受到一种"考试文化"，但似乎又夹杂着其他成分。

指导"摸爬滚打"这种行动的是教师持有"勤奋是成功的基础"这样的价值观念，他们认为只要老师把知识讲到位了，学生就可能学好，如果老师不讲明白，学生肯定学不会。

勤奋是教师价值观的一部分，它随着教师的言传身教，直接影响学生的学习，因此，学生勤奋好学是教师赞赏的对象，也是其他学生学习的楷模。正巧碰到重点高中的一位教师，跟他聊起J中时，他的评价是：J中学生用功，J中教师负责任，但是靠磨，所以上到高中，明显感受到J中学生没后劲。"没后劲"的意思就是没有潜力。可见，J中教师和学生都是靠勤奋"持家"的。

◇"磨"

上面我们已经提到，教师的"摸爬滚打"就表现为跟学生"磨"。"磨"主要指在时间上，跟学生"泡在一起"；在内容上就是一遍一遍地讲，一遍一遍地练，直到学生都说会了为止。J中教师也称此为"题海战术"。

访谈资料

现在这学生就得跟他一点点磨，没有啥办法，一点主动性也没有，学习都是给老师学的，你布置了他也就做了，你不安排就都在那挺着，磨吧，咱们这里实际上真就是靠磨，不像人家大城市，人家学生不会这样，老师也用不着像这似的。反正就初中这点东西，磨也能磨会，但是要到高中这就不行了。所以说你看我们的学生到了高中，就连一些比较好的学生都很快就滑下来，高中老师哪有时间像咱们这样磨，你学就学，不学就不学，谁管你。

"磨"是教师对待学生没有主动性这一弱点的办法。磨了就磨出主动性了吗？没有。教师们也知道磨不出主动性，但是仍然使用磨这样的办法。我试着与教师讨论建构教学知识，教师们说也想过其他办法，都没有效："咱这条件有限，这么大的班，做思想工作，一个一个学生谈话、家访，你还没谈完、访完，一个学期没了。大家也想其他办法，都不行。最后还不如就跟他们磨，不会，就一遍一遍讲，讲了问会没会，还没会就再讲。"

上述信息可以说明，J 中教师也一样是"反思性实践者"，他们也会对自己的行动进行判断、反思，最后发现行之有效的还是"磨"，这样就固化了"磨"的办法。反思有几个层次，第一层次就是舍恩的"单路径学习"。教师对自己所使用的办法进行效果检验和评估，然后改进方法，最后确定下来。我们暂时称之为"效果反思"。反思的第二个层次是对过程的反思，为什么没有取得预期效果，对过程进行检验，反复论证。但是我们知道，没有单纯的效果反思和过程反思，必须是杂糅在一起的。反思的第三个层次就是舍恩的"双路径学习策略"，是开放的，"允许逐步地验证假设的有效性以及不断学习个体的有效性"。[①] 由此可见，J 中教师的发展还没有进入双路径学习阶段，停留在单路径学习阶段，有的可能会更高一些，能够开放过程检验。

◇ "抢课"

"抢课"是我在访谈伟伟老师时谈到的。他认为主科教师认干、负责任、积极性高，经常抢课，而副科老师不太负责任，小科老师更差，自己的课都不好好上，甚至不愿意上。"抢课"，顾名思义，就是抢别人的课，除了自己的课上了之外还要抢其他的课上。每一节课都有课程安排的，抢谁的课上呢？伟伟老师说："抢小科的课呀，音体美的课经常被抢，其实那也不是被抢，主要是音体美老师不愿意上，正好哪个老师愿

[①] [美] 克里斯·阿吉里斯、唐纳德·A. 舍恩：《实践理论：提高专业效能》，邢清清、赵宁宁译，教育科学出版社 2008 年版，第 86 页。

意要就给了，主要是音乐和美术，体育还好点。关键是体育课学生不干呢。要是哪个老师占了课，那学生不高兴啊。"实际上，这个抢课也是"给课"或"占课"。用了抢字更突出了主科教师之间的关系，就是谁能"抢到"这个课，谁就占有了时间的优先性，谁就可以利用这个时间给学生多辅导辅导，多帮助那些不会的学生学会，也就是在教学效果上会占有优势。

◇ "撞车"

经常抢课的教师之间会发生"撞车"现象，就是指两位教师同时到一个班来上课，结果是先来的占了优势，后来的自然"退下"。"有了经验，下次就早点来。"有个老师开玩笑地说，"刚才到某班上课去了，结果撞车了，没撞过人家，我就回来了"。抢课是抢占别人的课，而"撞车"是指抢自习课。抢课一般不会发生撞车现象，抢课常常是主科教师与小科教师之间沟通协商的，而自习课是没有课程安排的，是学生自己学习的课堂，因此，会有几个老师同时下班辅导。突然忆起曾经一个学生跟我讲过他们的外语老师经常占自习课辅导，很多学生都讨厌她，有的学生甚至向她扔鞋子，她一点反应都没有，下次还来。很遗憾，这个老师已经退休，随儿女去了外地，没有机会见她。这点足以说明J中教师确实"认干"。

那么，为什么在J中会有这样的风气呢？从前面我们对J中发展的历程介绍中可以看出，J中的发展靠教师们的努力，认干是具有一定效用的。① 认干是教师们价值实现的路径，他们是"靠认干得天下"的。认干成为J中教师（尤其是主科教师）行事的方式，升华为一种教师精神。能够代表一个学校文化的就是教师精神，而非其他。教师是一个学校的主体，教师人数在学校总人数中所占比例最大，承担学校的工作任务也是最重要的和绝大部分的。齐美尔曾经在其《社会学》著作中讨论了数量是社会文化中很重要的要素。占有数量中的绝大部分的教师也成为学校文化创造的主体。有些学校在管理上常常是表扬好的，批评差的，希望中间的能向好的学习，看来这样的管理方式有悖于"数量"理论。

---

① 埃德加·沙因认为组织的成功经验是共享价值取向的源泉。

（一）"认干"的基因一："管理上的留白"

认干文化的形成与 J 中学的管理有着重要的关联。J 中与其他学校一样，区隔开来的教室隔开了教师之间的紧密联系，被区隔的空间就是教师各自的发展空间，也是教师之间竞争的空间。在 J 中，一个个区隔的教室就是一个个格子，每个格子都是自己的艺术，每个格子也是一块待耕的田，从表层看，它隔离了教师，造就了个体主义教师文化，这多少有点对一个个格子的冤枉，真是使教师隔离的不是格子，而是这些格子的意义。每个格子就是一块待艺术家涂抹的画布，这是 J 中的空白艺术，这个留白让教师在自己的画布上尽己所能地涂抹，只要他愿意，他喜欢，他认为这是合适的。这也是后来班主任挑科任教师的风气形成的根源。

J 中学校各种规章制度非常健全，但是规定不是特别细致，也正因为这样，给管理人员留下了空间，学校通常对班主任都非常宽松，一般不干涉"教室内政"，如果班主任有什么不好，也是背地里交流，并以劝慰和告诫为主，很少有严厉的批评。

访谈资料

我还干么个事呢，我告诉你。我上届吧，刚开学，班里有几个"皮子"。我给人打了，人把我告到教育局了。你没看呢，那家长可事儿了，还反复找学校要拿出文件来呢。最后校长没招了，告诉我就是个形式，整张纸盖个章给家长看，要不没办法，他总来找啊。

玲玲在 J 中是"老牌"班主任，曾经被评为长春市优秀班主任，以"厉害"著称，也"教出不少好学生"。说她"老牌"有两层含义，一层含义是她从到 J 中工作以来一直做班主任，领导非常信任；另一层含义暗指她是一个非常被认可的班主任。学校老师和领导以及家长都非常看重她，每年都有很多家长"托人写条子"把孩子送到她的班上。那天，玲玲在谈到学生管理越来越难的时候，讲述了这个故事。

访谈资料

现在管理上，工作不好开展，我还是上届班主任呢。刚开学，我班一个男生，可淘可淘的了，我那天就在全班同学面前给他一个大嘴巴。我也是杀一儆百，给其他同学看。第二天我们班一个女生爷爷奶奶到教育局去告了。校长找我，问我打学生没？我说打了，是个男生，校长说这是个女生，我说没打女生啊。说来月经了，给吓没了。人到教育局告就这么告的。

这个孩子咋地，她不咋好，父母离异的。那天，我说她了。完回家不就整出这事了吗？刚来两天半，这不就不好嘛，完人家就告，我说我没打她，爱咋咋地。校长说，别犟了，行了，走吧，到教育局去吧。人家告到市委，市委责令教育局。我说干脆供我吃供我喝，给我送进去得了，我也没打她，打我们班别人，与她有啥关系呢？校长说，别犟了。

完你说，那家长多损，还给挨打那学生家长打电话呢，他不知道在哪整的号，可能让他家孩子要的呗。我给那个学生家长打电话了。那个学生家长说，张老师没事，我家孩子淘气我知道，你就给我揍，我当时去的时候就奔你去的，啥说道没有，你厉害，能整住他。要不整不住他，我孩子啥样，我自己知道。他说他就吃饱饭撑的，他还给我来电话了，这不我就知道他给他打电话了嘛。

后来，人家就说吓着了，你说咋整啊，你用啥标准来衡量啊，你说多缺德。还匿名告的呢。后来我在班上调查出来了，就是我怀疑的那个，昨天我批评的那个。家长还找学校来了，校长说，你得安抚她。

然后没过几天就教师节了，他爸非得要来，我说我没在家，我在长春呢，就要上我那去，我就没让他去嘛，没让他去，上学校了。给我二百块钱，我说啥不要，那必须给你。人家说咋地，教师节来了，老师我不知道你需要啥，你需要啥就买点啥，我就来看看你来。咱心里知道，但是你还不能把这话唠明白了哈。我寻思给我，他也得抓我把柄啊。完了过了一段不就是到十一月份了，天冷了，我就用二百块钱给他家孩子买个鸭绒衣。过了没多长时间,她爷又上学校来了。找校长,说上回那事你咋给我处置了。

还要求学校形成个文件呢。后来给校长整没招了,让印刷室整两张纸,整个文件。校长跟我说,他总来找咋整啊,就得这么的,得整个文件呢,就安抚这个事吗。你说给我气的。校长说,啥都不影响你,安抚下那老头。

按照玲玲老师的说法,是家长"刁难老师","整老师";从家长的角度看,是教师违反了《教师法》,体罚了学生;从学校的角度看,教师为了管理学生使用一些过激的手段是可以理解的。三方所处位置不同,所作的主观判断也不同。我所以完整呈现这个故事的目的,是想更好地揭示三方的价值判断。无论从哪一方看,都是为了满足主体自身的需求。对于教师来说,班级管理是她认为最重要的,因此,只要能够管理好,手段有效即可。对于学校来说,一方面,在利益一致性上,与教师是利益共同体,因此可以接受教师的行为,因此通知教师"这是假的,啥都不影响",意思就是不影响你的任何利益。但是,另一方面,为了保障自身利益,又不能得罪家长,因此用一张"假造文件"满足家长需求。对于家长来说,孩子的成长是最重要的,体罚不利于孩子的健康成长,希望老师改换方式。家长自己与教师沟通暴露了身份,又怕得罪老师,孩子在"老师手下"没有"好果子吃",匿名上告或许可以解决这些问题。但是,如果学校没有个"说法",自己上告就"等于白告了",所以必须敦促学校拿出处理意见。

J中一直以来都是对班主任"政策宽松",这也是一些人愿意做班主任,愿意干的原因。班主任觉得不好好干,对不起领导。凡是有什么事情,校长都会出来"挡着"。

(二)"认干"的基因二:学校评价的"平衡化"

学校中的评价其实有两种,一种是制度评价,也就是采用制度的形式进行评价。比如,每年的评优选先工作,有多个名额,配备何种比例,获奖人员给予什么样的奖励,是否授予证书,等等,都有明确的规定。这种评价既包括上级部门的安排,也有学校自己的规定。教师们虽然很在意这些评价，但是这种评价不产生积极作用，常常会引起教师不满，对教师的钳制作用也不大，常常以鼓励一部分而打击另一部分作为结果。另一种是舆论评价，即学校舆论对教师的评价。这种评价虽然没有官方意义，但对教师们的钳制作用更大。教师们自己将这种评价称为"唾沫星子埋死人"。因为，这关系到教师的名声和社会地位。制度评价会影响舆论评价，舆论评价也会影响制度评价，这就决定了学校在评价中的平衡化智慧。

有的教师在学校制度评价中得分并不高，也许什么奖励都得不到，但是该教师的社会名声和舆论非常好，学生们喜欢，科任教师认可，学校又会调整制度评价来促使该教师和其他教师心理平衡。航航老师一直在学校教差班，但她非常有方法，科任教师和其他班主任也都服气，无论多么调皮的学生到了她手上，基本都会好些，有的甚至还能认真学习，也有考上重点的。虽然每次入学班底不好，但是经过她三年的管理，初三毕业的成绩总是很好。航航性格耿直，为人很谦和，虽然是差班，学校在评价的时候总还是平衡一下。航航管理班级注重学生品格的培养，在一年级入学时从来不抓学习，她喜欢志向教育，总是喜欢培养学生"活的境界"。她认为，现代人活的境界太低了，所以没有什么大成就。因此，她管理的班级地上没有纸片，学生一般晚上不需要值日，学生爱班级，也爱护公共财产。航航说，"那年，我们班被评为备品管理先进班级，是后勤修桌椅的师傅评的。他给学校各个班级修桌椅。有些好班，一周还修不完，而到我们班，半天就修完了。他正好是校长家的一个亲戚，呵呵，我们班就被评为备品管理先进班了。平时我也教育学生要有礼貌，提高个人修养，得红旗班次数最多，我们班又被评为文明班级。但是我不是先进工作者。后来领导怕我不满意，跟我解释，说不能都给我们班，也得平衡一下"。还有一位老教师，他已经是中学高级教师了，他说他啥都不要了，就是好好教学生对得起良心，等着退休了。但是学校有时候为了平衡也会给他个什么先进。

平衡化是学校评价的智慧，也是鼓励教师和迎合舆论的智慧。那些勤奋的教师都会获得这种平衡，认干总是会被认可的，认干的文化逐渐稳定下来，成为学校文化的一部分。平衡化主要关照教师情绪，让那些平时工作认真、"不争也不抢"的老师"心理舒服"。

二 "无言"的竞争:"虚中带实和谐"

J中教师的同侪关系不完全是竞争关系,也不完全是合作关系,是合作和竞争并存的关系。无言的意思是教师之间表面上都非常和谐,外人看起来关系很好,但是内地里彼此互不相让,也是彼此心知肚明。很多东西只是不说出来而已。因为平日里,只在工作上竞争,其他又没有什么,因此,觉得为工作争执犯不上,所以即便互不相让也是在心中较劲,表面上还是谦让。这里我们借用黄囇莉对华人人际和谐与冲突的研究成果,运用虚性和谐的分析框架进行分析。

黄囇莉认为,和谐是中国人的共同价值观,也是中国人的共同思维方式。共同价值观指的是共同的要求、理想及愿望,共同思维指的是共同的认知或认识。[①]中国文化是一种"和文化",一般讲究和谐。J中学教师同样也以"和谐"作为他们共同的价值观和思维方式。在很多情况下,教师之间不愿意"撕破脸",因为每天总是要"低头不见抬头见的"。另外,在J中教师看来,为了工作"撕破脸"更"犯不上"。所以,我刚到J中时感受到教师之间的关系好像都非常好,平日里大家都很和气,但是时间久了,就会发现,这种和气中暗含着"较劲"。

黄囇莉把中国人际关系的和谐分为实性和谐、虚性和谐、实中带虚的和谐和虚中带实的和谐。[②]"实性和谐"是指两人(或两成分、两单位、两力、两团体等)之间统合无间、和合如一的和谐状态。但是,实性和谐只是一种理想的状态,在世俗中难能可贵。"虚性和谐"刚好与此相反,指表面上维持和谐,台面下却暗藏着不和。身处此虚性和谐状态中的人,会运用各种和谐化方式,试图化解不和,以转化为实性(带虚)和谐,或扩大不和之容忍力,以维持表面上之和谐。纯"虚性和谐"则指只形式上维持表面之和谐,内中却暗自较劲而进行争斗之实,以遂行

[①] 黄囇莉:《华人人际和谐与冲突:本土化的理论与研究》,重庆大学出版社2007年版,第12页。

[②] 黄囇莉:《华人人际和谐与冲突:本土化的理论与研究》,重庆大学出版社2007年版,第95—96页。

或扩大己欲或己利。此时,表面的和谐只是一种工具性或形式性,目的在掩饰或有利于内斗之进行,抑或在等待更佳的时机(策略性忍让),才揭露不和之事实。纯实性和谐与纯虚性和谐通常是不存在的,一般情况是实中带虚的和谐和虚中带实的和谐。"实中带虚的和谐"是指和谐中潜藏着可能导致不和的因子,只是尚未被察觉或触动而已。而"虚中带实和谐"则指维持表面和谐的状态中含有和合的因子,并不完全都表现为较劲或争斗。实性和谐与虚性和谐不是绝对的,它们是可以互相转化的。

黄囇莉分析了四个层次的和谐化方式。从个人内心层次看,和谐化的主要目的在于追求内在心灵境界的安详恬愉,以及经由自我调整、淬炼而达到修身养性的最高境界。以这些目的为导向的和谐化方式,大约包含四种类型:自然无为的和谐化方式、精神超越的和谐化方式、道德积累的和谐化方式以及自我节制的和谐化方式。关系伦理层次:恪守名分的和谐化方式、尊亲差序的和谐化方式和义先于利的和谐化方式。社会规范的层次:正统权威的和谐化方式、依法行事的和谐化方式以及顺应天理的和谐化方式。功效思虑的层次:实用理性的和谐化方式、利害权衡的和谐化方式和权谋运用的和谐化方式。她还指出,每一种和谐化机制都同时具有积极和消极两面。[①]

表3—5　　　　　　　　中国人的和谐化方式及和谐化机制

层次	和谐化方式	和谐化机制
个人内在的层次	自然无为的和谐化方式	自然无为、不争自化、法象法天、阴阳原则
	精神超越的和谐化方式	致虚守静、坐忘幻化、无知无己、超越对立、精神境界、止观去执、自我悟道
	道德积累的和谐化方式	仁民爱物、尚同兼爱、敬德修德、穷理尽性、理性自觉、中庸之道
	自我节制的和谐化方式	分辨理智、执守礼节、节情饰欲、穷理尽性

[①] 黄囇莉:《华人人际和谐与冲突:本土化的理论与研究》,第100—106页。

续表

层次	和谐化方式	和谐化机制
关系伦理的层次	恪守名分的和谐化方式	群居定分、执守礼节、正名定分、群居和一、分中求和
	尊亲差序的和谐化方式	差等之爱、尊尊亲亲、分中求和、君尊臣卑、阴阳法则、绝对天理、理一分殊
	义先于利的和谐化方式	尽其在我、推己及人、义利之辩、中庸为宜、正义判断、尊尊亲亲
社会规范的层次	正统权威的和谐化方式	规章制度、外在规范、正名定分、群居定分、绝对君权、权威原则、君尊臣卑、化性起伪、政教合一
	依法行事的和谐化方式	规章制度、齐之以刑、外在规范
	顺应天理的和谐化方式	法象法天、阴阳之道、盛德大业、机械秩序、阴阳法则、天人感应、绝对天理、理一分殊、穷理尽性
功效思虑的层次	实用理性的和谐化方式	中庸原则、仲裁原则、功利理性、穷理尽性
	利害权衡的和谐化方式	功效原则、功利理性
	权谋运用的和谐化方式	以柔克刚、以退为进、阳儒阴法、不争自化、人情网络

资料来源：黄囇莉《华人人际和谐与冲突：本土化的理论与研究》，第107页。

就J中而言，我们以实性和谐作为一种合作文化，虚性和谐作为一种竞争文化。J中学既不是合作文化，也不是竞争文化。它属于虚中带实和谐类型。J中虚中带实和谐主要是指学校内部暗藏着人与人以及各种组成部分之间的争斗因子，同时在这些争斗的组织内部仍然并存着和合的状态。我将它称为"无言的竞争文化"。之所以称其为"无言的竞争文化"，是因为在学校中的竞争都是暗地里较劲，大家都在默默地争斗，但彼此谁也不会挑明，表面上仍然维持着和谐的状态。如果我们以合作和竞争建立一个直角坐标系，J中学校文化刚好落在第四象限内。它有三种转化机会，它也可以在自己的象限内维持运行。就目前而言，J中好像没有转化的兴趣，它这么多年来一直维持着这样一种虚中带实和谐的关系。是什么样的机制始终能够保持这种虚中带实和谐呢？我从虚与实两个方面分析。

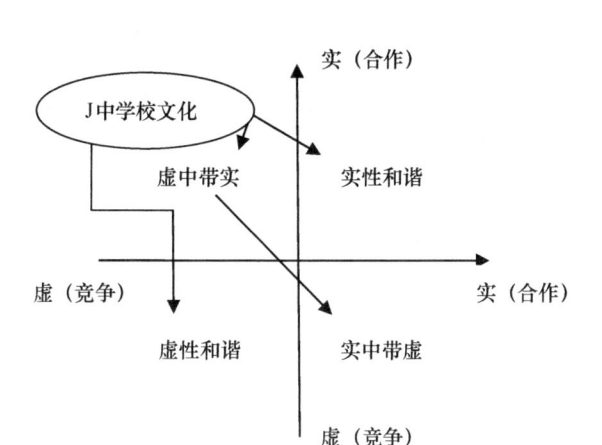

```
                    实（合作）
    ┌─────────┐       │
    │ J中学校文化 │      │
    └─────────┘       │
          │  虚中带实    实性和谐
          ↓
虚（竞争）─────────────────── 实（合作）
              虚性和谐    实中带虚

                    虚（竞争）
```

图3—4　J中"无言"的竞争文化框架

1. 虚：暗地较劲——"比"（竞争）

在 J 中到处充满着"比"（竞争），班与班比，人与人比，己与己比，组与组比，年级与年级比。

访谈资料

他们总去比呀、斗呀。刚刚那个熊老师，我经常说她，开导她。她经常哭啊，她很要强。比如说，上个学期，我们都当班主任。她问我你们班上捐了好多款啊，我说我还不知道啊，我还没去收。我就顺便问了她一句，我说你们班上捐了好多啊。她说捐了一百多。我就去班上收，结果我们班上捐了两百多。她又问我，我就说我们班上捐了两百多。然后她就又去班上发动学生，捐了第二次，好，三百多，比我们多。哎呀，好累嘛。你看嘛，我觉得。我从来都没觉得有什么嘛，一个捐款。有什么大不了的，都比。

就班与班的竞争而言，似乎让人感到有些不可思议。从 1994 年开始，J 中一直是分好坏班的。在学校发展的历程中我已经说到，那时分好坏班，是校领导对挖来的好生源的家长的承诺，此后形成了这种潜规则，不论有多少争议，都是台面下的事，到了正式的讨论和会议上，总是没有反对的声音。这使我好奇,想探个究竟。

红红告诉我一个简短故事。有一位女教师,性情耿直,她曾经在会议上提出过疑问,这位老师后来被领导排挤,其他教师都不敢靠近她,她很孤立,后来主动病退回家了。据有的教师反映,只有这一个教师曾经跟领导争执过,除她之外,再也没有人给学校提意见了。因为这个老师去了外地,我在田野期间没有见到她,因此,这只能算个故事插在这里而已。但这也许是个原因,我不敢妄自猜测。学校里的很多事情,包括意见也是要会下提,不能在会上提出反对意见。这也许是J中领导说的教师认干的一种体现吧。

我们接着看班与班的竞争。我查阅了一些学校文件,好坏班的划分并没有任何规定,也没有在学校文献中体现。每年入学时,学校并不规定我们今年分多少个好班或者坏班,也不会公布谁来做好班的班主任,甚至学校会采取保密的措施,但是不管怎么保密,老师都知道今年有几个好班,谁是好班的班主任。这是什么原因呢?老师们说,那还不是"明摆着"嘛,"就那么回事,不信你看着"。

看了最近三届学生的记录,我找管理学籍的老师,她给我的反馈与红红的介绍相同。我要了解的是,教师为什么都会知道,暗地里这只"手"是什么?在教师那里得到的答案是潜规则,教师们对这些潜规则都是清楚的。

既然好坏班的局势已定,何须竞争呢?坏班能在教师的努力之下变成好班吗?

访谈资料

其实好班就是好班,你根本没有可能性去比。就说我们班吧,在入学时,第一次考试,我们班进入前百名的只有两人,人家最好的班进入百名的有三十多人,中等班也有七八个或者十几个的。你说这种情况下,你怎么能争的过呢?但是,你也得好好干啊。不然那班你都管不住,以后怎么办呢?咱们也都是要脸的人啊,你把班整得乱糟糟的,不用领导批评你,学生和家长你也受不了,社会名声也不好啊。反正中考没有几盘菜，就管住纪律别出事呗。

班主任与班主任的竞争——学生是不确定因素，争也争不来，那就看谁对学生知情，且有权力分配到自己班，科任教师也是班主任竞争的内容，通过私下里拉拢和向校长要。

班与班的竞争，并不在于争学习成绩，或者比中考时考上重点高中的人数，更重要的是比其他方面。比如，纪律方面、卫生方面等。班与班的竞争还有范畴问题，他们一般跟与自己相近的班级去竞争，比如好班与好班比，中等班与中等班比，就像运动会赛跑一样，前面的不但要快跑，还要提防后面的赶上来。好班怕中等班赶上，中等班又怕坏班赶上，就这样，竞争的气氛非常浓，但教师表现得都非常坦然，表面上说："就咱这班，还能折腾哪去？不就这样，对得起良心就行了。"而实际上，"大家都暗自使劲，谁也不放松，都怕自己被赶上或者被落下。大家压力也都挺大的"。

另外，班与班的竞争中含有人与人的竞争以及己与己的竞争。教师身兼数种身份，除班主任身份外，他也是一位学科教师，作为学科教师与其他教师之间也还要比。同时，他也需要跟自己比，每天班级有个新变化，就是教师对自己的超越和价值实现。

从 2012 年开始，新生入学已经平均分班。学校领导和老师都认为，现在大家都在一个起跑线上，是不是真好就可以比较出来了。他们也认为平均分班对于班与班之间的比较更公平。这里要说明的是，其实班级与班级之间的竞争还要还原为教师与教师之间的竞争。班级管得怎么样就是教师的工作成果和工作能力的体现，我们不主张孤立地看待班级间的竞争。

从人与人竞争看，一般是学科教师、班主任之间的竞争。在学校中，副科教师和小科教师一般感受不到竞争的激烈。他们往往还很难理解那些老师为什么争，一般处于不关心的状态。

自己与自己竞争。主要从学生看，学校里对老师的评价不仅仅是表象上的，内隐上的作用更大，因为学校在评价老师时，也不仅仅看考试成绩，也还看班级起点，因此，对一个班级的评价也是"横向比与纵向看"，横向比是比各个班级，纵向看是看一个班级自身的纵向发展。如果比入学时好，这个老师就算好老师；如果是入学成绩不好，经过三年的培养能够在中考拿到好成绩，这个老师才是学校里全员佩服的优秀教师。

组与组的竞争指的是学科组之间的竞争，它与年级之间的竞争一样，充满着各种不确定的因素，因此这个比并不给人们留下深刻印象，教师认为其实也在比，但是并不觉得比了有什么，也就是在教师那里没有太多的意义。

竞争涉及几个要素：竞争者、目标、竞争对手。从 J 中的实际情况看，每一位教师都是竞争者，同时也是竞争对手。每一位教师既是自己的竞争对手，也是他人的竞争对手。另外，每一位教师在与他人竞争时都需要"人援"，且保证争赢的变量很多，如果想要争赢，就必须分出一部分精力控制变量。竞争的激烈程度随之就会降低，因此，暗自较劲是他们最好的选择。就班主任的竞争而言，班主任自己不能争来好学生，他必须通过权力的帮助和其他教师的协助，也就是靠校长分来几个好学生或者靠其他同事推荐，竞争的焦点由争的目标转移了方向，这种竞争是不断扩大自己的应对能量，而不是针锋相对的争斗。每一位教师都具有多种角色和身份，比如周周老师，既是班主任，又是教研组长，同时也是学科教师，又是初三的教师。她必须时时转化角色和身份才能清晰地看到自己要与谁竞争。因此，大部分教师都"把劲较在了班级学生身上"。这样自然形成了认干的风气。

教师之间的竞争并没有争夺的焦点，只有竞争的目标，就像运动员赛跑一样，谁的胸先贴线谁就是第一。因此，他者是对手，自己也是竞争对手。每一位教师既是竞争者，也同时是竞争对手。教师的竞争与赛跑运动员的竞争不同，赛跑运动员是个体之间的较量，而教师则体现团队的力量。教师的团队构成又很复杂，既有自己班级的学生，又有同行教师，还要有合作的科任教师，甚至还需要校领导背后的支持力量。因此，教师之间的较量显得"混乱"，在学校中总是若隐若现。

从竞争的目标看，教师之间的竞争并没有清晰的目标。虽然大家最后都在比中考成绩，但是初一入学时无法比中考成绩，而是就班级管理等各项小事进行比较。如图3—5，如果以学生发展与中考成绩作为横轴，以初一到初三的时间为纵轴做一个直角坐标系，我们能够很清楚地看出竞争的函数。竞争的目标随着时间的发展不断向中考这个目标靠近，也就是越到初三，中考的目标越清晰。围绕中考这个竞争目标的主线，还有两条隐含的附和这条主线的机制。一条是学校机制。在初一时，学校是"全面抓"，关注学生发展。学校管理和德育上注重学生的习惯养成，包括班级的纪律、卫生、备品管理、文明礼仪等"小事"。班主任也会特别在意"红旗班"（学校对各项得分总和最高的班级授予红旗，因此称红旗班）的评比，有时甚至是为了一分都要争得面红耳赤。中考暂时不是他们竞争的目标。另一条是教师目标。在初一教师并不急于奔中考这个目标。在初一，中考这个目标还是很模糊的。在初一、初二阶段，是教师"探宝"阶段（J中"差班"班主任常常把班级里能够升学的几个学生称为"宝"）。这个阶段，教师主要是看哪些学生能够升学（指考重点），哪些学生具有升学的潜力可以挖掘，尽力培养他们。到了初三，中考的目标不断清晰起来，教师采取"保稳定、求升学"的策略。对于升学无望的部分同学，以稳定为主；对于能够升学的同学则"狠抓"，甚至在座位排布上都要"排兵布阵"，以"保帅"为主。因此，在初一、初二阶段，受学校管理机制的影响，主要是关注学生习惯培养（重点是学习习惯），因此关注班级的纪律、作业完成情况、上课听讲情况，等等。

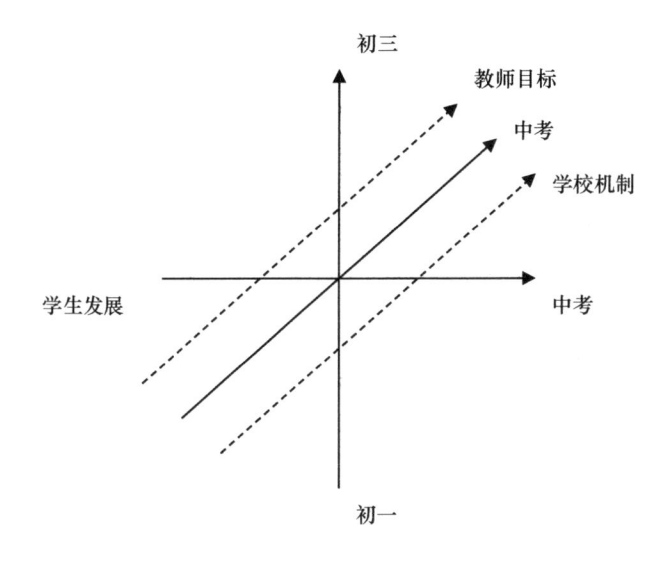

图3—5 竞争情境：教学中的关注点

从学校竞争局面的分析发现，学校文化能够保持着虚中带实和谐的机制最重要的是情境机制。它包含了黄囇莉和谐化机制的四个层次，但不是清晰的四个层次，而是四个层次交织混杂。教师主要通过情境界定选择采用什么样的机制来维持表面的和谐。

2. 实：真诚合作——"合手"

J中虚中带实和谐文化中的"实"主要指真诚合作的部分。前文我们已有说明，教师之间的竞争不是个体的竞争，是团队力量的竞争。一个班级由主科教师、副科教师和小科教师和学生等组成，同时教师也需要同侪的帮助和学校领导的支持。班主任必须"团结"科任教师，甚至"团结"学生才能保证自我的"胜利"。事实上，J中教师有很多合作，比如说科组教师之间的合作，班级之间的合作，年级主任与班主任的合作，班主任与科任教师之间的合作，等等。在这些合作中最值得研究的就是班主任和科任教师之间的合作。这种合作不仅指形式上的合作，也是一种精神上的合作，还是一种任务型合作，这被他们称为"合手"。

我们在前文已有论述，J中的班主任是可以挑选科任教师的，这就奠定了班主任和科任教师之间合作的基础。但是，学校不能保证所有的班主任都能挑到满意的科任教师或者合手的科任教师。因此，也并非所有的班主任和科任教师都能感受到合作的快乐，或者真诚合作。

梅梅老师教语文，曾经也做过班主任，年轻漂亮又能干，原来是学体育专业的，改科教语文。她现在教初一和初三跨年级的两个班。跨年级教学难度很大，但这却是她自己的选择。她女儿在初三，女儿的班主任希望她能来教这个班的语文，她征求了女儿的意见，女儿同意就教了这个班。初一年级的校长和主任又希望她能跟着原来的年级，所以她就只能在初一教一个班。这样就跨年级教课了。在与班主任合作方面，她却有不同的感受。

她所任教的初三年级的那个班是好班，也是个大班，班额94人。班主任不善言谈，是教数学的，人也非常好，但是与她的教学观截然相反。班主任希望学生安静，一点声音不能有；而她希望学生活泼，快快乐乐地学习。班主任每天板着脸对着学生，她却是整天笑着上课。班主任希望学生静静地听、认真记笔记，而她却希望学生能够跟她讨论，不允许学生记笔记，如此等等，不一而足。班主任非常负责任，整天"坐班"。班里的学生看见班主任在，"大气不敢出"，都是低着头听课的。这让她感到很难过。她曾一度忘记了该怎么讲课。她忽然不知道怎么讲了。第一节课讲完，她浑身是汗，觉得特别累，没有一点教学的幸福感。她开始迷惑，不知道该怎么办？她试图与班主任沟通，阐明自己的教学观和学生观，而班主任对此没有任何态度，却告诉她"在他们班这样行不通"。她回家问女儿，女儿说他们班一直都这样，老师不允许出声，同学们上课都不回答问题。她问原因，女儿说："如果他们出声，哪怕是回答老师问题，班主任也当作说话批评的。所以他们同学谁也不回答问题。"她试图与学生沟通。她告诉学生，希望学生能跟她讨论，并且说明了上课讨论对他们学习的好处。有一天她讲到高兴处，不仅自己开怀大笑，而且引得学生也笑起来，结果他们班主任立即起身大吼："安静。"她觉得很尴尬，面部的笑容当即消失，心里如严霜降临。没有办法，为了女儿，也是为了把这个课教到毕业，她开始学着适应这个班级，但她觉得上课很烦，特别不开心。平日里走路遇到班里的学生，也很少有人跟她打招呼。这让她感到不愉快。她认为，"班主任就像妈一样，带出的孩子都随自己。班主任对学生的影响很大"。

与此相反，初一这个班的"班底不好"。全年级一千二百多名学生，全校九百名以后的得有十五人，甚至有二十人。但是她认为这些学生非常好，招人喜欢，老远见到老师就问好。初一这个班的班主任刚好与她的教学理念相和。无论是上课，还是对学生的要求，班主任都能跟她"一唱一和"。每天上课，学生都积极讨论，举手发言，她每天也可以笑着上课了。一年级入学才两个月，语文课她基本就"顺手"了，每天上课学生都"精神地瞅着"老师，学生也非常喜欢她的课。她不给学生留常规作业，她认为语文就在于大量的阅读和积累，死抠字词对提高语文能力没有好处，因此，她让学生多阅读和积累，检查学生的读书笔记和个人积累的"小本子"。对比两个班级，她还是怀念与艳艳合作的那段光阴。

访谈资料

我跟艳艳姐搭档了两届，我俩特别合手。还有春春跟艳艳也非常好，那时候我教他们两个班的语文，他们两个一个教数学一个教外语。我们三个整了两届。这次回来，学校说总是你们三个合作啊。就这样，我们就分开了。那时候，艳艳姐整天在屋里做思想工作，就这点我俩最合拍。我说艳艳姐，整个演讲比赛，收拾收拾他们。她说行，你整。我俩就"舞扎"，不是她帮我，就是我帮她。学生的思想工作，我能给她做一半。她也从我这方法获得很多启示。原来她总也不知足。我说："行了，你别太要求过分。现在家长对孩子的期望值都没有你高。你不能把孩子整得太累。"有时候我俩也吵，她跟我生气气哭过。我两之间就是实实在在的那么碰撞打。只能是我俩这样，因为我俩合作六年了。这两届孩子特别活跃。干啥啥行，心态也好，考得也多。我就感觉一个人呢，互相之间工作的这种关系也很重要。

J中的教师合作有"真合作"和"假合作"。真合作属于实性和谐范畴，教师之间没有任何心理障碍和距离，互相配合完成教学任务。而假合作属于虚性和谐范畴，教师之间表面上合作，而彼此内心存有不和之因子。梅梅老师与艳艳的合作属于真合作，而她与初三班主任则属于假合作。无论出于哪个层次的考虑，大家还是愿意维持表面的和谐，因为一个学期或者一年、三年之后，还有选择与其他人搭档的机会。

就整体而言，J中的同侪关系基本是竞争与合作杂糅的，而且很难区分出哪些一定是竞争关系，哪些一定是合作关系。有时竞争对手也是合作伙伴，例如，两个班主任之间本来是竞争关系，但是他们两个互相教对方的班级，那么他们之间又是合作关系。山水轮流转，转过来又不知道跟谁"搭档"，今天可能是竞争对手，明天就可能是合作伙伴。区隔的教室并非区隔教师的格子，而是区隔意义的格子，区隔任务的格子。人是随着工作任务流动的，竞争与合作就随着工作任务流转，因此，教师们也不清楚到底是竞争还是合作，到底与谁竞争还是与谁合作，他们只是感受到了这种氛围，而这种氛围又像是空气，摸不着看不到，又好像雾，看不清，忽一会来了忽一会又走了。一切随情境而定。

三 "看堆儿"

"看堆儿"在学校规定中叫"坐班"，就是班主任没有课的时候在班里坐着。J中从1994年开始，就提倡班主任"坐班"。在学校的文件中没有任何体现，是年级主任开会时给班主任提的要求。不同的年级主任要求也不一样，有的要求必须坐班，而有的则希望坐班。从学段上看，一般情况下，三年级要求坐班，而一二年级提倡坐班。严格要求坐班时会给班主任补助，不严格要求坐班时没有补助。有时要求整天坐班，有时要求早晚自习坐班。这都要根据年级学生的稳定情况和学习状态来调整。不管班主任是否愿意也都会给领导个面子——"坐班"，后来就形成了坐班的风气。班主任对坐班这件事发明了一个新词叫"看堆儿"。

"看堆儿"的形式下有诸种意义：

访谈资料

我不喜欢坐班，我觉得坐班没有什么好处，劳民伤财。（那时坐班给补助）我一到教室里就想睡觉，批着作业都能睡着了。哈哈。其实，教师在教室里，学生知道教师在干什么，反而教师不在教室里的时候，学生就不知道教师在哪里，做什么，也许教师哪个时候就扒着窗户看他们呢，他们反而认真些。我就是这么理解的。坐班的目的还不是让学生能够遵守纪律，好好学习吗？教师有自己的管理方式，只要管用，我觉得哪个办法都行。

我觉得坐班挺好的，这么多年我们学校里基本都是班主任坐班，不管学校有没有要求，大部分班主任还是愿意坐班的。你在班里，心里踏实呀。你不在班里，你知道学生都在干啥呢？反正，你在那里学生就不敢乱来，那些皮子学生也老实，都消停地在那待着。

我觉得在哪都是坐，还不如在班上坐着呢。你在，学生不学也得学点，你要是不在那，想学的可能有时候都控制不住自己。教师在教室里就是起到监督学生的作用。

人家都坐班，你不坐班也不是那么回事吧。人家都坐班，我不坐，我看到领导都觉得不好意思。

只要有教师在教室里，来检查的就不扣分，否则班级有点声音就要扣分，教师守在班级里一般不扣分。

我们班那么多人，你说不坐班还有啥办法呀，只能看着，保证班里不出事。

不看堆儿咋办，现在学生也真不听话，你说不说没用，就得用眼睛罩着呗。

我只是班上看着不出事就行，领导总看着我在班上，另外，我也不愿意回办公室，看办公室那几个人，我也不愿意在屋待着，这班干也没啥劲，没有啥菜，干了也白干。

我坐班不是看学生，而是看老师。我们是破班，所以是个科任老师就可以给你配课。我在班上坐了几天，那个老师就好好讲，我不在班级就不卖力气。我认为坐班不利于班级管理，不能提高学生的自制能力，通常不坐。学生来找我，说老师你坐班吧，你坐着她就好好讲，你不坐着她就不认真讲，就糊弄。几何课我就去坐班。另外，有的时候学生对科任老师有什么意见，我也经常以坐班为名，查明科任教师的行为，然后好做学生的工作。比如，那届学生说物理老师课上得不好，他们都不喜欢听。我就到班上坐了几节课，然后跟学生讲物理老师讲课的特点，怎么听才能听出味道，学生也就会听物理课了。

当班主任是因为：一个不愿批卷子，不愿在组里，做科任教师闲着难受。不愿意批卷子和判作业，首先嫌累，其次觉得没用。我原来教牛洁茹班和刘冲班。牛班纪律不好，上课脑袋都疼。上一节课累得够呛。还不如自己干了。就算找个避风港吧。我现在就属于看堆儿式。我就往那一坐，我也不管他们学与不学，我就坐着不出事就行吧。

有的班级，如果班主任不在班就"乱套"，班主任只能在班里"盯着"。通常情况下，这类班主任都是非常厉害的"权威派"。波波老师一直都是好班的班主任，在 J 中好班也是大班。她所教班级，班额最大时达到 105 人，教室里除了人好像找不到一点空地。教师的讲桌连着学生的课桌。这样的班级管理确实很有难度，学校要检查纪律，班里有说话声会扣分，上厕所都小跑，

"看堆儿"是就学生管理而言的，也可以大而言之为教育管理。管理在教育中的意蕴也是一种潜课程，它会带给学生生命意义，也会帮助学生建构价值意识。看堆儿式管理体现了一种教师权威意识，在学生那里叫做"怕"。如果学生不怕老师，老师坐班还有什么意义呢？也体现了一种教师管理上的控制取向。

J 中学校文化还有一些特点，我这里没有列出。我的目的不是要揭示学校文化，而是通过对学校文化的理解去领会教师价值取向问题。

要想把任何文明浓缩在区区几十页的篇幅之内，就必须把群体的准则轮廓鲜明地突出来，同时用个体的行为文化动机的范例来描述。[1] 我将在下面几章中呈现 J 中学校教师群体的准则轮廓，从整体上把握教师价值取向，作为文化动机来描述。

---

[1] ［美］露丝·本尼迪克特：《文化模式》，王炜等译，社会科学文献出版社 2009 年版，第 164 页。

第四章

教师关于教学设计的价值取向

第三章中所讨论的J中学学校文化整体样貌，是该校教师价值取向深植的土壤。在认干文化的驱使下，教师们关注的是勤奋，以"看管"的行为对学生进行教育和教学。从本章开始，对J中学教师价值取向的分析和探索均以该校文化为背景。

对于教师价值取向问题不能仅仅从教师行为中推断，要与教师深入接触，与教师进行深层次互动，深描教师的心灵世界，或可有推断的依据。由于研究时间的限制，我无法探明教师教学的所有方面是如何想的和如何做的，但就我所收集的资料看，J中学教师对教学的功能、教学管理和教学设计都有清晰的价值意识。本章将以平面透视的阐述方式说明。

对于不同的教学行为，教师具有不同的价值取向。大部分教师同时拥有多种取向，但指导教师行动的常常有一种取向占优势，我们把这种取向称为优势取向。在本研究中所指的教师价值取向均是指这种优势取向。我们在《教师文化论》的研究中对教师的职业取向、生活取向等做了部分研究，这些研究也给本书的研究提供了一个非常重要的基础与启示。

因为与J中教师非常熟悉，所以资料收集过程中与合作研究教师的互动难度并不大。只是在资料收集的范围和深度上，难度很大。我不得不在资料与现场中"穿梭"，以期提高研究的信度。就研究问题而言，对J中教师价值取向的资料收集基本饱和，能够满足本研究的基本要求。

我们在本章呈现的教师价值取向都是在J中学校文化中运作的价值取向，也就是指导教师进行实践的价值取向，是教师每天践行与运用的价值取向。我们呈现的不仅仅是教师共享的价值取向，也有教师个体持有的价值取向（边缘价值取向）。在本章中，我并没有做区分，只是从平面视角将这些取向的运作情况揭示出来。我们将在第六章和第七章中以焦点透视的形式展示教师共享的价值取向与边缘价值取向之间的碰撞与并存情况。

教学理论研究与教学实践从不同程度上回答了教学为什么的问题。关于教学的理论研究已经回答了教学的功能。但在教师的使用理论中，教学为谁而存在？它以怎样的方式存在？他们有着各自的理解，这些理解可能来自以前学过的理论，也可能来自对实践工作的经验总结。总而言之，就工具主义取向而言，教学是教育的工具，它是教育的重要途径，教育功能的实现依赖于教学。就目的主义取向而言，教学就是满足社会和个体的需求。实质上，教学与教育的目的是一致的，但其目标层次不同。从教师教学实践的角度看，教学功能依据教师对教学的理解。总体来说，教学是培养人的，回答教学功能问题，就是看要培养什么样的人。

对于教学应该做什么，或者好的教学应该是一个什么样的教学的问题，教师们有几种观点，一种是教学是教给学生知识；一种是教学应该培养学生的情感，培养他们的感恩之心；一种是教学中要的是培养学生的能力，为未来生活做准备；一种是教学应该培养有道德的人，一个有道德的人才是社会需要的；一种是就初中教学而言，教学是为了中考，只要考得好就完成任务了，道德品质、生活习惯等都是家长的事，是家庭教育应该承担的任务。我们分别将这几种取向呈现如下：

第一节 "教学中知识最重要"：教学设计理念关注传授哪些知识

知识有广义与狭义之分。狭义的知识，也就是我们传统理解中的知识，一般仅指能贮存在语言文字符号或言语活动中的信息或意义，如各门学科的事实、概念、公式、定理等。广义的知识，是指个体通过与其环境相互作用后获得的一切信息及其组织。它既包括个体从自身的生活实践和人类的社会历史实践中获得的各种信息，也包括在获得和使用这些信息过程中所形成和发展而来的种种技能、技巧和能力。就其贮存形式而言，如果它贮存在个体身上，则为个人的知识；如果贮存在书籍等媒体中，则是人类的知识。① 从资料中分析，J 中学教师是在狭义的概念下使用知识这个词的。

维坦依从文化与价值的角度对知识系统做了分类。他将知识系统分为两个大的类型，即最基本的认识客体化和认识客体化的体系，②（如图4—1）并且从历史的角度对知识系统进行了考察。从维坦依的考察中发现，他将人类所认识的称为知识，亦即知识就是人类的认识。他在《文化学与价值学导论》中，说明了认识的价值体系与结构之后补充了知识的分类一章的内容，用以补充说明认识的价值体系和结构。他关于知识的定义非常广泛，该定义并未在常识概念的水平上频繁被使用。J 中教师把维坦依的判断类型作为方法和道德以及情感来理解。

加涅从学习的结果角度将知识分为：（1）智慧技能，即使用符号对外办事的能力；（2）认知策略，即通过概括化过程而发展起来的更为特殊的习得的智慧技能，用来指导自己的学习、记忆，这是一类对内办事的能力；（3）言语信息，即陈述观念的能力；（4）动作技能；（5）态度。安德森从信息加工角度，依据知识的性质将其分为陈述性知识（有关"是什么"的知识）和程序性知识（有关"怎么做"的知识）。梅耶在二者的基础上将知识分为（1）言语知识；（2）程序性知识；（3）策略性知识。③ J 中教师在言语信息和智慧技能的意义层面使用知识，他们将策略性知识作为方法，而将动作技能与实践性知识等同。教师认为，学习策略（认知策略）并不属于知识，而是学生学习的方法或技巧，具有工具性功能。方法（策略）正确，知识学习效果好；反之，方法不正确，则知识学习效果不好。

波兰尼以"我们所认识的多于我们所能告诉的"作为认识论命题，对"可意会的"和"可言传的"两种知识做了系统的区分。他将可意会

---

① 莫雷：《教育心理学》，广东高等教育出版社 2005 年版，第 165—166 页。
② ［匈］И·维坦依：《文化学与价值学导论》，徐志宏译，中国人民大学出版社 1992 年版，第 26 页。
③ 莫雷：《教育心理学》，广东高等教育出版社 2005 年版，第 166—167 页。

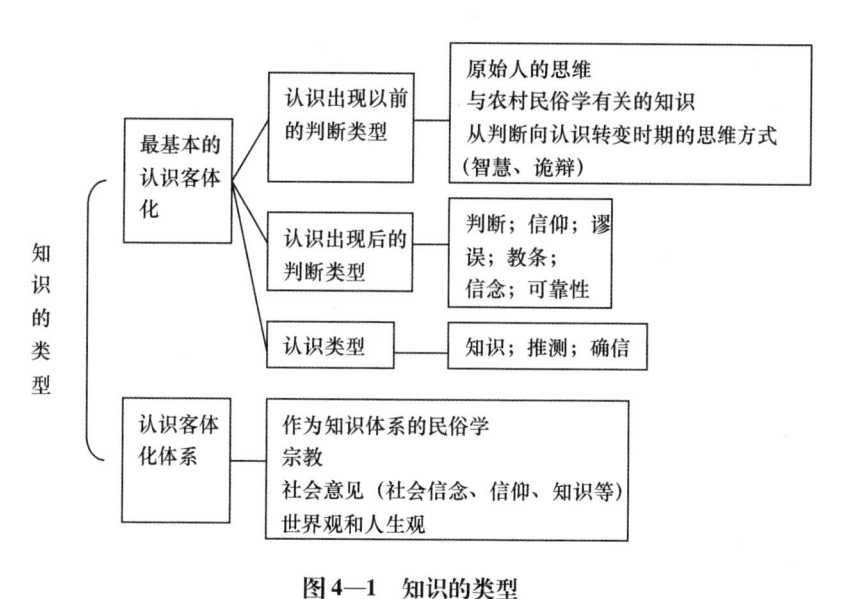

```
                        ┌─认识出现以前─┬─原始人的思维
                        │ 的判断类型    │ 与农村民俗学有关的知识
          ┌─最基本的─┤              └─从判断向认识转变时期的思维方式
          │ 认识客体  │                  （智慧、诡辩）
          │ 化        │─认识出现后的──┬─判断；信仰；谬
知识      │           │ 判断类型      │ 误；教条；
的类  ────┤           │               └─信念；可靠性
型        │           └─认识类型──────── 知识；推测；确信
          │
          └─认识客体──┬─作为知识体系的民俗学
            化体系    │ 宗教
                      │ 社会意见（社会信念、信仰、知识等）
                      └─世界观和人生观
```

图 4—1　知识的类型

资料来源：[匈] И·维坦依《文化学与价值学导论》。

的知识称为缄默知识，而将可言传的知识称为显性知识。他在《人的研究》著作中写道：人类有两种知识，通常所说的知识是用书面文字或地图、数学公式来表述的，这只是知识的一种形式，还有一种知识是不能系统表述的，例如我们有关自己行为的某种知识，如果我们将前一种知识称为显性知识的话，那么我们就可以将后一种知识称为缄默知识。[①] 缄默知识是与显性知识相对而言的。波兰尼又把缄默知识称为"前语言的知识"（pre-verbal knowledge）或"不清晰的知识"（inarticulate knowledge），把显性知识称为"语言的知识"（verbal knowledge）或"清晰的知识"（expilcit knowledge or articulate knowledge）。与显性知识相比，缄默知识有下列特征：第一，不能通过语言进行逻辑的说明。第二，不能以规则的形式加以传递。第三，不能加以批判性的反思。J 中教师所使用的知识概念主要是指显性知识，是可以传递的知识。对于缄默知识，教师

---

① 转引自吴晓义《波兰尼的缄默知识理论对职业能力开发的启示》，《中国职业技术教育》2005 年第 8 期中，第 32 页。

把它作为学生学习的技巧。所谓的"会学习"就是指学生具有的那部分缄默知识，有时他们也把它当作策略和个体认知风格。

在实践中，教师依据自我的认识和经验，也对知识进行了类型划分。我们在下面叙述时将一直使用教师的知识分类的表述形式。（见表5—1）

不管作何种类型的划分，教师们主要关注的是知识在教学中的功能，即价值。他们不会将自己认为没有价值的知识传递给学生。这些知识类型的划分也是教师在长期的实践中共享的划分类型。这些知识的概念也渐渐传递给学生和家长，作为教师与学生、家长沟通时一致理解和使用的概念。

以知识的承载形式为依据，教师将教学中所要传递的知识分为课内知识和课外知识。课内知识不是指课堂内学习的知识，而是指课本中的知识，也是教学大纲中要求的知识。而课外知识也不是课堂外的知识，而是指课本之外的知识。课内知识也是中考出题的范畴，而课外知识不在考试出题的范围内。虽然课外知识不作为考试的内容，但是课外知识可以扩大学生视野，提高学生的智力水平，对于学生"得高分"有价值。就学生的学习时间和学习能力而言，教师希望以课本知识为主，而以课外知识为辅。

表4—1　　　　　J中教师所传递知识的分类及功能

依据	分类	功能
知识的来源	课内知识	用于备考的知识，必须传授与学会的知识
	课外知识	扩大学生视野，促进智力发展以及激发兴趣
在考试中所占比例	主科知识	考试分权重比例大
	副科知识	考试分权重比例小，有的甚至不考试的
知识的难以程度	基础知识	确定基本水平
	高难知识	区分学生智力程度

以在中考中所占比例，教师又将教学中所要传递的知识分为主科知识与副科知识。主科知识就是"主科"教学的知识，而副科知识主要指

"副科"和"小科"教师传递的知识。从考试的角度看,主科知识在考试中所占权重较高,而副科知识要么不考试,要么就是比例很小。但是,教师并不认为副科知识不重要,而认为副科对学生扩大视野、提高能力还是有好处的。在有限的时间和学习能力内,教师支持学生学习主科知识,而对有能力的同学才支持学副科知识。

依据知识的难易程度,教师又将自己所传递的知识分为基础知识和高难知识。基础知识是相对于高难知识而言的,主要指学科最基本的知识,相对容易掌握的知识,也是教学大纲要求必须掌握的知识。高难知识即难题,比基础知识要有难度,是有能力的学生才能学习的。从考试的角度而言,基础知识要占80%左右,而最难的知识也只有5%左右。因此,教师们也将难题称为"拔高题"。

J中大部分教师都认为,教学就是为了让学生多学点知识,而且他们坚信家长也是这个观点,因此,为了满足家长的愿望,他们也应该多教知识。知识取向是J中教师的核心价值取向(主流价值取向),是教师共享的价值取向,而相对于知识取向来说,其他价值取向即是边缘价值取向。

知识是教师用来培养学生的重要内容,选择传递哪些知识,以何种方式传递,都隐藏着教师对知识的假设和价值取舍。抛开知识在考试中作用的变量,教师是怎么样理解知识的,这决定了教师如何对待知识。知识具有何种价值,是教师理解知识的基本假设。

访谈资料

知识是能力的基础

没有知识就没有能力,虽然有了知识不一定有能力。没有知识能干什么?现在是知识经济时代,没有知识,走上社会将寸步难行。哪怕他们考不上学,但是多学点知识,总归没有什么坏处。不管怎么样,学了知识,将来怎么都能吃碗饭。

知识是中考取胜的法宝

就中考来说,考的就是知识。其实现在都说考能力,虽然考试题也反映出这个倾向了，但是考能力的部分毕竟还是少数，多数还是基础知识。只要学生把基础知识打牢，中考虽然不能取得高分，但是基本问题不大。那部分考能力的都是拉分的题，这部分不答也没有几分。

知识改变命运

现在来看，考试还是一个最公平的手段。如果是推荐，平民老百姓家的孩子希望都不大。不说有没有"暗箱"，就算公开竞争，那些平民老百姓家的孩子见识就不行，你也争不过。所以，要想出息，就只能学习，知识改变命运。

知识是用功就可以学会的

知识这东西，只要你用功就能学会。有的东西确实需要天赋，学好不容易，但是学会还是可以的。只要努力，都没有问题。不是有句老话：勤学加好问，不怕头脑笨。

对知识的理解是教师如何对待知识的前提。将知识理解为确定的信息，教师就是接收这些信息并且进行信息加工后，教给学生。这个过程中，教师和学生都不是知识的创造者，而是知识的学习者。依据经验和职能不同，教师把那些确定的信息进行加工后，学生才能接受，否则学生无法将这些信息自行加工。这些基本假设决定了教师必须对教材中给定的知识进行分解，分解为学生能够"吸收并消化"的东西。基于此，知识成为确定的"真"，对它的拥有就是"财产"，"知识越多越富有"，因此，教师的权威一半靠渊博的知识来支撑。学生敬佩有渊博知识的教师，其他教师也敬佩有渊博知识的同侪。这里还有一个隐含的假设——知识的学习是有个体差异的，有的人无论怎么学也学不会，有的人一学就会，有的人要很下功夫学才能会。教师并不是将学生按照成绩划分等次，而是依据学生对学习的接受能力来划分等次。有些学生成绩并不好，但是教师认为他们很聪明，很有潜力，也会去帮助他们学习，也会过多关注这些学生。

对于这些确定的"真"，并不是摆放在那里，任你拿取，而是要有些方法才可以"拿取"更多或者更容易。因此，教师就是要想办法，如何学习这些知识。

1. 巧记知识——"穿线"与"窍门"

前面我们已经分析，教师在使用知识这个概念时，一般指确定的科学的知识。这些知识的学习不是靠机械的方法，也需要一些技术和技巧。但这些技巧，学生不会，只有教师才有这些"窍门"。学科知识的记忆方法因学科不同而不同，对于历史、政治、地理、生物等文科知识，一般需要学生背诵，老师会帮助学生巧记。

巧记知识有两个办法：一个是"穿线"，另一个就是找"窍门"。

伟伟老师是教历史学科的，她被教师们推荐"穿线穿得贼明白"。我与她访谈后得知：历史学科与其他学科不同，发展脉络非常清晰，从一个时间到另一个时间，从一个事件到另一个事件。但是教材是按照单元的格式编写的，知识显得零碎，散落的知识点非常多，这就需要教师把脉络捋清楚，教师们称此为"穿线"。以前，对于历史学科来说，穿线是为了帮助学生更清晰地记住历史的知识。由于目前的考试改革，历史科不需要学生背诵，只需要他们知道这个知识在哪里，如何用历史原理和规律分析即可。教师们"穿线"是帮助学生学会分析考题，知道如何答题，也知道那个知识在书中哪个地方可以找到，抄写到考试卷上。这个过程是历史老师代替学生学习的过程，其他学科教师也是这么做的，不过方法不同。

历史和政治两科，都是中考的科目，又是开卷考试，学生根本"不会用工夫背诵"。但是"知识是分析问题的基础"。没有一定的知识功底，也不会分析，所以也还要学生记住。但是，自从中考的历史和政治两科开卷考试之后，学生和家长都认为这样的科目不需要记忆了，考试时拿着书照着抄写就可以了。因此，根本不把这两科放在心上，教师只有想办法帮助学生巧记，有时会用一些小窍门。

访谈资料

就知识讲知识，尽量把知识讲得活一点，通过一些窍门，让学生记住。比如，三大宗教创立时间不是不好记吗？你可以告诉学生六加一等于七，佛教是公元前六世纪，基督教公元一世纪，伊斯兰教是公元七世纪创立的。学生这么一下就记住了。这些小窍门挺多的。比如，战国七雄，我都是告诉学生，齐楚秦燕赵魏韩，东南西北在中间，国家也记住了，方位也记住了，考试图也填上了。有的时候通过课外知识引入，使用问题串的形式引导学生学习和记忆。例如讲收复新疆。书上有些小介绍，还有一首诗，我就从这首诗引入教学。问学生：这首诗写的大将是谁？（左宗棠）收复新疆用什么手段？为什么会胜利？等，以问题的形式把知识点灌输下去。想尽各种办法，激发学生学习的积极性，尽量在课堂上以学生为主体，让学生尽量多谈一些。我还是以知识为主体，关于素质教育体会不深。

地理老师和生物老师以及政治老师也都给我介绍了一些这样的窍门，我们不是介绍经验的书籍，因此被我略去。在此，我们看到的是：教师替代学生学习的痕迹很浓。这种现象背后隐藏着很深的理所当然的信奉假设。

我不得不再呈现一段英语教师给学生归纳知识的片段。

访谈资料

我每周备课的时候，都把教材的知识点归纳出来，我该讲哪些，而且我都做两本练习册，我做两本练习册感觉这个地方就是命题点。这样你既不会讲超纲，也不会讲不足。虽然都教过了，但是已经三年了。比如，我这个单元就是 used, be used for , be used to ，至少你得讲四种用法，有四个选项。又是 used for sb, be used for, be used to do, 有时 something 做主语，有时 somebody 作主语，那么多，我一看这怎么办呢？一总结，something 作主语有两种用法，somebody 作主语有三种用法，其中两个还是同意句。学生一下就掌握了，我立刻拿几道题让他们做，就全会了。

英语学科与历史等其他文科有所不同，需要培养学生的语言能力，语言是"嘴"的产物，并非靠背下规则来练习语言能力。J中的英语教师也是想很多办法帮助学生记忆这些语法规则。这些记住的规则对考试最有用。赶上教育督导检查，我去听了几节英语公开课，课堂上教师根本不讲语法规则，而是通过不同的活动场景的设计引导学生说英语，在说英语的过程中掌握语法。我觉得奇怪，就跟几位比较外向的英语教师提出我听课的希望。他们答应我，我就进行了"随堂听课"，课堂上教师很少设计活动说英语，通常是将课文读几遍，然后找同学翻译，看看是否明白了文中的内容。书中句型的讲解也是这种教学方式。我一下子明白了他们的"平时的课该怎么上就怎么上，而公开课要按照学校规定的程序上"。

教师替代了学生的信息加工过程，这就需要教师不断地去探索更多的知识，更多的适合学生学习的知识，以及更合适教给学生学习的方法。这些知识主要来源于教材和教材之外，这两部分知识分别被称为课内知识和课外知识。来源于教材的被称为课内知识，来源于教材之外的被称为课外知识。课外知识是没有范围的，教师要获得哪些课外知识呢？这课外知识教师称为"课内知识的延伸"，也被称为"知识的拓展"，要从"挖掘教材"开始。

2 拓展知识——"挖掘教材"

访谈资料

教师应该把知识挖掘透，知识面要广一些。知识拓展非常重要。给学生一个思路，让学生从哪些方面去学习。知识挖掘透是当教师的前提条件。学生通过你这个课学到知识之外，还能受到一些启发，提高认识。每一课都有一个认识。

拓展知识是针对课内知识而言，教师由课内知识向外延伸的部分称为拓展。主要是挖掘教材，以教材为核心知识，向外拓展，直至达到考试的知识边界。

给学生拓展知识包括两种方法：一种是在讲课时拓展，另一种是在习题中拓展。在讲课时拓展是指教师在讲"正课"时将与课本知识相关的课外知识一并交代给学生，在做练习时就不用特殊讲解了。"正课"是指"教材内容的课"。只要是讲教材知识，不管这个课时安排在哪个时间都被称为正课。正课一般是在按照上级部门要求安排的课时上完成，因此，通常情况下的正课是指"正常安排的课时"，而不是学校给教师安排的辅导课时。在习题中拓展知识，是指教师在辅导课上，一边讲解习题，一边将习题中涉及的课外知识进行补充。无论是哪种拓展，都是以学生做习题时可以"答上"为尺度。

拓展知识的目的通常是帮助学生考试。

访谈资料

课改中要求学生积极参与活动，可以这样设置，设置的最终目的是什么？还不是要学生掌握知识，具备一些技能技巧。学生没有知识，无法驾驭自己的学习，在课堂上也只能胡搞、乱搞。最后一点儿收获都没有。你最终来考核他或最后来问他一个问题的话，他根本不会回答。

总之，作为一个教课的老师，怎样让孩子把你教的知识掌握了。这是关键。最起码你讲完了这节课，孩子高高兴兴的，但是啥也不会，这节课就是失败。孩子乐乐呵呵的，老师也乐乐呵呵的，但是一考试啥也不会，这不行。所以你不抓知识行吗？肯定是不行。所以不管你通过什么手段，得让孩子把知识掌握了。

重点还是知识教学。可能跟学科有关，也可能跟时间有关，我们这个学科十个月的时间，还要参加中考，应试的痕迹是抹不掉的。不管是学生、家长还是学校，成绩都是非常受重视的。

好的教学让学生兴高采烈地接受知识，不在于课讲得有多么花俏，课件做得有多么好。

J中教师的教学观可以概括为："千教万教教授知识，千学万学学习知识"。教师的知识观被视为课程改革的重要方面。知识观转向被视为全球性教育改革的要求和趋势。我国新一轮基础教育课程改革背景下的知识观呈现出一系列新的转向，反映了全球范围内课程理论与课程改革实践的进步趋势。从调查的资料看，这个知识观的转向还是个"理想"，动摇了教师的知识观。但是并未撼动教师对知识的基本假设。教师仍然认为教学中最有价值的是知识，教学的价值体现在知识的传授上，因此，教材也被批评为"知识不系统"，"学生拿着教材不知道如何学习"等。对某事和某物是否有价值的判断，来源于主体的实践。在实践中有效的或者有用的，能够满足主体需求和欲望的，才被视为有价值。能否有效或者有用的前提条件是主体自身的能力，主体的能力决定了"手段有效性"。"手段有效性"本身隐含着"一贯性价值"，反复被验证为有效的手段将被视为一贯性价值的一部分，因此很难被改变。

第二节 "教学中培养学生能力最重要"：教学设计理念关注培养学生什么能力

在心理学上，能力是指人们能够顺利完成某种活动所必备的个性心理特征。能力是完成活动所需要的主观条件，能力是通过活动表现出来的。这奠定了教师对能力的概念理解和界定。

在 J 中教师的概念框架里，能力的几种概念指涉：一种指学习能力。学习能力是指学生能够顺利完成学习任务的个性品质，表现为"学得快，也学得好"。能力与效率相关，有能力的人完成活动的效率高，反之，没有能力的人完成活动的效率低。要顺利完成学习活动，需要学生具有灵活的思维、良好的记忆和对知识的概括和分析能力。因此，思维能力、记忆能力、概括能力、分析能力都是教师认为学生必须具备的学习能力。学校中的学习活动的检验通常是考试，因此，教师总是在学生做练习题和考试中发现学生的学习能力，也会在讲评试卷时不断向学生陈明能力的重要性。希望学生具有这些方面的能力。归纳起来，这种能力主要是"解题能力"。另一种指学科学习能力。学校中教师都是具有学科背景的，都具有一种固定的学科教师身份。因此，在谈到能力时，他们常常以自己学科为背景进行讨论。比如，语文教师会谈到学生的写作能力、阅读能力，而数学教师常常认为应该培养学生的推理能力、计算能力，英语教师认为应该培养学生的语言交际能力、英语思维能力以及表达能力，等等。第三种概念指涉的是生活能力，如学生的自理能力等。第四种指综合能力，是从整体的角度看待个人的能力。"能力强"即是"干啥啥行"，反之，"能力差"则是"什么都干不明白"。

J中教师所说的培养能力的"能力"是一个十分广义的概念，可以称之为"综合能力"，除了学科要求的各种能力之外，还包括应对能力，组织能力等社会活动的能力，也包括以动手能力为主要特征的生活能力。

访谈资料

教孩子自学能力，主动学习的意识最重要。主动学习包括心里愿意学习，然后在上课之前知道老师要讲什么，甚至知道老师留作业要留什么。"预热"做得好，还包括主动跟老师沟通思想。

我跟别的老师不一样，我觉得教学最重要的是培养学生的能力，光学会那点知识有啥用啊，就会考试，其他的什么都不行，将来走上工作岗位怎么办呢。

我觉得现在教学忽视了对学生能力的培养，教师只顾教知识，学生一点能力都没有。你看上大学家长陪读的有多少，不都是连起码的生活能力都没有嘛。现在得让小孩"断奶"，锻炼才行。

教师对能力的概念理解如此广泛，在教学中如何培养能力呢？作为学科教师，他们只有在教学过程中培养学生的能力。因为持有"知识是能力的基础"以及"回归考试"的价值信念，所以，教师主要是通过掌握知识的灵活程度来判断学生的能力。从课堂观课的情况看，教师会在上课时不断提到同学们要注意培养能力，不能"死学"。"活学"就是"活泼地学"和"灵活地学"。教师在教学中主要注重培养学生的能力，而不是死记硬背，机械地学习。梅梅是个很讨厌"死学"的老师，她强调教学中要培养学生的能力。作为语文教师，她通过学生课外阅读知识的积累培养学生的写作能力和阅读能力。语文教学还要培养学生的表达能力，她主要通过课堂教学提问和学生讨论与辩论来培养学生的口头表达能力。另外，她会建议并帮助班主任组织学生演讲比赛激发学生学习的积极性以及锻炼学生的能力。

就班主任而言，对学生能力的培养除了不断强调之外，一般通过班级活动来培养。班主任每天与学生"泡在一起"，他们能利用各种机会强调学习能力。例如，当自习课没有科任老师辅导的时候，班主任通过对学生学习的观察，来提醒和强调"学会学习"；在科任教师上课的时候，班主任也会从侧面观察学生的学习情况，然后将这些情况反馈给学生，借故"宣扬"学会学习的重要性。除此之外，班主任主要通过班级活动来培养学生的能力。班级活动包括两部分。一部分是学校安排的任务，如班会、各种竞赛、运动会、劳动以及卫生扫除等。这一部分是以班级为单位，学校统一时间按照统一标准来做，学校会派人检查或者校领导亲自检查。另一部分是班主任自己安排的活动，没有任何要求，也没有检查。这部分活动很少有人组织。持有"道德品质是最重要"和"能力是最重要"取向的班主任会自己组织一些学校允许范围内的活动。森森老师认为，"做人与做事同样重要"。他从做人的角度安排了非常丰富的班级活动。例如周末休息，他会带学生去爬山，野炊；也会搞行军拉练活动锻炼学生的耐力和吃苦的能力。出于安全的考虑，这样的大型活动后来被学校禁止，只能在操场跑步、打球，以及组织演讲等。森森老师与丁丁老师一样重视学生学习能力的培养，他们把学习能力理解为学生自我学习的能力，因此组织学生自己出题、考试、讲评卷子，以此锻炼学生的能力。

这种能力培养被J中教师视为素质教育的一部分。他们认为，应该注重学生素质的培养，不能只强调知识。另外，J中教师认为素质教育还包括学生的品德素质，他们会通过日常规范教育提高学生这方面的素质。夏欣区分了素质教育和能力教育。他认为，第一，素质教育与能力教育是特点不同的两种教育。素质教育具有系统性特征，而能力培养为选择式教育。能力包括一般能力和特殊能力。就一般能力而言，每一位学生都应该具备；而就特殊能力而言，必须根据学生的特点有选择地进行培养和训练。另外,素质教育培养学生终身受益的素质,而刻意培养的特殊能力具有短期性特征。因此,不能把素质教育等同于能力教育。第二,素质教育和能力培养相互联系,彼此影响。素质是人的内在特征,能力是素质的外资表现形式。素质是能力发挥的基础。[①]

很大一部分教师不主张通过班级活动来培养学生的能力和素质。因为学校三令五申强调安全问题。进行各种活动都涉及安全问题,教师觉得自己没有能力为校长的乌纱帽担当,因此,没有学校统一的指令是不会搞这些活动的。另外,很多班主任认为,无论什么活动,都是班里那些"会唱歌、会跳舞"等有能力的同学积极参与,其余的人都是"看客",这样不但不能培养学生的能力,反而使学生学习的积极性降低了——"学生学习的心散了"。J中教师对学生能力的培养是渗透在教学过程中的,被他们称为"润物无声"。

第三节 "教学中培养学生情感最重要":
教学设计理念关注学生情商和师生关系

J中教师认为教学过程中忽视了情感教育,所以目前来看,教学中"培养学生情感最重要"。他们的基本假设是:教学在人的成长中非常重要,教学应该培养完整的人,缺失哪些品质教学就应该培养哪些品质。他们持有的理论是:

情商非常重要。凡是成功人士,都是情商比较高的。
现在学生一点不知道感恩,家长出点什么事,就跟不是他的事一样,根本不当回事。老师关心他,都觉得是应该的。别说爱国,连家都不爱,自己爹妈都不当回事,别人还算什么呀。
我们现在教学就是培养学生考试,忽视了情感教育,教学中真应该重视情感教育。

[①] 夏欣:《素质教育与能力观的转变》,《黑龙江教育》(高教研究与评估)2009年第1—2期,第119—120页。

现在这学生非智力因素都差，都需要培养。咱们现在的学生就一个优点——会考试，其余的都不行。

J中教师之所以强调情感教育，是因为教学过程中忽视了情感教育。这说明情感在教学中的重要性是被忽视的，是教学中缺失的一部分。情感培养是教师信奉的理论，并不是教师践行的理论。教师的践行理论是"培养学生的考试能力才是最重要的"。单单从话语角度分析，是教师"搬起石头砸了自己的脚"。但教师却认为，他们信奉的价值取向之所以实现不了，是因为目前形势所迫。这给我们的启示是：教师信奉的价值取向得到践行，要依靠教师对情境的界定。教学现实情境决定了教师的价值行动。

访谈资料

我们可以在教学中培养学生的情感，但是培养学生情感一定要分去教师一部分精力，这就降低了教师对学生考试的投入程度，考试成绩不好，家长就埋怨了，老师不教正经东西，就瞎搞。没有办法，我们还得关注考试。

因此，在J中将情感教育作为自我优势价值取向的教师并不多。最有代表的教师可以算琴琴老师了。我们将在第八章呈现她的故事，这里不打算提供更多的数据资料。尽管如此，情感教育仍然是教师信奉的价值取向，同时，大部分教师认为师生情感是教学中的重要问题。在强调师生情感时，教师并没有清晰地认识到他们在对学生进行情感教育，而是将师生之间的情感作为教师治理教学过程的方法。

访谈资料

我非常注意师生的情感，现在这小孩可难管了，你也不敢批评，哪句话说不对，就有家长告你。

情感是最重要的,我就是情感投入。

你得跟小孩搞好关系,这些小孩可奇怪了,要是跟哪个老师好,就愿意学习哪科,所以我挺注重跟学生之间的关系的。

教师认为,情感投入是教师保证教学顺利进行的手段。之所以选中这种手段而非惩罚等其他手段,是因为教师体验了该手段的成功,发现学生"跟哪个老师好,就愿意学习哪科"。情感在此的含义是感情和情意。英国哲学家赖尔通过对情绪的三种指示(爱好或动机、心情、激情或感触)的讨论证明了情绪不是行动的原因,而是行动的助力。[①]他认为,行动者在那个时候那个地方作出了那个举动也是由于某个在先的行动引起或导致的。赖尔以递食盐为例说明这个问题:一个人出于礼貌把食盐递给了邻座,有礼貌仅仅是他的爱好,而不是引起他行动的原因,他所以把食盐递给邻座,是因为他听到了邻座要食盐或者看到了邻座的目光在桌子上扫来扫去等。学生选择学习哪一科也是因为回报教师是他们想要的,这也是人的品质之一。因此,情感投入的教师都会获得这种回报。情感投入成为学生学习该教师的学科的一种促动因素,这也就成为教师教育智慧的一部分。

情感是人对客观事物经验、体验、理解、认识所获得的一种心理感受或感觉,它包括低级形式的喜、怒、哀、乐、惊恐、焦虑、不安一类的情绪,也包括高级形式的道德感、审美感一类的道德情操。[②]可见,情感中本身含有道德的成分,但它不同于道德。教师并没有将情感与道德完全区分开,经常混淆使用。我们也不打算将二者做清晰的区分。

[①] [英]吉尔伯特·赖尔:《心的概念》,徐大建译,商务印书馆2010年版,第83—139页。

[②] 司马云杰:《价值实现论:关于人的文化主体性及其价值实现的研究》,安徽教育出版社2011年版,第180页。

第四节 "教学中培养学生思想品德最重要"：教学设计理念关注学生思想道德品质

德育是学校教育重要的组成部分之一。J中学里同样有德育校长、德育主任和团书记，主管学校中的德育工作。学校中德育工作的开展通常是完成"上边的任务"。上边指的是上级主管部门。每年政府宣传部门和教委都会有一些教育活动分配下来，例如，看电影、看话剧、开班会、评选道德模范等活动。这种德育是一种形式化的教育，具有一定的程序和规范，也有一定的制度和评价等。我们这里不讨论这部分，只讨论教师教学过程中的德育内容，即"草根化的德育"。

思想品德教育被教师视为影响教学效果的重要因素。

访谈资料

我现在教的这个班是一类班中最后的。这么多年我的感觉，老师对学生德育方面的教育直接影响他学习。开学第一天我就说，老师喜欢两种同学。同学问喜欢哪两种，我说，老师喜欢学习好的同学和学习不好的同学。"傻子，这不是都喜欢吗？"老师喜欢学习好同学具有很好的学习统筹能力，同时学习很有方法，也很有成就。学习不好同学，老师喜欢你们肯定有某一方面比学习要好，你的情商可能大于智商，以后走向社会可能交际能力会很好，这些也是我羡慕的，我也喜欢。然后我告诉他们：无论学习好还是学习不好，老师最喜欢的就是讲道德的人，所谓讲道德的人首先你自己能做的事自己做，讲道德有责任感，尤其男同学，你必须有责任感。你的责任感和道德感表现在哪，就是我能做到的事我得努力去做，我做不到的事我得给别人创造机会，你不能影响别人，上课你说话，你会影响别人学习，那不行，所以学生这方面挺好的，上课一有学生说话，我就说："谁又不道德了。"立刻一声都没有。他们可害怕这个了。再一个，我还告诉学生。比如说我听写啥的，哪怕你打十分，是你自己写的，你要是抄别人的，我肯定狠狠地罚你，我接受不了这种欺骗行为，做什么样就做什么样，你做你自己，永远努力做你自己。反正学生，你一天跟他们就说这些事，也有点用，比家长好使。

信息技术的话，实际上是属于师父引进门修行在个人那种，老师讲的那些操作，学生以后出去不一定实用，因为那种更新换代很快，但是你关键就是在课堂上要有一种学习信息技术的意识，技巧的话是次要的，我觉得这种意识和习惯的培养对于学生来说，应该尤为重要。

现在不在于你教知识有多少，方法很重要，德育教育很重要。不论是教哪一个学科的，不能收买孩子的心，就不行。现在小孩始终认为给你学习呀，不知道给他自己学习。所以说多难教育。你要是对他要求严了，他说你看不上他，你得先打通他感情这条线，然后你批评他，他才能领会了，哦，这是老师对我好。要不突然间就那么一下，根本白扯，不行。

思想道德教育是我工作的重头戏，我觉得教学没啥问题，主要是德育。现在学生家庭教育跟不上，小学该培养的也没有培养，到中学如果再不纠正，就完了。

现在道德教育主要的是理想教育和使命教育。

"草根化的德育"并非只是培养学生的思想道德品质，之所以认为德育重要，是因为德育对教学有影响。J中教师的德育内涵也非常广泛，既包括思想教育，也包括品德教育，甚至还含有情感内容和人格内容。道德教育也被看成是"攻心之术"。教育的整体意义表现非常明显。

我们将在第七章呈现持有道德取向的教师故事，具体揭示道德取向型教师的教育行动。

第五节 "教学还是考试最重要"：
教学设计理念关注学生学习结果

  J 中的考试依据年级不同，安排也不同。初一、初二年级，每个月一次考试，第一次和第三次考试称为月考，而第二次考试时间正赶上教委统一组织的期中考试，第四次是教委统一组织的期末考试。这是正式的考试，学校统一安排时间和监考等事宜，密封阅卷。这四次考试之后，年级统一排名，并全校张榜公布排名情况。张榜公布的排名是年级学生的排名。除此之外，各班级和各学科也有各项指标的排名，学校以文件的形式印刷后发给各个老师。每个班级按照及格率、平均分、优秀率、各学科平均分以及分段平均分等几项指标检测自己的学习情况。及格率、优秀率和平均分是就全班学生而言的。各学科平均分是就各个班级而言，各学科平均分是为与班级整体成绩比较设定的指标。例如，A 班整体平均分为 78 分，那么，数学学科平均达到 78 分算合格，如果达到 82 分就算好，而未达到 78 分视为不合格，学校教师称此为"拉分"，教师要做反思。哪一位老师也不愿意做拉分的老师，但总会有老师拉分。这就是我们前面所说的"横向比"。分数段平均分是指将班级学生分为几个段，如排名在第 10—15 名的学生平均分是 89 分，那么各学科教师都要看这个分数段内的每个学生的各个学科是否达到 89 分，如果没达到就视为这一科拉分了，教师也要反思。无论哪种，学校领导很少批评教师，只是将成绩展示给大家看，并且开会宣读成绩。但教师们因为拉分都会不好意思，回去一定会反思，并且还会找拉分的同学谈话，或者跟全班学生讨论考试成绩。初三的正式考试非常多，在初三上学期以学习课程为主，一般也只进行四次考试，与一二年级相同。初三下学期，通常是半月考一次，至少有三次中考模拟考试，教师称"摸底考试"，也就是摸摸底，看看学生怎么样，应该在哪些方面进一步改进。无论初一、初二还是初三，每次考试后通常都会开家长会，有时学校统一组织召开家长会，有时是教师自己召开，主要目的是向家长通报孩子的学习成绩和这个阶段的学习状态，以此引起家长的重视。

除了正式的考试之外，J 中的主科教师也会经常给学生考试，他们称之为"跟考"或"小考"。副科和小科教师一般不会自行考试。考试最多的是数学和英语，语文和物理、化学的考试相对少些。英语老师和数学老师几乎每天都考试，所以他们通常用"跟考"这个概念。每天讲了新课之后，为了巩固学习成果，教师都会出题考试，晚上拿回家去批，或者利用上班时间批改，第二天到校给学生反馈考试结果，并进行讲评。物理和化学老师学了一个单元之后，也会给学生考试。语文学科考试相对较少，但是经常会有"随堂考试"。随堂考试是指在老师讲新课之前，以复习的形式考试。让学生拿出一张纸来，考默写或者听写等。

教师强调"考试最重要"的"考试"主要指中考，而非学校中的这些考试。中考大概是中国所有初中教师必须考虑的，也是 J 中全体教师的行动目标。就目标而言，中考作为 J 中的学校目标是模糊的，却是其终极目标。在教学过程中，随着时间的变化，从初中一年级到三年级，目标逐渐清晰，只有初中三年级才可以看到很明显的应试迹象。在达成考试这个终极目标之间，有很多具体目标，比如班级管理目标、学生阶段性目标，等等。应试作为全体教师的目标，在教学过程中表现得并不明显。从初一就开始冲刺应试目标的教师并不多。因此，在教师宣称的价值取向中，很少有应试。但就践行的价值取向而言，有个别教师认为"教学最终还是为了考试"。

访谈资料

我是教语文的嘛，不知道其他学科怎么样，知识的话，语文知识包括个人的知识积累，和传道授业、解惑这两块。但是，在现在这种应试教育上，还是比较注重考什么，教什么，这种照本宣科。从这个意义上讲，都是商品，都是商品意识。因为课外知识讲得再多，再丰富，如果不考的话，都是没有用的。学生家长以及学生都是不需要的。

教师课外知识还是要积累，这和课堂是有关系的。就说吧，教学目标，考什么是主，教师个人积累的话应该是辅，没有课外积累，不可能让课堂更生动，引导学生更愿意听课。应该是这种关系。所以，这个搞颠倒的话就麻烦了。否则，老师炫耀自己的知识，卖弄自己的知识吸引学生的注意力，课本以外的知识可能学生更愿意听，但是一考试，成绩上不去，这个就不行。我在2008年、2009年这两年就是考什么教什么，成绩都比较好。课外知识不会花很多时间，成绩还是比较好的。

黑猫白猫，能抓住老鼠就是好猫。只要考试能拿高分就是就行。最后还不是分数说话？不管你是中考还是高考，没有分数，有钱都没用。

教学这块是教师个人有个人的方法，个人有个人的套路。但是，我听了这么多老师的课，他们就是考什么教什么，注重基础知识，总体印象就是这个。听公开课的话，花架子更多一点，现在好的标准是啥，就是升学率。好的学校就是看升学率。学校的利益有时候并不等于老师的利益。现在社会就是要分数，学生对课外的知识不是不需要，而是没有能力去要。

成绩是重要的。升学毕竟还是一条出路。光说注重素质，你到高中还不是看你成绩吗，谁看你素质。

怎么都离不开升学呀，学生重视的还是成绩，老师重视的还是成绩。考不上学，最终结果还不是停留这个阶段。不管怎么搞素质教育，还得升学。要是升学占百分之四十，素质占百分之六十，保证没有人在乎成绩了。

如果强调其他方面，要是体育、音乐美术也考试占一定比例，还好点，这样中等以上的学生还能有点积极性。

学生考试成绩高，他自己也自信。一个老师告诉我，他儿子学习中等，每天一提到分数就很不屑，后来我给他找了那个数学老师，很快成绩就提高了，明显能看到他脸上会心的笑，我第一次感受到原来分数还是挺重要的。其实学生内心深处也在意分数，不过是嘴上不说。因为他考试分数低，所以只有贬低分数高的学生才能找回他的自尊。现在他也考得好，回来就不像以前那样了。

中考还不是按照分数录取，差一分就得拿八千块。这是个现实问题，哪个家长不要分数呢？都说是素质教育，在现实中根本行不通。什么不是素质？考试本身也是素质呀。素质低的也考不好。

在当地，重点高中每年按分数录取，在报考学生中从高分到低分招生 400—500 人，每年名额不定。以最后一名的分数线为录取线。这一部分学生称为"统招生"。除此之外，每年还会招收部分自费生，一般招收 1000 人左右。从招收名额看，统招生的比例非常少，大部分为自费生。自费生也要按照分数线来交费用。一般以十分为一个档次，每个分数档次相差 2000 元左右。在统招生中，前 30 名学生分为一个班，称"小班"，其实质就是尖子班，配备最强的师资，重点培养。原来招收一个小班，现在招收两个小班，也就是全市前 60 名学生才能进小班。进入小班没有暗箱操作，哪怕是市长的儿子也不会例外。

J 中有几位教师对考试很"专业"。他们有几个本领：第一，具有"伯乐"的本领。他们坚持考试成功至上的原则，哪些学生能考试，有潜力，他们一眼就能筛出来。对于有潜力的学生，他们会想尽办法提高他们的成绩，而对于那些他们认为考试无望的学生则应付了事。第二，他们一般对考试的技巧和出题的倾向很"在行"，对中考出题的预测能力非常强。因此，他们在平时上课时就"以考定教"，考什么教什么。对于不考试的知识，就算学生问到，他们的回答也是考试不会出题。久而久之，他的学生在问问题之前，先问老师"这个考不考"，如果考，学生就会认真研究，仔细聆听教师的教诲；如果是不考试，他们也马虎过去，不会对此知识细究。

第五章

教师关于教学管理的价值取向

教学管理是教学过程中的管理,主要目的是使教学有序进行。但是管理活动本身蕴含教师对学生的假设、信念和价值观,因此,对教学管理研究的意义在于关注教师管理活动背后隐藏的假设和价值取向。

学校与其他组织不同,教学管理本身也是一种课程,它对学生成长和发展也生成意义,这被赫尔巴特称为"教学的教育性"。在育人的意义上,管理活动也许大于教学。试想想我们曾经的求学过程,记得的故事中大多数是关于管理的,而非教师上课的状态或内容。教学管理也是一种隐性知识(潜课程),学生通过对教师管理行动意义的解读建构自我价值意识,学着认识世界和外界事物,学习应对世事的策略。有的教师让学生上课不能说话,学生小声问问题也会遭到批评,甚至上课没有举手就回答老师问题也会遭到责骂,那么学生习得了只要出声就被视为不守纪律,那么无论教师提问什么问题,他们都会沉默不语。因此,在学校里,实质上,管理过程也是教育过程。

我们从下面几则故事中"品味"教师的管理。

第一节 "攻心战":教师的管理总体取向

"攻心战"是J中教师的一个比喻,是指教师通过各种教育手段征服学生的"心",从而使学生因为佩服老师或者心疼老师而"听话"。攻心战术很多,有晓之以理,有动之以情,有感化,有拉关系,甚至有编造谎言等等。

访谈资料

晓之以理，动之以情

当我上第五节课时（下午第一节课），我告诉他们："谁都不许给我困啊，谁困了努力站一会，我就讲三十分中，给你十五分钟睡觉。"学生说："哎，老师，你太好了！你太漂亮了！"这样，上课时学生都瞪着小眼珠听课。我说："我发现谁溜号了，给你们睡觉的这个时间就没有了，要是大家都表现好，那这个机会是你们自己赢得的，就有。"所以，每到我第五节课的时候，孩子们小眼珠瞪溜圆。有时，我进班看有的学生在睡觉呢，我问怎么回事。学生说："他怕上课时睡觉，提前做好准备。"现在孩子攻心战比教他知识更有效。你把着手教他知识，他不往脑子里学，白费。就得攻心战，斗智斗勇。

前天上课，我班有个学生就笑嘻嘻的看着我。他上课不学习，周末非得要上我家补课去。我说："你平时上课都不听，补什么课呀，不祸害你妈那两个钱，你有罪呀。你趴桌子，十分钟之后我问你什么你答什么。"他真趴着，十分钟之后我问他："你睡着没"。他说："没有，但是我不知道老师你让我想啥问题呀。"我说："我让你想的一个问题就是：为什么上课不学习周末要补课，是什么原因？你为什么不珍惜你父母给你挣的钱？我就让你想这两个问题。在趴桌子想。"趴一会，他起来了，正好学生做题呢。他跟我说："老师，我也上外边，你也上外边。"我们到了教室外边，他就哭了。"老师，这么多年，因为我学习不好，没有一个人跟我说这些话。"我说："你别哭了，老师跟你聊聊。"我跟他聊很长时间。他很小的时候，他爸爸就把他和他妈妈抛弃了，他想为他妈妈承担一切，但他承担不起。他妈妈想为他创造什么，也创造不出来，所以他跟他妈妈都在相互为了对方做一些表面工作。他说："我为啥要周末学习，我是想让我妈妈开心，知道我要学习，我就为了这个我才要去的。"我说："你可以去，但是你平时上课必须努力的学，你的学费老师不收。"然后我又跟他聊挺多，告诉他怎么学。我说："每天交给你的任务，必须完成。从头开始，每天五个单词二个句型。"不学习的孩子总是新鲜两天半。那天我上课一看，他又不学习了。别人都在那读课文，他就在那里瞪眼睛。我走到他跟前，顺手从兜里拿出一块糖给他了。下课时候，他跟我说："老师，这块糖我一定不会吃的。我就留着，当我做事情不坚持的时候，看看这块糖我就能努力了。"这小孩，你听着是不是也挺招人喜欢的，你还觉得挺感动的，但是又过几天，他又不好好学习了。他们班还是个不错的班级，班主任可负责任了，天天趴后门看。我告诉学生："谁要是犯错误了，就站着。站到什么时候为止呢？站到下一个人犯错误。如果说一直没有下一个人犯错误，那你就站着，老师看到你一次，就算一次，看到几次算几次。"这几天可好了，谁也不敢第一个犯错误，万一第一个犯错误了，第二个不犯了咋整呀。昨天，我就搞个调查，写个小作文。用英语写，学生写的不咋地道。有的学生就说，老师有些做法真正约束了我们的行为，有的时候自己的行为习惯养成靠老师的严格，有的时候靠自己的认识，但是我们谁都不会自己认识到，就靠教师的严格。

用童心感化童心

考的好给一本本子，考的最好的给一只仓鼠。学生不为了本子，而为仓鼠奋斗。哪怕本子再贵，他也不喜欢。仓鼠才五元钱一只，本子比仓鼠贵，学生不喜欢。我奖励给学生大本子，价值十二元，但是学生不感觉咋地，但是你奖励给他一个小本子，学生乐的没法，他就喜欢。学生心态，大人看不透。

拉关系

我特侧重于师生关系。我连续三年教初三。二茬子接班，孩子不容易接受。他们已经跟原来老师有两年的感情了。你再接班，他们就跟你特别生。所以，必须让学生买你帐。这是第一位的。无论你水平有多高，无论你方法有多新，首先孩子得理解你，孩子得接受你。我们现在的情况是：几个好班，学习的学生都不到一半，不好的班级学习的学生就十来个，面对一个那个大的不学习的大队伍，他上课要是捣起乱来，你还能讲了课？所以必须想办法收住他们的心，你才能讲课。

上课师生关系最重要。课堂和谐，能够很好地完成教学任务。现在好班孩子跟过去也不同。好孩子也都是被动学习。两极分化严重，绝大多数孩子懒散，被动。教师压力大。过去孩子可以晓之以情，动之以理，生气还能打两下。现在孩子根本不敢捅咕，甚至连说话都不能说深了，瞪他一眼都不行，整不好家长就找上来了，所以现在老师工作特别难做，老师压力也挺大。

只要跟学生搞好关系，学生才能给你学。学生对哪个老师感兴趣，就学习哪一科。我没啥事跟他们唠唠嗑。自己看到啥好文章了，就跟学生说说，很多时候也让他们受受教育。比如，我原来看过的一个纪实故事：一个初三学生，非常调皮，但是突然间家里出事了，他就用半年时间把三年级课程全学完了。这样的故事给学生说说，那些不学习的听了也觉得自己还有机会。就得通过各种方式，跟学生搞好关系。现在学生不比我们当年，他们要是不学了，你咋说都不行。

老师只能通过正面引导，各方面讲讲道理，跟孩子多搞搞关系，要是跟老师关系不好，学生往死了捉你。

我编了一个谎言

我班有个男生，上课就是说话，你说啥都不行，有一天我找他谈话，我编了一个谎言。我就跟他说，我说："王新志啊，老师第一天见到你的时候就觉得你跟我原来教过的一个学生特别像，无论是外貌特征，还是说话的声音都像。"他问我："那个同学叫啥名？"我就编了一个名字。我说："当初我教他的时候，他是个体委，特别负责任。每当班级有劳动、有活动的时候，他都承担很好。然后我就觉得他责任感特强，我挺喜欢他的。我就主动要帮他学英语，他真就学了。我接他课的时候他打59分，那时候120分满分，到初三毕业的时候，他英语打117分。"确实有这么个孩子，叫张志勇。当时我这一个行动，等于挽救了他们全家，他爸是腰间盘突出，不能干活，他妈没有工作，就靠给人家打零工。我跟他说："你必须承担一份责任。你是个男孩,以后你父母全都得你负责。你还会有另外一个家庭。……"我对王新志说:"老师觉得你总是蕴含着一种力量,就像当初他给老师的那种力量是一样的,……"现在我上课,这孩子一声不吱,可老实了。

生活上关心

我的性格跟学生比较容易亲近,下课多谈谈心,比如他有个什么小感冒了,跟学习不相关的事情多关心一些,他要是有点小毛病了,觉得他这个事不是特别重要的时候,可以略微纵容一点,他觉得对他好,然后事后的时候你再解释,说这事不好在哪里,你应该怎么去做,他觉得你在人前的时候给他面子了,他觉得能接受了,然后你再跟他谈学习的事,他就能接受了。

一方面,"攻心战"是J中教师的管理智慧和教学智慧;另一方面,"攻心战"也是J中教师对学生进行"软控制"的手段。基础教育课程改革倡导教师转变角色观念,教师不再是教学中的"权威",而是教学过程中"平等的首席"。加之,社会舆论的控制、各种儿童保护条例的颁布、教育规章制度的限制,教师不能用高压的手段或者强制的手段管理学生。过去的经验已经建构了教师关于学生的假设:"学生就是奴隶性";"小孩要管,小树要砍",等等。因此,在管理上教师对学生的控制由"硬控制"走向了"软控制"。"攻心战"成为教师"管住"学生,"逼迫"学生学习的智慧。

"攻心战"的目的是让学生听话。教师通过攻克学生的心灵,求得学生的配合,好好学习,"给老师学"。"攻心战"一方面体现了教师的自信。教师总是认为自己是"知识的权威"、"智慧的引路人"。只要学生"跟着老师",学习成绩一定会很好,各方面也都会很强。这里仍然体现着教师将自己的实践活动看作是知识传递的活动;教师总是以为学生不知而己知,因而非常细致认真的讲述每一个知识点,生怕学生学不会。另一方面,"攻心战"也体现了教师对教育的片面理解。教育不是单向的知识传递过程,学生通过与教师交往互动、与学生交往互动以及与社会互动的过程中成长,建构自己的知识结构。教师"灌输"的知识必须经过学生的消化、吸收才能成为学生自我的知识。

"攻心战"也是一种"心灵的唤起"。"攻心战"是通过引起学生心灵的"感动"而唤起他们对情感的认知、对情绪的管理,也唤起他们在人际交往中的一份"义",这是学生应该学习的人际交往规则。

第二节 "全得靠老师":教师对学生管理的基本假设

访谈资料

> 现在孩子,家长也整不了,自觉学习意识特别差,全得靠老师。一天没有跟踪测试,学生一天学的内容就消化不了。全是被迫学习,你得跟他们斗智斗勇的。比如说今天背了一段,明天这段我要默写,就有同学提前写好了,所以我就想办法。有时候我说名写在第二行,第一行空着,写完名再空两行才可以写原文。你总得把你这个弄的跟他们原来设计的弄不到一起,这样你才能得到真实的效果。我次次变,这次我可能说这纸得倒着用,下次可能必须用英文纸,必须用算草纸。我总变,他们摸不到规律,时间长了,他们就不提前写了。

J中学教师会不约而同地提到一个问题:学生的自觉学习意识差,学生没有主动学习的愿望。前面分析了教师管理中的"攻心战术"以及教师在教学设计中的各种取向。教师的这些行为对学生的主动性培养具有一定的影响作用。当教师逼迫学生学习的时候,学生认为他们是在"给老师学",而不是"给自己学"。有的学生甚至要挟老师和家长——"我不给你学了"。

教育本是激发人之为人的主动性,反而成为消逝学生主动性的重要因素。梁漱溟在《人心与人生》中考察了人的主动性问题,人的主动性在于"争取"上。① 教育过程中的主体既包括教师，也包括学生。因此，教师和学生的主动性在教学过程中同等重要。而在这样的学校文化中，学生的主动性被教师的主动性裁制，教师并没有通过自己认真教学而培养出学生的主动性。恰恰相反，在学生主动性没有显现的时候，教师通过自己努力工作替代了学生的学习主动性。

第三节 "咱也犯不上"：教师管理责任担当的"尴尬"

访谈资料

现在学生你来硬的不行，另外咱也犯不着来硬的呀，捅咕一下说不定还得摊个事，咱也犯不上啊。所以，现在老师也不愿意管了。教到位就行了，愿意学啥样就学啥样吧。

现在教师教学积极性不高，反正媒体也不正面报道。这孩子你也捅咕不得。老师也不傻，谁能往死了打孩子。我们学校都出事好几个了。有的学生就说这有病那有病，但还在班上上课呢。你说他哪有病，就是要整老师。有个老师让学生整出一万八呢。所以，现在的情况是，老师不该管的就不管了。现在负责任的老师就多讲点，不然把课上完就拉倒。

教师认为逼迫学生学习就是对学生负责任，管理越严格越是爱护学生。是否严格管理学生其实质是一种价值选择。教师在进行价值行动选择时，一般依据情境界定、以往成功经验和价值目标。教师的价值目标是学生考试成功（学习好），在帮助学生考试成功的过程中，教师通过严格管理学生获得了成功，逐渐将此沉淀为教师的价值取向——严师出高徒。依据学校文化情境和社会情境，通常对好教师的评价是"严格的教师"，因此，他们认为越是严格要求学生，越是证明教师自身是好的。从

---

① 梁漱溟：《人心与人生》，新华出版社2004年版。

心理防御的角度看，教师越是严格要求学生，越是保护自己，他们用严格要求（负责任）向外界和他人证明自己工作没有问题，学生学习不好应该自己承担责任。

第四节 "现在好孩子太少了"："学生的存在本质"假设对教师管理的影响

在教师眼里，"好孩子"是主动学习的孩子和听话的孩子。除此之外，教师评价好孩子的指标非常多，品德是教师极其看重的。在学校里，认真和主动学习的学生品德一般也会很好，所以教师对学生评价也充满着悖论。一方面，他们希望学生"哪怕学习不好，品质好就行"，另一方面，衡量品质的好坏仍然又回到学习的问题上。总之，教师用成人世界的标准来评价学生，看到学生调皮就会认为那是个坏孩子。

访谈资料

可皮了

现在孩子都可难整了，都皮的不行，你说就跟你对付啊，可不像话了。

现在学生不太好教。特别对我们这小科也不太重视，大多数学生都是在老师的强迫下学习。好学生还好点，差学生你怎么整都不行。你要想把他的积极性调动起来太难了。

一点不学

现在学生跟十年前我上班时完全不一样，那时候学生最起码你说他听啊，给你学点，现在这学生有的从一年级就开始放弃。就在那挺着，啥也不学。一般的学生要是放弃，就整体放弃，科科都不学。

自私

这茬孩子特别自私，没有责任感。因为他们吃的是父母的，花的是父母，也感受不到生活有多艰难，也不知道自己未来怎么生活。

现在他们根本体会不到父母的心情，你看那些高中生，处对象，跳楼死俩了吧。

现在好孩子太少了呢？现在就是学习好的孩子也都自私，从有些小事就能看出来，不太关心班级的事，集体主义思想比过去的学生差老了。

不长心眼

现在小孩心智成熟的特别晚，看着长的挺大的，不长心眼，一点学习的心思都没有。过去起码六十个学生能有四十个学习的，现在六十个学生连二十个学习的都没有。学习太被动了。就是没长学习的心眼，别的心眼都有。

向老师借钱

我告诉你们啊，不是不好的学生借钱，离异的特别多。借完钱，就没事了。我也没吱声。他借我次数多了，一次不多借，十块二十。我们班级吧，每次考试四个人一组，一个赢一个输的，两个坐车的。这次，他就输钱了。输钱之后呢，他也不掏这十块钱。班长就找我说："老师呀，人家都掏钱，就他不掏钱。"我问他："你咋不掏钱呢？"他说："我没有钱呢。"我说："你上回借我那钱还没给呢，就搁那十块钱掏得了。顶着你没掏，是我的钱。明天你得拿来啊。要不班级定的制度，你不遵守他也不遵守，谁遵守啊。孩子你想想。"又过两天，班长又来找我。"老师呀，那谁谁钱还没给呢？"我又找他。我说："你也真是。我觉得这点事，你都处理完了呢。咋到现在还没给呢？"他说："老师我下午带。"我说："下午赶紧给人家啊。"他这算把这十块钱掏出来了。其实这钱顶着是我掏的。现在我们班，这种情况还有。借完钱不还，就当没那回事。有的时候我也不想借。但你瞅着孩子挺可怜的，也不能为这十块钱让他回家取去。

我们班也有，那次我们班上交钱，那个学生向我借钱，"老师，我爸妈没在家，你借给我一百块钱，我明天就还你。"第二天，他就跟没那回事一样，还在那嘻嘻的闹呢。我看他那样，我就问他了。他说没带。一直到现在都快两个月没给我，那就算了。你说咱当老师的，能追着他要吗？有的时候也没办法。那天下大雪，我们班有个学生说:"老师,你借我五块钱,我打车回家。"我就借给他了,结果也没还。那学生吧,能撒谎能聊皮,他就编理由。

有的孩子还有那样的,说老师呀,中午没有吃饭钱了,你借我几个钱吃饭。你说那么多学生搁那瞅着呢?你能说不借他吗?那当时其实不是借,直接就给他了。

对于初中教师来说,学生是一个现实的存在。对这个现实存在的本质理解恰是形成教师假设和建构价值取向的一个重要方面。教师所陈述的学生问题,其本质上源于教师这样的假设:好学生应该是听老师话的;好学生是从来不犯错误的;好学生是不应该有缺点的。所以,当学生有了这样那样的毛病和问题时,教师认为"他们完了",已经"坏了"。学生是待教育的对象,他们身上存在着这样那样的问题是非常正常的,教师的责任恰恰是对这些所谓的"缺点"进行指点和引导。例如,学生向老师借钱不还这样的事情,一方面教师认为学生品质不好,是家庭教育不利;另一方面,教师将自己置于学生债主的身份,有的老师向学生"讨债",有的老师想方设法与学生"智斗",即便不讨债或者智斗的教师也尚未理性地认识自身的教育责任担当问题。

在J中学的日子里,亲眼目睹了很多教学管理的现象,聆听教师对学生的教诲,我总体上有一种感受:管理好像拔河比赛。教师和学生各执绳索的一端,彼此之间在不断地努力胜过对方。在管理上,教师以管住学生作为对自我的评价标准,不能管住学生就不是好教师。因此,教师始终在努力地"管住",关注的是教学管理的基本职能,忽视了教学管理的特殊性在于教育。教学管理本身是一种潜课程,它在学生的发展与成长过程中起着不可低估的作用。凡是上过学的人都知道,让自己记住和经常回忆的学习故事大多是跟管理有关的。

第 六 章

教师课堂教学的价值取向

课堂教学是教师实施自己教学设计的场域,是将教学设计的取向表现在课堂教学行为之中的过程。在 J 中教师的概念中,课堂教学就是上课,比教学设计要更广泛一些。他们认为,教学设计一般涉及"文本",而课堂教学更加综合的表现教育。在 J 中学教师的意义里,课堂教学与教学设计理念是两套话语,两种视角。在讨论课堂教学时,教师们更倾向于从技术的角度去思考,而讨论教学设计时倾向于从理念的视角去思考。

为了更全面的展示 J 中教师课堂教学价值取向的全貌,我们还是从资料中扎根,分析教师的本土概念。

第一节 "老师就做自己":教学
技术是无法向他人学习的

J 中学与其他很多学校一样,经常派教师外出学习。外出学习的形式通常是观摩学习,其内容也多是"听课",即听优秀教师上课。

访谈资料

我觉得让老师去听课,远远不如让老师创造有用。学校应该把设备配齐全了,都提供了,你就让老师努力去做自己。努力做好自己。比你出去听那几节课强,你看到的,不一定是真正你能用的。白费。那两天我们还去听三省四师的优秀课了呢,确实好,但是你到咱这也实行不了。咱那学生没那素质呀，即使你老师能讲成那样，学生也没有那个素质。不行。

我们就是出去听公开课，那公开课都是假课，我就觉得都是假课。实际上课不那样。一般时候派听课我都不去听，我宁可自己整，听完他的课我倒不知道咋讲了。那他的性格，他自己控制课堂的那种方法，跟我不一样。我为啥非得向他学呀。我这人也犟。我就做我自己。

听优秀教师的课就是一种观摩学习。观摩学习是教师提高的一种途径，很多学校都采用这种途径促进教师改进，促动教师去思考自己的课堂教学方法。这是否真的能够促动教师，激发他们"动起来"，确实不像政策制定者或者理论研究者想象的那么简单。教师的行动由教师自己控制。即使不得不参加观摩学习这样的活动，教师们也都是"看热闹"，停留在欣赏的水平上，或者持有批评的观点，真正吸收优秀教师的经验可能还要靠教师自己"琢磨"。

尽管教师们都认为"课堂教学的方法老师无法向他人学习的"。但他们却都认可"学习对教师课堂教学技术提高有重要影响"的观点。

访谈资料

老师学习真很重要。但是咱们现在基层老师都没有学习机会。咱们这里，我还是大专毕业呢，现在咱们这里还都是中专毕业的多呢，还有两年制的中专，他们始终还停留在这个水平上。

很显然，教师把听课与其他形式的学习区别开来。在他们的意义中，教师听课不过是模仿，不是学习。而学习是一种成长和提高的机会。其中也包括请专家和派教师出去培训。教师表示，"没有请过外边专家来给老师讲座和培训。"

在政策制定者看来，听课是一种非常好地学习，似乎更"接地气"，比教育专家的理论讲授更重要。事实上，教师更需要的是，能够解决他们所遇到的实际问题的教育理论知识。在教师学习方面，教师信奉"学习对教师专业成长有很大帮助"，但在教师选择采取行动时却践行"课堂教学技术是无法向他人学习的，只能靠教师自己研究、实践和领悟。"

第二节 集体备课：规范化与个性化的展现

J中学每周都有固定的集体备课时间。这个学期，学校将星期三下午第七节和第八节课的时间确定为集体备课时间。但是，这个时间不是学校统一的，各个学科组可以根据教师的时间重新设定后上报给教务处。在集体备课时，教务处领导或者校领导会走进各个教研组（学科组）进行检查。关于集体备课，学校没有太多的规定和要求，更没有文件上的规定。从学校文件看，对于集体备课的要求有两个方面：一是时间要求，即教师必须保证参与集体备课，并在规定时间内完成，不能擅自缩短集体备课时间。二是集体备课应该有记录。对于集体备课的内容、程序、方式等方面没有规定。从实践操作看，各个教研组（学科组）的备课在形式上有着一定程度的不同。有些学科组采取轮流做中心发言人的方式进行集体备课，如语文、数学、外语等，而有些学科组则采取讨论的形式，如历史、政治等。但是，像美术、体育、音乐等"小科"根本没有集体备课。这些学科一个年级只有一个授课教师，因此无法进行集体备课。从备课的内容上看，所有的集体备课都包括备教授内容和教授程序两部分。教授内容是指每节课教哪些知识点，配合哪些课后习题。教授程序是哪些内容在一节课的什么时间完成，如课前复习大约多长时间，巩固训练大约多长时间等。

访谈资料

总强调集体备课，备内容。我觉得不行。你得备自己学生，你自己学生差到哪，什么方法能最有效。你讲时候得最能事半功倍的效果，你得自己去用，那听别人的有啥用。大多数人还就喜欢这么用，这地方老师最喜欢给出一个条条框框，说这节课，前十分钟复习，中间讲课，后十分钟做练习，就这样才好，大家才喜欢呢。我就不愿意这样，我就不愿意走大伙那个套路。我就是看我自己学生，我觉得这个地方需要练了，我可能讲2分钟我就练了。不过，现在整个咱这地方就是条条框框严重，老师待遇也上不来。

凡是学习的学生，小学至少都学完两册书了。我每周备课的时候，我都把教材归纳出来，我该讲哪些，而且我都做两本练习册，我做两本练习册感觉这个地方就是命题点，这样你既不会讲超纲，也不会讲不足。你虽然都教过了，但是已经三年了。比如，我这个单元就是 used，be used for，be used to，至少你得讲四种用法，有四个选项。又是 used for sb，be used for，be used to do，那么多，我一看这怎么办呢？一总结，something 作主语有两种用法，somebody 作主语有三种用法，其中两个还是同意句。学生一下就掌握了，我立刻拿几道题，就全会了。这练习册做题咋能不会呢？你看这样备课，该拓展的知识就都拓展了，咋能不会呀。而且我每天都有跟考，我把我讲的那玩意都考了一遍啊。那你说他做题咋能不会呀。所以我永远都落我们同事进度，他们今天讲第八单元，今天第八单元我讲完不说，而且我测试都完成了。

我都不敢说，其实我比他们远远完成了，我那学生不赶他们学生好啊。我总结到位了，现在课本可花哨了，可浅了，他们就仅就这个课文，夸下这么一读，一遍，上课一边读一边翻译，然后讲一遍，孩子啥也没记住，没掌握，然后讲题的时候还得现拓展，讲课的时候和讲题的时候，孩子注意力不一样，学生用两根神经，一个是放松的，一个是紧张的。所以我做题的时候可快了。第一套题我讲的细，第二套题，学生都不让我讲的细了，觉得没意思了。对答案，不会的一说，完事，就过去了。我们就开始做阅读什么的了，该做点啥就做点啥。或者人家那方法吧，比较素质教育那种。我这方法，对初三学生应试特别有用。每到考试之前，我都给他们总结些小卡片，比如说接不定式的，接 - ing 的，接形式主语的，都归纳一起。反义疑问句的一张小卡片，时态的，特殊时态，特殊的时间状语从句，条件状语从句，爱考的，把他归纳到一起，就那么几小块就完事了，学生一突破单词突破词组就完事了。

　　开始的时候先选一些篇幅，一天做两篇，隔一些天之后，就要规定时间，规定一些篇幅需要多长时间。过了一段时间，我发现学生课外生词不管。毕业考试要有一万词的词汇量呢，然后鼓励学生查字典，一周一节阅读课，各组之间比，看哪组查的生词多，理解的透，相互之间比比，好的多。阅读比以前强多了。

　　听力，学校年级规划思想特别强，统一行动意识比较严重。孩子个体差异很大，根据自己班级实际情况自己调整，老师用两种声音练听力，学生可高兴了。

　　孩子学累的时候，就得想办法调整点气氛。

　　对于这样的集体备课，有部分老师反对，也有一些老师喜欢。反对的老师认为，学生的水平不一样，不能用程式化的教学程序用于所有学生，应该针对不同的学生采用不同的教学方法；不同的教师具有不同的个性特征，同样的教学方式限制了教师个体能力的自由发挥。而喜欢的老师认为，知识的目标是相同的，集体备课针对知识目标进行，便于教师的知识理解的统一；单个教师备课时很容易走向片面，集体备课能让教师更全面的"备知识"，以免遗漏知识要点。还有一部分教师，没有明确的支持和反对，他们说自己"随大流"，"备也行不备也行"，这部分教师占少数。从前文的分析中知道，大部分教师认为知识是最重要的，教学就是要教给学生更多的更重要的知识。集体备课中主要"备知识"就不难理解了。这样的集体备课对于教师的专业发展和教学智慧的提升有多少帮助，有待于进一步细致的研究。

第三节　不崇尚"死板"的教学：
　　　　教学创新的基础思想

　　从前面的教师故事中，我们会发现教师们有很丰富的"本土概念"，有自己的话语体系和范式，他们的表达也非常有趣味。教师们将那些"有板有眼"的"传统"课堂教学称为"死板"的教学，也将"严肃的"、"不活泼的"课堂称为"死板"的教学。就教师们的解释，我们可以看出，"死板的教学"是不需要教师创造性的参与的。教师们更高兴用自己的创造力进行教学。

访谈资料

我是改科的，原来是学计算机的，现在教化学。我利用学计算机的优势，在网上能查些资料。除了基础知识把握好之外，主要是跟学生感情好，我愿意跟小孩讨论。他们有什么感兴趣的事，不知道的我可以去查。学生在化学课上表现比较活跃。因此，这些年教学上成绩还可以。

"改科"是中小学里一种常见的现象，一般是指所教学科与所学专业或者与最初从事教学时所教的科目不一样，例如，丽丽老师大学时学汉语言文学专业，初入职时教初一语文，但是后来由于各种原因，不得不从事计算机课程教学。对于教师而言，"改科"也是具有实际意义的。他们一般将学校所教科目划分为"主科"、"副科"、"小科"（或称"专科"）。某位教师如果根据学校工作需要由教"副科"或"小科"改为教"主科"，这位老师在教师们心中就是"非常棒的"。同样，发生相反的情况，就被认为"这个老师不行"。

在中学，计算机课程被视为"副科"，化学是中考科目，被视为"主科"。由教计算机科目改为教化学课程，这就是由"副科"改教"主科"，这位老师应该被认为是非常优秀的。

这种"不崇尚死板的教学"主要是指在课堂教学过程中方法灵活，课堂学生表现活跃。在教学方法上时时有创新。这里，我们也可以看出，在学校里，创新是自然的事情，是教师在追求课堂教学的"自我感觉"时的副产品。

"死板的教学"还针对课堂教学中的师生互动。师生互动少，教师讲，学生记笔记，也被教师认为是"死板的教学"。

访谈资料

梅梅：他们班学生一开始我上一节课一脑袋汗，我从来不出汗，到他们班，上一节课一脑袋汗。话都说不出来，磕巴了。为啥？就是你讲啥都没人配合你。都低头，就一个小姑娘抬头瞅我。82人，从来没教过那么大班啊。都不抬头瞅你，你说给我憋的呢。我不会上这样的课。我上课学生都能瞅我，乐呵呵的，哈。一个好的精神状态学你的东西，教的也乐呵。

梅梅老师也是"改科"教师，由教音乐（小科）改为教语文（主科）。她非常追求"师生在一起"的感觉，对师生互动非常重视。她在教学过程中，如果没有学生回应，她就会感到"不舒服"，认为"这堂课上的不好"。

从上述的访谈数据中，我们清楚地感受到，在选择课堂教学行为，在对课堂教学方法创新过程中，教师们持有的取向是多么重要的指导着他们的行动。

第四节 "考试不考的我都不讲"：成绩才是铁的评价标准

在学校里，教师们挂在嘴边的一句话是"不管黑猫白猫，能抓到老鼠就是好猫。"在J中学，学校管理的标准也倾向于结果导向，用考试成绩定成败。很多老师都非常关注学生成绩，也想尽各种办法提高学生成绩。

为了考试能拿高分，教师就要对考试非常"在行"，对考试的预测能力非常强。因此，虽然在学校里很多老师都非常重视考试，但一般不会表现为明显的应试取向型。更多的教师还是关注知识，因为考试考的是知识，他们把大纲要求的知识点全部"弄到位"备考，这样保证万无一失。哪怕最小的一个知识点都不会漏掉。应试取向型教师并非如此，他们通过对每年中考题的规律性把握，基本知道哪个地方不会出题。不出题的地方他们不会下功夫，省下时间来专门针对能考试的题。从 J 中教师的反应看，凡是应试取向型教师的学生中考成绩都相对较好。

访谈资料

中考不考的，我一律不讲，讲了有啥用呢？白费力气，你讲学生也不爱听。反正也不考试。我的学生也很有意思。一遇到难题，就问我："老师这个考试考不考?"考，他们就会认真抠这个题，不考，他们就撇一边去了。连看都不看。

应试取向型教师从一年级入学就开始训练，新课之后的习题全部按照中考模式出题，在讲评卷子时讲解答题技巧。他们熟知考纲，全部按照考纲的要求上课，按照考试的题型训练。

他们在平时就是关注考试，而且每天上课都是不断强化学生考试的信念。他们坚持"平时应作战时看"的方针，全力以赴考试。

应试取向型教师只关心考试，对于学生的其他方面，完全不在乎。比如，上课纪律如何，他不关心。但应试取向型教师由于对考试的预测能力强，学生也很佩服他，因此，上课大部分还是遵守纪律的。他们更不关心考试没有希望的学生，往往对这部分学生比较放松，因此这部分学生一般也不会难为老师上课，各得其所。

第 七 章

教师价值取向内在结构的悖论

在我们过去对教师文化的研究①中发现,教师个人面临着各种价值冲突,指导教师行动的价值判断并非教师信奉的价值观。日本学者作田启一也描述了文化现象中的这种悖论。他在《价值社会学》一书中讨论理念的文化与制度的文化时写道:"受到文化的渗透以后,社会体系必须解决两个问题。一是对环境保持自己的同一性,同时实现目标。这是与动物社会共有的条件。另一个是人类社会固有的要求,把文化的含义贯穿于所有状况之中的问题。这两种要求从其本质上讲是相互矛盾的。譬如我们假设任何时候都科学地考虑问题、总是保持仪容整齐、任何场合都考虑到阶级感情而行动,任何机会都只讲真话,这些是文化一贯性的要求。但是行为者(个人或集团)所处的环境各不相同,这些要求并不能一贯地得到实现。"② 这段话说明的是价值的理想诉求与现实诉求是矛盾的。例如,人对自由的追求可以说是一种理想的价值追求,但是,现实中有很多限制,如制度的、条件的以及个体自身的等等,这些限制使得人不得不放弃对自由的追求,转而从现实出发,依据现实条件和个体的能力选择。就如同现在的学校教育,教师和家长都认为新课程改革的理念非常好,却认为在现实场境下不可行。我的一个合作研究者给我讲述了他自己追随课程改革和素质教育的故事。他上初二的语文课。他认为,目前孩子缺少一种人文的关怀,缺少一种责任意识,他就在语文课上增

---

① 谢翌、张释元:《教师文化论》,中国社会科学出版社 2012 年版,第 179—187 页。
② [日] 作田启一:《价值社会学》,商务印书馆 2004 年版,第 67 页。

添《弟子规》等中国传统文化的内容，学生们非常喜欢听，上课讨论也非常热烈，但是期末考试的成绩并不理想。家长和班主任以及学校领导对他非常不满意，认为他是"胡搞"。与他同样命运的还有一位语文老师。同样的遭遇让他们一起总结，他们觉得语文课的理想价值和现实价值并不是完全弥合的，有时是不一致的。语文老师必须满足家长的要求。家长只要求孩子的成绩。对这两位语文老师来说，追求语文教学的本质是理想的价值，而打好字词基础，考试多得几分是现实价值。而对家长来说，现实的客观条件是高中入学看考试分数，而不看学生素质。对于现在中考制度来说，分数不仅意味着成功，还意味着机会和经济。为了争取好的生源，很多高中对尖子生有很多优惠政策，甚至对自费考生也有费用的差别，而且收费都很昂贵，因此，面对现实，家长和社会自然很看重分数。因此，在与合作研究者互动的过程中，我认为价值取向冲突问题应该是一个聚焦点，它显示了各种价值观的碰撞与整合。因为时间关系，本研究不准备关注价值观的整合问题，只希望着眼于价值观的碰撞。

　　对于价值取向冲突问题，一直使我纠结，尽管它已成为一个通用的概念，我仍然觉得，对于教师来说，几种冲突的价值取向并非此消彼长，而是同时并存于价值主体的价值观念体系中。依据舍恩、司马云杰和林顿的研究，加之我个体的理解，我将同时存在于教师观念体系中的几种价值取向称为悖论式价值取向。悖论式价值取向一般表现为信奉的价值取向和践行的价值取向之间的不一致性。信奉的价值取向来自于基础理论和文化，它以道德模式和文化模式为设定框架，成为可以对外宣称的价值取向。而践行的价值取向是指导教师行动的价值取向，更多时候教师很难意识到，它隐藏在教师行动信念的深层，但它直接指导教师实践。对于教师群体来说，仍然存在着悖论式价值取向，群体中共享的价值取向与个体持有的价值取向有时相悖。教师群体共享了某种假设，但是他们的行动仍然是千差万别的，就如"看堆"。教师们同样是坐在教室里，但是对于教师个体的意义却不相同。虽然在同样的情境下，但"看堆"的具体行动也有着不同。因此，在共同的价值取向之下也有与之相悖的价值取向存在着。

悖论式价值取向的存在有着文化价值建构的根源。司马云杰认为，人类文化从它产生的一开始就存在着自我相关的矛盾性，存在着价值和意义上的混乱、模糊和不确切性。他将此称为文化悖论。[①] 文化悖论是指文化世界价值功能上的自我相关的矛盾性和不合理性及其运动变化所建构的人的价值思维方式、行为方式的悖谬。它的第一种含义就是指文化价值功能上的自我相关的矛盾性和不合理性。他列举了诸多例子说明人类创造的文化反过来成为人类发展的限制。这种矛盾性和不合理性不是来自外部，而是来自文化内在结构上的自我相关性，来自文化的意义、价值、功能上的二重性和不确定性。而这种矛盾性和不合理性不是停滞不变的，而是不断变化的。一方面，最初看似合理的变为不合理的，有价值的变为没有价值的，意义确定的变为不确定的、模糊的、混乱的，甚至是毫无意义的，适合人类需要的变为不适合人类需要的。另一方面，最初看似不合理的、没有价值和意义的文化，看似是非常荒谬和不适合人类需要的文化，换一种文化情境去看，它又变为有价值、有意义的东西了，变为带有某种合理性的东西了。这是文化悖论的第一种含义，即指文化价值功能上运动变化相互矛盾或相悖的法则，或者说是指文化的价值和功能怎样依据自我相关的矛盾性运动变化并造成价值功能上的自我相悖。文化世界既然存在着价值和功能上的不合理性和矛盾性，存在着意义上的模糊、混乱和不确定性，存在着价值和功能上的自我相悖的法则，那么，由文化世界所建构起来的人的价值心理和价值观念等思维方式，也必然会出现矛盾性和不合理性，出现价值、意义等判断上的模糊、混乱和不确定性，甚至出现整个价值思维方式上的悖谬。这就形成了一种非理性的文化价值心理和观念的悖谬，这是文化悖论的第三种含义。文化悖论的第四种含义乃是指文化创造对人生的悖逆，即文化世界对于它的主体——人的悖谬；同时也是主体（人）在文化世界中的自我悖谬。我们从 J 中文化中可以看出，J 中教师一边认识到认干是缺乏方法和智慧的表现，另一方面，他们又承认认干是好的，是有效的方法。他

[①] 司马云杰：《文化悖论：关于文化价值悖谬及其超越的理论研究》，安徽教育出版社 2011 年版，第 4 页。

们明明知道现在学校教育中忽视学生思想道德品质的培养，而过分注重知识的传授，而他们在行动中仍然坚持向学生传授更多的知识。这正与阿吉里斯和舍恩所提出的信奉理论和使用理论相符应。

阿吉里斯和舍恩考察了专业实践与组织内部学习境况，提出了信奉理论（espoused theory）与使用理论（theory in use）之别。一个人在被问到怎么做时通常给出的都是信奉理论，也就是当事人宣称他所遵行的理论；而使用理论则指那些由实际行动中所推论出来的理论。[①] 信奉的理论是对外宣称的理论，而使用理论则是真正指导人们行动的理论。信奉的理论可以言明，但不一定是指导其行动的理论；而使用理论常常隐藏在行动中，是行动者默会知识的一部分。信奉理论与使用理论有时候一致，但大部分情况下，信奉理论与使用理论是不一致的。比如，君君老师在与我讨论时声称，"教学不能采取灌输的方式，应该关注学生已有知识经验，教师应该帮助和引导学生建构知识"。但是在课堂中，他仍然进行大量讲解并让学生抄写背诵等，很少有与学生共同探究的教学设计。君君信奉理论是：知识是主体与社会互动建构的，教师应该创设各种激发学生参与的教学情境。指导君君老师的行动理论则不同：知识不经过教师的加工，学生是学不会的，学生只需记住教师传递的知识即可，教师必须大量讲解，帮助学生理解和消化课本知识。事实上，人们所做的一定和他所具有的使用理论一致，却不一定和他的信奉理论一致。[②] 舍恩和阿吉里斯随后具体研究实践者的使用理论，提出了实践Ⅰ型（ModelⅠ）和实践Ⅱ型（ModelⅡ）并指出了不同的实践类型会发生不同的学习。舍恩和阿吉里斯认为，对于主体来说，使用理论作为指导人们行动的理论，既是控制理论也是解释性和预测性理论。"行动理论是一种关于有益人类行为的理论，对行为主体来说，是一种控制理论。但是在应用于行为主

[①] Argyris, C. & Schon, D., *Theory in Practice: Increasing Professional Effectiveness*, San Francisco: Jossey–Bass, 1974, p. 19.

[②] 李莉春：《"信奉理论"与"使用理论"之辩及其对教育实践的意义》，《外国教育研究》2010年第1期，第12页。

体的时候,也能够解释或预测其行为。"① J中教师的信奉理论与使用理论在概念的内涵上多少有些不同。在J中,教师的信奉理论是可以"拿出手的""能说的",而使用理论不一定"能说"或者"拿不出手"。比如,教师们信奉:新课程改革的理念是正确的,探究的学习方式对学生的发展与成长有益处。但指导他们行动的是知识灌输,机械训练。他们认为,他们经常是"说一套做一套"。

就J中教师的行动理论而言,信奉理论来自于基础理论和科学知识,而使用理论来自于个体经验。阿吉里斯和舍恩也指出,造成信奉理论与使用理论不一致的是行为者的价值观(信仰或假设),人们往往意识不到二者的不一致性。② 教师知道自己相信什么,但是不知道自己为什么这么做。事实上,在教师信奉理论与使用理论的深层隐藏着不同的价值取向。我们把教师可以对外宣称的价值取向称为信奉的价值取向,把指导教师进行行动的价值取向称为践行的价值取向。

教师信奉的价值取向与践行的价值取向常常不一致,就如同教师信奉理论与使用理论不一致一样,尽管二者相悖,却同时并存于观念体系中而不互相排斥。从显现形式看,教师信奉的价值取向浮在上面,教师可以清楚的认识,能够言明,并有着理论根基和科学依据;而践行的价值取向常常隐藏在后面,不能言明,有时教师自己也意识不到,它来自于个体的经验,教师觉得"就应该这样或者那样","没有什么可以说的"。经验证明只能如此。悖论式价值取向是教师个体内部的不同价值取向之间的不一致,而非组织成员价值取向的不同。悖论式价值取向是就教师个体而言,而非教师整体。教师群体成员之间也会有价值取向的不一致,这种不一致我称之为不同价值取向之间的冲突。我在本章专门论述教师个体内部价值取向的不一致,对于群体价值取向的冲突部分,我将以叙事的方式在第六七章阐述。

那么,教师的悖论式价值取向是什么样态,在教学实践中,他们如

---

① [美]阿吉里斯、舍恩:《实践理论:提高专业效能》,邢清清、赵宁宁译,教育科学出版社2008年版,第5页。
② [美]阿吉里斯、舍恩:《实践理论:提高专业效能》,第6页。

何对待信奉的价值取向的呢？我们将下面陈明教师价值取向相悖的样本。

第一节 "说和做两回事"：言与行的悖论

有些时候，教师是"言行不一"的。其"言"是指教师对外宣称的部分，其"行"是指教师行动的部分。在我曾经的实地调查中，也经常遇到这样的现象。教师对外宣称教学中应该培养学生良好的思想品质和学习能力，而在教师教学过程中却坚持大量的传授知识，对学生进行大量的机械训练。J 中教师称此为"说一套做一套"。为什么说和做是两回事呢？我们看下面一段教师对话。

访谈资料

君君：现在教学，品质最重要。教学主要抓智力，忽视了品质。现在学生品质太差。应试教育呀，所以抓智力，不抓品质。

红红：现在家长往学校送孩子都是为了学点知识，品质都不顾忌。家长认为知识好了，品质就好了。

春春：都是为了考试，考大学。为了挤这个独木桥。

君君：为啥大学生家长陪读呢？就因为现在这些学生一点生活习惯都没有。就一个优点，学习好。

春春：嗯，自制能力特别差。

红红：你看现在这孩子，家长要是有什么事了，他们无动于衷，没有感情。

伟伟：南京大屠杀都给学生讲笑了。什么九一八事变，学生根本都不在乎。他们都不咋懂。

春春：我觉得情感也挺重要的，你说是不是？

红红：现在学生情商差。

君君：非智力因素都不行。教师都知道情感、道德品质、生活习惯都非常重要。但是教学过程中还是会重点关注教学，而忽视这些因素的培养。主要是氛围影响。就拿班主任来说，其实做科任教师也一样，你的第一要旨就是培养学生的学习成绩。如果关注了所有方面，就分散了抓成绩的精力，如果学生成绩下去了，家长就会说，就学些没用的。（代价论）对不对？他们不注意长远的发展。

春春：嗯，真是这样。

君君：所以咱们一看不行，那就不注意这些方面的培养了。然后就关心学习和学业，就光讲知识了。就这个道理。所以说，现在是说是说，做是做，真正的教学中，就存在着这个问题。（悖论式价值取向）咱们这真是为教而教，为学而学。

君君：现在光说习惯培养，都知道要有好习惯。但是做人的习惯，生活的习惯，他们都没打牢。

春春：有些东西家长也不懂，所以也没有真正去做，更不用说做到。学生也是该懂的不懂。有些人真不知道习惯该怎么养成。

君君：现在咱们学生还缺乏什么呢？缺乏体验教育。学生没有体验，所以你给他们讲讲什么，就像吕大姐说的，一讲他们就乐。学生不知道这究竟是怎么回事，缺乏体验。

春春：不感恩。中国的教育没有感恩，一点都不知道感恩。

红红：都认为你是应该的。

君君：你看我，跟我最好的学生，却是学习最不好的学生。他们知道情感最重要。

红红：现在越是好学生，思想品质越差，现在不能说绝对，基本差不多。不咋好的学生，有时候跟老师还挺近的。

春春：对。真是那样。

这段对话显示了教师内心中存在着多种悖论的价值取向：让家长满意还是让教育满意？求学生发展还是求考试成功？教学过程中重视智力因素的培养还是重视非智力因素的培养？让学生体验学习还是接受学习？是帮助学生养成好习惯还是帮助学生拿高分？对于这些不同价值观的碰撞，教师们总是把信奉的部分称为理论的部分，他们经常开玩笑说："理论上是这么讲，但实际上不是那么回事"。似乎理论天生就与实践相悖一样。我试图提醒他们注意理论与实践的关系时，他们一致反对理论对实践的指导作用，坚信理论对实践的指导完全做不到，如果能做到也是以后"几百年"的事。我并没有与他们讨论理论与实践关系的意愿，我希望能通过我的疑惑引起他们的双路径学习，促使他们反思控制行动的主导变量。因为角色的限制，我没有做过多的干预。我在这里呈现这个过程的目的，也是希望能够引起学校或者研究者关注教师的专业学习路径。

教师们坚信，信奉的理论就是放在那里"信奉"，而"行动归行动"。教师应对这种悖论取向的智慧就是：行是知之始。君君老师讲述了大部分老师的经验：他们开始试图按照自我信奉的价值取向去行动，结果家长不满意，学校也不满意，因此改变了行动按照家长和学校的要求去做了。"经验成为指导他们行动的理论源泉"，这是学校文化中共享的部分。甚至有的学校提出的口号是"办学生满意的学校、办家长满意的学校、办社会满意的学校"。学校的功能到底是什么？教育的功能到底是什么？这是学校与教师应该追问的问题，学校和教师没有闲暇思考这些，他们忙于"生存"，忙于应对。在学校里，每个人都很忙，他们步履匆匆，讲话也特别快，甚至在我做正式访谈的时候，有的老师还说："快点，你要了解什么问题？你问吧，我如实回答。一会儿我们班没有老师上课，我得看班。"刚开始这些话让我感觉很不舒服。（埃德加·沙因：研究者的感受也应该放到学校文化的分析中）学校和教师在快速的社会发展步伐中没有思考的时间，只能盲目跟随，很多时候是目标流失，不知走了有多远，才想起问我们要去哪里？

第二节 "都是中考惹的祸"：素质取向与应试取向的悖论

素质教育提倡了这么多年，到底什么是素质教育，教师们对素质教育的理解决定了素质教育实施的程度。且看下面一段对话：

访谈资料

艳艳：这任务是无止境的，你说我讲一二三，讲三个数也行。

一二三四五，讲五个数也行，一二三四五六七八九十，讲十个数也行。老师多讲点，就让孩子多得点。不能仅仅讲书本知识那点。知识讲的越多对学生越负责任，知识越多越有利。你不讲，学生能会吗？其实要想学生成绩高，根还是要的是成绩。假如从能力来说，通过演讲录取，通过跑赛录取，就不这么追求文化课了。

伟伟：那当然了，家长都希望老师多讲，精讲。现在最关键的还是应试教育，不是什么素质教育。最终还不是以高考那张试卷定输赢。综合的，那才叫素质教育。各方面素质都得有。现在咱们搞的那个素质呀，我认为是啊，就拿考高中那个推荐生来讲，那就是个走过程，纯粹是形式。加不加试没什么必要。加试就是个形式，最关键的还是通过中考那张试卷来解决问题。

艳艳：咱们是先推荐一部分人，然后在这些人中分高的上去，是这么回事。

伟伟：你都说素质教育，要搞点活动，你说班主任愿意吗？你问艳艳愿意不？（转向艳艳）你说实话？从心里说，我要搞个什么活动，多用点学生，耽误几节课，你愿意不？现在要说搞活动，通过那次，开学第二周，咱不是搞个班会吗？之后有的班主任就不愿意了。一个是占时间了，一个是学生搞散了。

艳艳：我上一个三年，梅梅做课，把学生拉到进修去。那功夫，在会议室，学生表现真挺好。但是，回来后就散。我是觉得就是从能力出发，愿意让学生参加个活动。你看，他知道，运动会什么什么代表讲话了，谁谁谁代表学校出去开会了，咱寻思锻炼锻炼每个孩子。实质上得到锻炼的是一少部分，多数没捞着锻炼。而且总是那几个人得到锻炼。这次是他们，下次还是他们。没达到全面培养，也没达到全面锻炼的目的。没参加活动的那些人就散了。他们没活干。而且班主任的能力是有限的，我领着他们练班会去，班上这些人没人管了。

伟伟：有些时候，我感觉这个素质不能全面得到发展，要想得到锻炼的永远是那小撮，那小堆孩子，具备那个素质的。要不然你说让他表演个节目，他不会。让他唱歌他不会，让他跳舞他还不会。

那你说，让他干啥，就只能做观众。要会唱会跳的，干其他内容的，永远是那些学生。要说现在搞些活动，很难。

伟伟：都说搞活动，不用班主任说不愿意，有时候连校长都不愿意，耽误人家教学啊。在教学这块认为，除掉教学外，其他任何活动都是影响教学的。不过，我感觉搞个小活动不会影响教学。但是，有的时候我们搞活动，也是为了完成上级任务，说真话我就是为了完成任务。但是，从我下发的那个单子，组织的班会主题看，真是有利于教学的。但是，由于班主任的水平不一样，组织的内容不一样，完成的效果也不一样。实质上是有利于教学的。

艳艳：我上届那个班，有个学生，虽然学习不好，但是扮演啥像啥，扮演好的像个好人，扮演差的像坏人，叼个烟儿，甩甩搭搭的。那功夫他就想学二人转。还在初一的时候，他告诉我："老师，我就想学二人转，老师你做我妈工作。"我说："这工作我说我不能做，我做了以后，你妈到时候不骂我？因为那玩意出徒很难，你跟你家长把利弊说清楚。"实质他从初一学，学个三年五年，真的能学差不多了。而文化课你怎么让他学他都不会，就是不会，就从班会发现他这方面挺有造诣的。（班会可以发现人才）发现他有表演天赋，演啥像啥，教他教不会，天生他就往那顶上务。就像有那学生不学习，真就往哪方面引导，也许真的能有个什么出息。人家外国就是，咱们中国就不行。中国式的模式教学就这样，都往研究生上推，都往大学生上推。实质上就像我刚才说那个孩子，就想往这方面发展，那就让他发展呗。最起码这个孩子有这方面志向，有想法，现在有些孩子没有想法，也不知道干啥。

伟伟：多给孩子展示的机会，孩子的积极性都能调动起来。通过一个活动，就可以把孩子其他的不利的因素也能调动起来。变被动为主动了。这个活动我行，这个活动我也行，我成绩也要激发。但是有些人不这么理解。

J中的每个星期三下午的七八节课是政治学习时间。除了学习一些国家方针政策之外，也会进行一些理论学习。对于"素质教育是什么"，在学校文档中显示已经组织教师学习过。前面我们已经阐明，理论是教师信奉的，但不是指导他们行动的。因此，这些理论学习只是教师认知学习的一部分，他们还需要经验。经验告诉他们，是在全社会重视考试的时候，我国提出素质教育。素质教育在一产生时就是与应试教育概念对立的。因此，在教师那里素质教育是与应试教育对立的概念。既然对立，一定是非此即彼。因此，教师们认为只有放弃应试教育才能走向素质教育。事实上，素质教育和应试教育并非教育的目的，而是教育的手段，我们是用素质教育的手段培养学生，还是用应试教育的手段培养学生。

伟伟和艳艳的谈话中表明：两个人同时认为，素质教育就是"搞活动，培养素质"，同时，他们承认素质教育培养能力，且以全部学生为培养对象，而不是"单单一小撮孩子"。他们在行动上又出现了悖论。那就是"对有素质的学生培养素质"，而对"没有素质的学生则是看客"，这直接造成的结果是：素质教育成为"展示教育"，成为"素质上加素质"。这样的结果不是他们预期的目的，因此，"搞活动"也遇到了诸多的艰难。"搞活动"作为素质教育的手段而与教学（应试教育）对立起来，由于自我的势力太弱，活动只有不搞了，"完成上边交给的任务"就够了。这个不能让伟伟释怀的是：上边交给的任务本来是对教学有促进的，怎么却连校长都反对呢？

艳艳又给我背了多年以前我就曾经耳熟的顺口溜：分分分学生命根，考考考老师法宝。学生是学习学习再学习，努力努力再努力。这样，学生学习被错误地理解为教师的任务。我家里读小学三年级的外甥都知道"学习好给老师争光，给爸爸妈妈争光"。学习是人类获取知识的手段，也是人类生产和创造知识的手段。知识是人类永恒追求的美德，是人类发展的"养料"。在孩子、家长、教师甚至学校那里，学习却成为装饰成人和别人的"花环"。给别人做的事情，孩子可以选择不做，或者不愿意做就不做。"学生现在是给老师学习，要是老师惹到我，我就不给你学了。"很多老师也特别担忧目前学生的学习状态。"学生绝大部分都厌学，甚至好学生都厌学"。这种误解源自哪里，确实应该引起教育的反思，也应该引起社会的反思。

第三节 "理想很丰满、现实很骨感"：
改"理想"与教学"现实"的悖论

课程改革十年了，我们到底走了有多远？

访谈资料

艳艳：那个改革实质上真改的一塌糊涂。让学生活跃起来，实际上我们真让他们活跃了吗？纯粹做样子，作秀呢。平时谁能一天上课乱码七糟的，呜嗷的那是。

伟伟：真是那样，现在我就是觉得我跟我上学那时候比，现在拿起书不知道看啥，书上啥也没有。

艳艳：真是那么回事。书顶上啥也没有。以前你看我们讲完就做练习册，你看现在有啥。考试哪有书上原题，知识是书上知识，你看哪个题是书上原题。

伟伟：就拿你那个英语书，记得我上学那时候，有课文，有单词，需要你背的，有句型。现在那书全是图，有几句话，我都不知道咋读都。

梁艳：现在有书跟没书一样，根本用不着书。尤其那英语。我们英语用的人教版，其他用的是华东师大版。小学语文长春版的。我感觉还是以前那个好，数学，例题，然后就是对应的练习。这现在，我感觉看不明白。就这种教材，让孩子自己去学，他们不知道学啥，孩子也没有那么高的思想境界，也没有那么高的文化底蕴，根本达不到。

我看现在这改革呀，改跟没改一样，差不多，还是那么教啊，你看大家现在上课不还是一只粉笔，一块黑板，全是老师讲啊。

所谓的教改，完全形式化。根本就没改，你听我跟你说，以前我们还有地图，现在说不用地图，用电脑，谁都不给使，现在就干巴愣子讲。

改了还不如不改，越改学生越不愿意学，现在大部分学生厌学，包括学习好的学生。

咱们学校也有啊，什么创新教学六步法，也有个模式呢，按照那几步教。平时谁用啊，都是做课的时候用，平时课该怎么上还是怎么上，就是公开课的是用那些程序和模式。学校还打算向外推广呢。

现在的课改说得多，但落实的过程中，毕竟是人的工作，理论是一回事，但学生不认可这一套，就没有办法。可以说没有真正的理念到课堂上，贯穿不下去。整个社会风气造成学生厌学。

我们这科，这么多年变化不是很大。课改之后，变化也不是很大。现在领导也说了，讲的多，每节课就是15分钟左右老师讲，其他的时间学生活动。但现在我没做到。这学生不像有基础的学生，就是在书本上你让他找都找不到呢，比如说你一提几个人，他啥都不知道。你像，蒋介石，连是哪个国家的都不知道呢，包括好孩子都是。你说你让他说啥，他啥也不知道。历史的东西真不知道，课外知识了解的太少，就是书本上的知识。

我感觉课改之后，我的上课思路没咋改变。不像上长春听课，人家老师的确是让学生讨论，那一节课学生讨论的热热闹闹的，这个地方不行。我也感觉不太现实。历史课上你说学生整个小品那可能的事吗？要是这节课能整出小品来，这节课就熟透了，要是课前能给你看看都不错了。学生积极性不高。

教师们认为，课程改革没有走多远，"改跟没改一个样"，"改了还不如不改，越改学生越不愿意学"。我们且不论课程改革给教育带来的"可喜"的变化，只从教师经验的角度诠释教师对改革的认识和行动。

一 对课程改革的认识：教师们的理想

事实上，教师们对自己的教育现状并不满意。他们一边给学生灌输知识，一边痛苦地说"咱们这是满堂灌，真不行"，一边又说："没办法啊，咱这学生不灌不行"。在教师们痛苦地抱怨课程改革带来的痛苦时，却从不否定课程改革所倡导的理念。王瑾瑾将这种现象归结为教师的保守倾向。教师的保守倾向来源于个体经验的判断,是教师践行的价值取向,与信奉的价值取向相悖。

访谈资料

实质上,如果咱们能按照课程改革的那么去做,那真的挺好的。但是各方面条件限制,实行不了。

课程改革真是针对咱们国家教育弊端改的,但是现在社会风气就这样,家长都要求考试,各高中生源大战,现在连大学都开始争生源了。你说咱们怎么实行改革嘛?这不是学校的事,是全社会的事。整个社会风气不变,单纯让学校改,困难。

就说咱们现在的教学情况,教育确实需要改革。关键是社会需求,学校要办家长满意的学校,家长就是要成绩。

二 教学的现实:理想的羁绊

尽管教师们非常支持课程改革提出的理念,也真心希望教育改革。但是,教师们认为,在现实的教学中,由于各种条件还没有达到课程改革的要求,因此教师苦于"无米之炊"。这些条件包括:学生基础、学校教学设备、课程的知识逻辑、教师的专业水平等。

◆学生基础不好

学生基础不好包括两个方面:一是知识的基础不好,二是学习行为的基础不好。

访谈资料

英英老师认为,课程改革对小学生影响很不好,致使他们底子没打好,上中学跟不上。学习习惯是逐渐养成的一个学习过程。小学阶段就没有养成这个习惯,到中学根本来不及。又要参加中考,有那么多的知识要学习，怎么能从头培养他们的这些习惯呢？另外，比如数学学科，你必须会加减乘除才能会乘方，才会运用解决应用题。他连分数运算都算不来，分数化为小数也不会，假分数化为带分数也不会，你如何进行现在的初中的教学。就我们班而言，小学数学没有一点儿基础的，一个班有三四个。还有些小学数学加减法可以做，但乘除法都会错的，一个班可能有两三个。还有一些，加减法会做，乘除法会做，但分数的加减乘除不会做的，可能占一半。更别说小学应用题中的行程问题等，他们小学都没有过关，所以到了中学根本没法进行。数学学科有一个延续性的问题，有一个基础知识的连贯性问题。这个怎么办嘛？我们这里怎么操作嘛？那个数学的东西没有办法。他们没有学习兴趣，没有学习习惯。我们想把教改理念贯穿下去，如何贯穿？设计了一些方式方法，但是也执行不了。

知识基础与学习行为是密不可分的，教师并不对二者做严格的区分，但是他们也确实把二者分开讨论。首先，要有良好的学习习惯，才能学好知识；其次，学生应该"爱动脑"，才能主动学习知识。

访谈资料

秀秀：我觉得课程改革提出让学生讨论，培养他们动脑动手的能力，这个非常好。但是咱们这根本行不通。我上课提个问题，半天没有学生回答，又有那么多内容要讲，我就只好自问自答，就又变成满堂灌了。

现在学生学习习惯真是差，你让他干啥他干啥，你不让就不干，就在那傻坐着，要不就玩。老师就得往里灌，不灌他一点也不学。灌了多少还好点。

初中教师认为，养成良好的学习习惯是小学的任务，到了初中就不能再关注这些了，就是学习知识才对。因此，学生在上中学之前，既没有养成良好学习习惯，也没有学习兴趣和主动性，再加上知识基础差，中学教师实在"难"。因此，这种学生基础，只有"当面一套背后一套"了。

访谈资料

我们教的时间长了，有听课的就那么做（指按照学校要求的课程改革模式要求做）；没有听课的就按自己的思路来。课前复习时间长点，帮着巩固一下。不复习，学生回家一点不给你看。有领导听课，就复习个一两分钟，要是没有领导听课呀，复习得占个十分八分钟的。把上节课的内容得反反复复的强调，像我们这课节少啊，一周就那么两节课，你说这一周跟他们见面时间少啊，他们又不重视，你要不这样，课堂时间有限的，课下根本就白扯。你就得把重点知识来回地反反复复强调，让他耍耳音也能记住点。然后把重点给他固定好。

◆教师专业水平不够

除了学生的原因之外，教师们承认自身也有不足。他们认为，教师的专业水平还不能够达到课程改革的要求。

访谈资料

课改的理念很好的。但无法实施，我们教师也缺乏这样的能力让这些理念得以实践。

咱们教师还是主动性不够，也不动脑，你看人家学校，我去听课了，人家真动脑，用一条线，引出另一条线就是两条，再引一条就是三角形。人家弄那个东西真是好。咱们不行。

教师游离在课程改革之外的重要原因是教师的心理防御机制。在教师的价值观深层隐藏着理所当然的假设：教师的专业水平不够，必须在教师专业水平提高后才能进行改革。

◆学校条件不够

教师认为，如果学校条件好，逼迫大家，那么教师"也就都做了"。学校的条件包括学校的硬件设施，如学校空间教师办公用品、实验设备、信息平台等；也包括学校的其他条件，如班额大、教师学习机会等。

访谈资料

还是咱们学校条件不行，你像那个一个老师一台电脑，你用也得用，不用也得用，那老师也就用了。现在学校光说，什么也没有，教师怎么能会用呢？

咱们学校现在发展空间有限，班额太大，改革也困难，一个班那么多人，你说让上课讨论，怎么讨论，小组汇报没有结束呢，下课铃响了。

这种情况下，教师只有生活在悖论之中。

访谈资料

作为领导，开会的时候强调素质教育，但是最后抓的是成绩，那你说你咋整。让你变化的是教学手段，吸引学生，最终结果还是成绩。不管你讲的天花乱坠，成绩不好，你也不合格。

你作为重点的时候必须强调，你比如说，你讲个小故事，学生哈哈一笑，知识点没了，你必须故事讲完了还得强调知识点，最终结果通过这个故事，还得提问个小问题，把知识强调出来，不让故事白讲了，不管怎么说还是围绕成绩。

像我这样的老师，就是不合格的老师，现在是素质教育，你看我这哪有什么素质教育，现在没办法，你最终结果还得强调知识点，得让学生必须百分之百得会，你看最终结果就因为你这科没考上，那你就是罪人。一方面追求课堂的素质教育，另一方面又要追求成绩，也许不矛盾，要是通过你这节课培养了学生某一方面，比如通过你的课培养了爱国主义情感教育了，但是，作为我们老师来说，还是围绕知识，还是考试。我上长春听了一节课，讲了经济全球化问题，确实讲了很多现实问题，但是课本上没讲，最终考试还是考课本，所以我们回来就觉得这节课讲的纯是做课，没有用。他就是讲讲中美关系了，中日关系了，让学生讨论下，但是脱离了课本上经济全球化的一些特点，各方面的知识点都没有了。学生学完这节课，课本上的东西根本就不知道。中考考的就是知识点，还是考书本为主。学生倒是夸夸其谈的，考试考课本还不会，那样的课做的就没有意义了。

面对矛盾的情境，教师只有把课程改革的理想作为信奉的价值，对外宣称，或者"做给别人看"，课堂上只能："基本就是做卷子，你既然教这个班了，孩子考不上就差你这科，那不行。那个单子上谁欠账了。你就得对学生严格一些，把知识穿线，通过各种方法强迫学生去做。"

教学现实为什么羁绊了课程改革的实施？第一，教师把课程改革理念理解为实际操作的方法。第二，教师以教师的"自我世界"看课程改革，他们心中有很多"防御"，因而无法创造性地进行改革。第三，教师把自己放在课程改革之外，在没有打开课程改革的"黑箱"情况下"告知黑箱中有什么"。第四，教师的专业学习水平还停留在阿吉里斯和舍恩的实践Ⅰ型水平上，没有达到实践Ⅱ型水平。因此，在进行了课程改革行动验证后认为"不可行"。

第四节 "主科"教师的"抱怨"与"小科"教师的"控诉"

在 J 中，主科是指语文、数学、英语、物理和化学。由于物理和化学课不在一年级开设，物理在初中二年级开设，化学在初中三年级开设，因此，一提到主科通常是指语数外。小科是指音乐、体育、美术、劳动技术、微机与心理健康课。由于劳动技术和心理健康两门课不上课，所以小科通常是指音乐、体育、美术和微机课。在J中，劳动技术和心理健康这两门课是应付上级部门检查的课。在形式上，每门课程安排一位教师。在课时安排上，一二年级课程表上每周安排一课时，三年级课程表上一般不安排劳动技术和心理健康课。劳动技术课和心理健康课的老师要写教案，但不上课，以备上级部门检查时能够有详实的资料。事实上，小科被包括在副科之中。地理、历史、政治和生物四门课程在J中学被称为副科。通常情况下，提到副科时，是与主科相对而言的，因此，除了语数外之外，其他课程都被视为副科。前面我们已经有论述，这些界限的划分主要依据中考的分数权重。可见，学校的氛围里充满了考试，哪怕是书声琅琅，也是为考试而存在的。被高度看重的主科以及被弱视的副科与被"瞧不起"的小科都充分证明了每门课程存在功能的失语。

这里我们似乎说的是教师之间的价值取向相悖，其本质是教师个体内部对主科和小科的价值取向相悖。对于主科教师来说，他们认为这些小科也非常重要，但他们经常"抢课"，并抱怨小科教师不负责任。而对小科教师来说，他们认为这些小科对学生的成长和发展非常重要，但是他们觉得不受重视而不愿意认真上课，因为不被重视而控诉。

一 "主科"教师的"抱怨"："这些小科老师太不负责任"

访谈资料

总体感觉，现在咱们老师没有以前上课那么"卖力"，都职业倦怠了。很多老师，尤其是小科老师，主动教学的积极性差。积极性根本不高，完成任务式的。甚至有的小科老师上课连去都不去。今天课多，就请假不来了。

尤其那些小科。除了语数外，其他科都不行。对待工作，没有敬业精神。

要课抢课的都是主科。语数外的多，尤其是一年级。理化次之，其他科根本就不要课。

有的小科老师，你看这边课在那空着，你一看老师搁那站着唠嗑呢。

我上学那时候，音乐课老师还有个乐器，像口琴、电子琴等。现在，音乐老师上课，什么乐器都没有，整个磁带放上了，可大可大声了，学生在那干啥的都有，这就是音乐课。微机课，学生就在那玩游戏，老师愿意干啥干啥。我感觉这个微机课，现在能停就尽量停。上课学生就是玩，因为他没有掌握啥知识。

如果真正纳入中考了，你老师不想教的话，学校都不允许。影响整个学校的成绩。

实质上，不管是音乐还是体育，如果能让学生真正学到点东西。这些课比数学、外语等课强的多。这些主科干巴巴的。有一次我们班美术公开课，学生真积极，学生画一张，往黑板上展示一张，学生特别高兴。如果每堂课都能这么上，一定有收获。

主科教师通常是班主任，非班主任的主科教师有时会羡慕小科教师的"轻闲"。

二 "小科"教师的"控诉"："为什么受伤的总是我？"

相对于小科老师，并没有"大科"一说。小科的小有几层意思：一层是指量小，即课时安排少，每周每班只有一个课时，而语数外等三科每天每班一个课时，学校还要安排其他的辅导课等。第二层意思是指对于中考来说，这三科根本没有分量，连地理和生物都有毕业会考呢，而音乐和美术课到了三年级后课时就被其他"主科霸占"了，根本不安排课时。

"小科"老师在学校的地位很低，无论领导、学生还是家长，甚至连班主任都"不拿他们当回事"。由于这些科目的课时少，因此，一个年级只有一个音乐老师，同样，体育教师和美术教师也是一个年级一位教师教。音音今年教初一音乐，东东教初一美术，他们同在一个办公室。他们平时关系很好，感情也不错，我就邀请他们两个一起访谈。就教学功能问题，他们一致同意，知识是最重要的，教学是要教给学生更多的知识。但是，他们认为，学生、家长和学校都认为音乐、美术这些知识没有什么用，因为中考不考。

访谈资料

我们就觉得吧，作为咱们小科来说，就是发展不均衡，社会舆论就不重视。其实，我觉得我们这科挺重要的，为啥就整成小科了呢？

那些主科教师不一定能教我们这科，但我们要努努力，也能教主科。我们这些科存在个人素质，不是所有人都能教的。不是我们这些人差，而是社会造成了我们待遇不公平。其实我们哪一个都不差，结果是社会造成的。

体现在纸面上音体美这科是非常主要的。但是在人们心里根本就没得到重视。我们音体美跟他地理、生物区别都挺大。这科很多人教不了，很多人学也学不了。但我们现在社会最底下的。就连学校老师点名册和签到簿，音体美都是最后的。

其实小孩的智商培养，音美都很重要，但是没人意识到这一点。你看咱学校，每年三年级都旅游一次。结果把我们这些人搁到最后一拨。还给搁到暑假的中间去，别人都是6月29日考完试走了，我们七月十五日去旅游。我们还不是不上班，活一点不少干。最后一拨去的都是有些散烂杂人，就把我们整那里去了。

这不是双向恶性循环嘛。学校打击我们的积极性，不停的打压，然后我们这性格也就变得畏畏缩缩的。真的，最主要的原因就是社会不重视。像人在日本似的，人家日本的美术教育，自己有自己的工作作坊。你比如说，像我们自己整陶器，整出来之后，往哪整啊？日本是做出来之后，人家就可以给你展示，卖。像咱们这老师你让他整，学生人多拿多了他还愿意呢。你说像咱们，学生做完作业了，完了你也不给人家展示，时间长了，谁愿意做你那玩意。我们学校那个墙上（指学校的文化墙）整的都是人家要求的，都是完成任务的。老师说，出去找两张去，说不定到哪都划拉两张。

我们就这么多年慢慢形成了吧，很多人慢慢也就消极了。你积极也没有用啊。别人根本不重视你。音美是一个畸形存在。音美这个教师职业就在畸形存在着。你说音美这玩意，上边说的得有，下边说的没有也行。那教育方针里是得有，德智体美劳。

我觉得我们音乐，你看谁都喜欢听首歌，学生唱个歌心理状态指定不一样。其他科能代替吗？但是人家也没拿你当回事，所有人都不当回事。

那你说你上边不重视我，我为什么就那么认真呢，上边不重视，我还那么认真上课，我就感觉我是得瑟。没人重视我呀。就比如说，我们去上课去了，人家班主任说的，你们几个都出去，干啥干啥去，剩几个人说你们在这上课吧。

那天我上课，咱别说是哪个班级，那学生就在我眼皮子底下写数学。我要求自己认真讲课，我也要求学生认真听课。所以说，我问他们你为什么上课写数学啊？学生回答说班主任让的。就这样，久而久之造成我的畸形心理。这种现象常有。学校不重视，社会也不重视。造成学生和家长都不重视，那我们还有啥意义。普遍重视是没有的。

不重视就跟中考有关，现在一切一切都是为了中考。小孩智商的培养用美术来培养，别的都不行的。但是，她这个东西要多少年能体现出来呢，要很多很多年。不是说立竿见影，一下就看出来了。这个东西的价值不能马上体现，这性格的培养都有用。

你说学校重视我们不，换教材我们都不知道，我还按老教材写，结果一发课本，发现都换了。就我这小破科，还能怎么样呀？

我也努力过呀，但是，在这里哪有你的舞台呀，怎么干能干哪去呀。我一想算了吧，我还莫不如搞点小副业，把我自己家搞好呢。

第五节 "好好教还是不好好教"：
"副科"教师的"无奈"

  副科是指历史、地理、政治和生物四门学科。虽然历史和政治两门课程也参加中考，但仍然被视为副科，也不是特别重视。政治和历史虽然参加中考，但是在中考考分权重比例低，两门课程合卷，一百分满分，且开卷考试。政治和历史在中考开卷考试是从学生减负开始的，为了不让学生死记硬背，减轻学生负担，进行开卷考试。开卷考试的要求是：考生可以带书，但是不准带其他资料，书的空白页上可以写字，但不能在书中夹纸条。而地理和生物两门课程在初二结束时要参加会考，会考合格才能发毕业证。

  地理和生物两门课程的会考一般不太严格。学校自己组织考试，虽然也是"拉单桌"考试，但都是班主任监考，老师都睁一只眼闭一只眼就过去了。"老师也不能让哪个学生不毕业，那样学生得恨你一辈子，关键时刻，抄就抄点了。"这两门课程学习的情况一般看教师的专业能力。如果老师讲的好，学生大部分还喜欢听，也会认真记笔记。如果老师讲的不好，就只有极个别学习的学生听，其他学生除了玩就是闹，课堂纪律十分糟糕。不过常常是班主任坐班，所以纪律也能维持。

  由于政治和历史这两门课参加中考，相对于地理和生物来说，学生较为重视。但是，由于中考是开卷考试，学生对这两门课程的学习也不如"原来"认真。"不如原来认真"是指在学习的兴趣和主动性上不够强，而在上课时表现也比较认真。历史和政治的课程教师也因为中考的新政策改变了教学策略。他们认真研究中考的要求和考试规则，认为中考开卷的要求是学生可以带书进考场，但不能带资料。书的扉页上可以写字，这就意味着资料上的字可以写在书上。另外，那些内容是中考的内容，每个年级的内容各占多少比例，三个年级的哪些内容是可以联系起来的，都做了认真的研究。课堂上的教学也紧紧围绕着中考，哪些内容必须写在书上以备考试时用，哪些地方要做标记，都给学生"做的好好的",学生按照教师的指导做就是了。因此,每天学生上课都很忙,忙着把那些考试可能用到的东西写在书的指定位置上(免得考试找不到)。教师的讲对他们来说不是最重要的,教师讲的时候不能走神的目的是听着老师让在哪个地方记,免得走神后跟不上。尤其到初三的时候,政治和历史课就是写。学生会将资料上的很多东西搬到书上。他们用透明胶布将课本上的字粘掉,然后写上备考内容。课外时间主要用来学习主科。

J 中的副科老师基本上都是在这个学校工作了二十多年的,他们亲身经历了这个变化过程。面对着学生学习兴趣每况愈下,面对着家长、社会和学校的不重视,他们何去何从?

访谈资料

虽然咱们这科吧,学生、家长和学校都不重视,但是当老师就是为了良心,咱还得好好教。有的时候真生气,但是没有办法,我也不会糊弄。不好好教,就觉得良心上过不去。

昆昆:你看咱们学校吧,我来这二三十年了,我刚来的时候还真不这样,主科副科真都差不多,学生主要是出于兴趣学,历史,地理,有兴趣,都愿意学。主科学不好,副科也学。

秀秀:那时候背的也多,都是背呀,我记得那时候,上完课学生跟着你问,现在这样学生少了,有时候也能碰着,太少,现在就像我们这科,如果我们一点激情没有,一点也不给学生讲,学生啥也不会,我们上课得全身心投入。一想都这么大岁数了,眼看要退休了,还是把它对付到完吧。

无论"好好教"还是"不好好教",都是基于教师个体对这件事的判断。他们就在悖论的整合中选择指导教师行动的价值取向。有的教师信奉"这门课程也很重要,应该好好教",但指导他们行动的是"好好教是没有多大价值的",因此在行动时也不认真上课和备课。有些教师认为:"谁都不拿这科当回事",就不应该好好教。但是,指导他们行动的却是:

教师要有教育的良心，教师的职业操守才是最重要的，因此，他们也会好好上课。

从教师个体悖论式价值取向中，我们可以得出与阿吉里斯和舍恩同样的观点：教师践行的价值取向是值得重视和研究的课题。

第 八 章

价值取向、学校文化与教育变革：基于案例的解析

前面详细探讨了J中的学校文化以及教师所践行的价值取向。在本章中我们将对J中学校文化以及教师教学价值取向的基本内容与结构进行一般性阐述，并试图分析教师价值取向与学校文化之间的关系。

第一节　中学教师价值取向结构与特点

基于前面的分析，J中教师价值取向是一个非常复杂的系统，信奉的价值取向和践行的价值取向并存，教师个体与群体共享的价值取向之间也有悖论。教师的价值取向中的核心假设，非常稳固。在分析J中学教师价值取向时，我们采用研究设计中的分析框架，将教师践行和信奉的价值取向、核心价值取向和边缘价值取向同时呈现，期望读者能够看到一个平面的教师价值取向的结构图，也同时看到教师文化中践行的价值取向表现最强烈。信奉的价值取向一般不被表现为教师文化的表层。

首先，我们将概括地描述J中教师所践行的主要价值取向，包括关于教学功能、教学管理以及上课等方面的价值取向。

一　中学教师课堂教学价值取向结构

(一) 关于教学设计的价值取向

依据第四章中对J中教师价值取向现实样态的描述，我们可以将J中

教师价值取向归纳为五种取向。(见表8—1)

表8—1　　　　　　　　　　J中学教师价值取向

依据	类型	表征	运作形式
教学设计	知识取向	知识越多越有利	关注知识的量、广度与深度
	能力取向	能力是最重要的	能力训练重于知识讲授
	情感取向	情商比智商重要	快乐教学
	道德取向	要成才得先成人	教学中强调品德与习惯
	应试取向	中考是家长和社会需要	只关注考试的学生和内容

就教学行为而言，知识取向是J中学校的核心价值取向，而其他取向则为边缘价值取向。不论教师宣称什么或者信奉什么，在授课的过程中，他们会不自觉地回到对知识确定性的强调和机械训练上，这种无意识说明这种价值取向已经成为他们信念中的想当然的假设，它也被埃德加·沙因称为价值观假设，这是价值取向中最稳定的部分，很难撼动。当我对教师提起时，他们开始时根本不承认，他们强调是情境迫使他们的行动，而非这些想当然的假设。在我们辩论的过程中，他们渐渐有所知觉。因此，知识取向是J中学校的价值取向的内核。而对于持有边缘取向的教师，就如个体内信奉取向与践行取向共存一样，边缘价值取向与核心价值取向共同存在于群体文化中。(见图8—1)

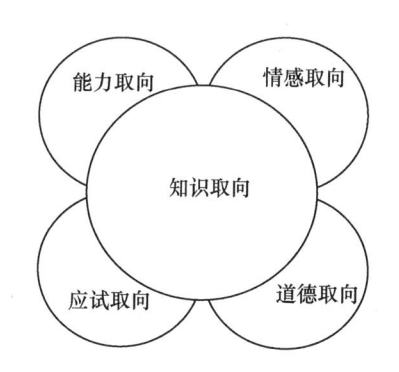

图8—1　J中学校教师价值取向结构图

J中大部分教师持有知识取向。他们认为,教学中最重要的是"教给学生知识",以传递所谓的"真理性知识"作为教学中的最高价值。因此,在备课方面,他们是深入挖掘教材,拓展知识;在上课过程中,尽量将自己备课时备的知识教给学生并关注教授的水平。艳艳老师说,老师"教学生三个数也行,五个数也行,十个数也行",对学生负责任的老师就多教,不负责任的老师就可以少教。在知识的传递过程中,教师重视学生对知识的巩固和练习。在学生的学习经验上,教师关注学生的知识掌握情况。为了测量学生对知识的掌握程度,他们会进行"跟考"。知识取向型教师将"拥有知识量和准确性"作为价值标准,将象征着知识掌握程度的分数和效率作为价值目标,以传授大量知识并进行训练以巩固所学知识作为价值行动。

在学校中呈现能力取向的教师一般不够鲜明,因此,我们前面没有单独以案例的形式呈现。一般持有道德取向和情感取向的教师相对于知识取向型教师更注重学生能力的培养。教师认为,能力包括多方面,如演讲能力、绘画能力、做题能力、考试能力、沟通能力、生活能力、自学能力等等。因此,教师总是依据教学情境培养学生的能力。教师并不将知识与能力割裂开来,而是融合在一起的。在传授知识的同时"教能力"。虽然所有的教师都认为"能力是不能教出来的",但在教学设计的过程中,传授知识的同时教师会不断强调能力。例如,红红老师在讲作文的时候,她一边讲写作的技巧,一边强调写作的能力,同时通过给学生"留作文"来培养学生的写作能力。数学教师在分析题的过程中,一边教学生如何进行分析,一边强调学生分析的能力,然后给学生留作业,训练分析能力。对于教师所作所为,他们没有意识到是在培养学生的能力,教师无意识行为或者说自动化的行动。但在每一个学科中都会有个别教师特别关注学生的学科学习能力,而且会意识到他们的做法,因此,我们也把它作为一个类型。能力取向型以"能力是终身受用的本领"作为价值标准,将培养学生能力作为价值目标,将知识传授的过程同时作为能力培养的过程。这样的教师特别注重学生的实践,强调学生的动脑和动手能力。

以丁丁为代表的道德取向型教师认为,品德与知识对于学生来说同等重要。教学"不应只教知识,还应该培养学生良好的思想品德"。德育工作可以促进教学,通过对学生品德的培养,使学生树立责任感和感恩意识,树立正确的学习观。丁丁在思想品德教育中付出很多,在她看来,她并不关心考试和学生的分数,似乎与知识取向型教师和应试取向型教师不同。但是,在实际行动中,我们观察到,她秉持着与他们一样的假设:知识是区分社会良莠的。在学生们大量的扩大课外知识,以期与教师交流或者课堂上能够流利回答问题,能够充分自由与他人辩论的时候,丁丁还是对班上的一个成绩不进前十名的男生讲了这样的话:你看的书都是好书,对你人生成长都很有帮助。但是,你们看书就是为了在同学们面前炫耀你的口才吗?你是不是太肤浅了?老师那样做的目的是为了提高你的智商、你的情商。你的智商提高了吗?情商提高了吗?你的成绩呢?上大学必须先中考,高考,这是通行证,看那些书就能考上大学吗?本末倒置了。功课吃透了,才能看这些书,不是更完美了吗?丁丁的一席话非常鲜明的显示了"考试成功至上"的学校教师共享的价值观。她进行德育,鼓励学生多看课外书,只是从达成目标的手段有效性角度考虑的。

以琴琴为代表的情感取向型教师情感上愉悦作为教学过程中的重要因素看待。为了培育师生间的情感,她不惜牺牲节假日的时间陪学生出去游玩,牺牲与家人团聚的时间。她认为学生记住才是做教师最大的成就,而非有多少个学生考上清华或者北大。在她与我交流时,她给我讲了很多与学生交往的故事。她认为最值得就是与学生的那份一生永不忘记的情。他们回来看老师时,师生会共同回忆往事,他们记得老师的点点滴滴,有的教师甚至都想不起来的事情,他们还能惟妙惟肖地学当年琴琴老师的样子。琴琴认为一个完整的人是有情感的人,而不是有知识的人。社会中需要的是健康的人,而不是"文化残疾人"和"素质低能儿"。琴琴虽然不被学校教师认同,但是领导却能完全容忍她的个性,甚至领导知道这事她不会做,检查时尽量绕开她。校长对琴琴和丁丁这样有个性教师的容忍半径大于其他教师,主要原因是他们的学生考试成绩都非常好——"领导放心"。在学习经验上,琴琴关注学生"会了什么",而其他教师关注学生"没会什么",这是两种价值观所导致的教师关注点和教学行为。正是因为关注学生"会了什么",让学生看到了自己的成绩,也看到了自己的潜力,更获得了那份成效的愉悦感。从而使学生恍然大悟:原来我也可以学会。成功的体验驱使他们继续努力,学习由负担变成了快乐和自我实现,也让学生找到了自信。

无论哪种取向的教师,无一例外地将考试作为教学的价值目标。"考试成功至上"是 J 中教师共享的价值观和基本假设,每一位教师都在不同程度和不同角度方面关注考试,为考试而积极准备。

◆与 Ennis 的五种取向的对比

知识取向相当于 Ennis 的学科掌握取向,二者都强调"对内容掌握是最重要的",在课程设计中会重点关注讲授的水平和相关知识上。

能力取向与 Ennis 的学习进程取向有些相似的地方。二者均强调技能学习和相关学习原则的理解上。学习经验强调学习过程,以便学生理解内容的相关性,学生通过事先学习(prior learning)增加新知识。二者不同的是,学习进程取向从体育教学的学科角度而言的,而能力取向不仅关注学生的学科学习能力以及应用知识解决问题的能力,同时关注生活能力以及个人的综合能力。

与 Ennis 的社会重建取向相比,道德取向型教师更关注社会责任感和使命感,而忽视参与社会变革的课程;关注学生内在的价值观和世界观的构建,一般不强调学生的社会需要、解决社会问题和社会关切的意识。由于对道德概念理解的含义较广,因此,道德取向型教师主要关注学生的思想成长,强调学生的自治能力,通过对课程的学习,帮助学生成为"有道德"的人。

Ennis 提出的自我实现取向将学生视为教学中心,教学目的是建构自我价值、自我知识和快乐学习。学生个体具有学习的自治能力以及责任感。体育项目和学习经验聚焦在使学生逐渐具有自我导向、责任意识和独立性。在快乐学习方面,情感取向与自我实现取向相同。除此之外,情感取向型教师更强调生活的态度,面对困难的态度,以及自我情绪的管理和认知能力。

Ennis 提出的生态整合取向是一种课程观,它强调在课程设计上平衡学生需要、科目重要性、教育背景和社会关心等几个方面,而非重点关注其中任一方面。在学习经验上强调平衡个人意愿与更大社会和自然环境的关系，能够使学生从事和发展批判质疑，问题解决和应对他们自己生活中变革的决策，决定他们自己的未来。而这种取向在道德取向型教师和情感取向型教师那里表现得非常明显。

由于 Ennis 研究的只是体育教师，与我们的研究对象有所不同。因此，在 Ennis 的研究中，并未出现应试现象。而在考试成功至上的社会价值观的影响下，J 中学校表现为非常明显的应试取向的教师也不多见。大部分教师在行动上并不是直接指向应试，专门培养应试的技巧和能力，他们会将应试作为其关注的一个重要方面，并以各种手段达成应试。

这五种价值取向类型是以教师行动理论为基础，以 J 中教师对"教学中最重要的是什么"为依据进行划分的。这五种取向基本可以涵括 J 中教师的价值行动。在教学实践中，教师的成功经验帮助其建构了他们的价值观。组织文化大师埃德加·沙因在阐明文化形成过程时说道："强加仅仅使下属对领导要求他们所做的事做出顺从的反应。只有生成的行为带来了'成功'，即团体成功完成任务，成员们对彼此间的关系感觉良好时，创建者的信念和价值观才能得以确认和强化，更重要的是，才能达成团体共享。"[①] J 中在崛起时有两个关键元素：一个是生源，一个是认干。生源是指 1994 届领导班子到市里最好的小学"挖生源"，主要是指"好学生"。认干主要指教师贪黑起早，任劳任怨。虽然也有好班和坏班，教师也知道坏班没有"几盘菜"，但是领导会在会议上公开承认生源的差别，并且在奖励时也会考虑平衡教师心态，因此教师只要认干，都会得到认可。教师也愿意跟学生一起"摸爬滚打"，一起奋斗。自此，J 中教师建立了"只要勤奋就会受到肯定"的信念，并集体共享了这样的信念。勤奋就成为最有价值的东西，成为教师共享的价值观。勤奋是教师的行事准则，争取好学生是教师的愿望。J 中的这两项措施延续了十年，直到 2004 年以后才慢慢地不去争取生源了。现在，"好生源"会自己投奔这个"好学校"来。

---

① ［美］埃德加·沙因：《组织文化与领导力》，马宏宇、王斌等译，中国人民大学出版社 2011 年版，第 12 页。

就教学目标而言，J 中教师的长远目标是中考，近期目标比较模糊，主要关注班级的稳定和学习成绩两项。就中考而言，能够考上重点高中的学生毕竟是少数，大部分学生还是自费读高中的。因此，考上重点高中的学生都是班里的"尖子"或者"精英"。在"考试成功至上"的信条下，这些学生就是学校和教师心中的"宝"，自然"一俊遮百丑"。因此，"学习好就一切都好"就成为学生文化的共享价值观。就近期目标而言，学生的一日常规和班级的上课秩序被看作是学校稳定的因素和学习成绩的保障，因此，教师要稳定"非精英"的情绪。无论使用"压制"还是"说服"的手段，都是从帮助学生考试和关注学生成绩为目标。除了日常的小错误外，教师一般在每次考试之后都要"找一些学生谈话"，被谈话的同学是教师重视的同学，心里很有被认同的感觉，也会被激起学习的愿望，顺从班主任的要求。这些非精英学生的情绪对于维护班级稳定具有非常重要的作用。这里我们可以看到，无论从长远目标还是近期目标看，价值观"充当短期愿望和长期愿望之间的桥梁，决定性地增强长远目标的力量"。①

马里亚诺·格龙多纳给价值观进行了分类。他认为，价值观有两大类：一类是内在的，一类是工具主义的。② 内在的价值观是指我们不计个人得失而均予遵循的价值观。工具主义的价值观是指那种因为它直接对我们有利，我们才予以遵循的价值观。工具主义的价值观按自身定义来说就是暂时性的，只有内在的价值观才能无穷无尽。所有的经济价值观都是工具主义性的，持续发展所必须的是内在价值观。通常情况下，两种价值观是融合的，在做一件事时通常会有工具主义价值观做指导，也同时有内在的价值观指导。他以经济发展为例。人们开始关注经济，是工具主义价值观，但是经济发展了之后就需要内在价值观指导，即经济

---

① 马里亚诺·格龙多纳：《经济发展的文化分类》，劳伦斯·哈里森：《促进社会进步的文化变革》，[美]塞缪尔·亨廷顿，劳伦斯·哈里森主编：《文化的重要作用——价值观如何影响人类进步》，新华出版社 2010 年版，第 90 页。

② 马里亚诺·格龙多纳：《经济发展的文化分类》，劳伦斯·哈里森：《促进社会进步的文化变革》，[美]塞缪尔·亨廷顿，劳伦斯·哈里森主编：《文化的重要作用——价值观如何影响人类进步》，新华出版社 2010 年版，第 88 页。

发展背后的意义。按照格龙多纳的价值观分类，J 中教师价值取向中的应试取向可以算作纯工具主义价值观。为了考试而学习，因此考试胜利之后就可以放弃这个目标了。J 中教师也强调了这个问题：很多学生为了中考，因此考上高中后他们就不努力学习了，到了高中又为了高考，考上大学之后又开始放松了。这就是工具主义价值观的作用。其他价值取向都是两种价值观融合型，既有内在的价值观，又有工具主义的价值观。

基于对价值取向的分析，我们可以推论 J 中教学行动模式。（见图 8—2）

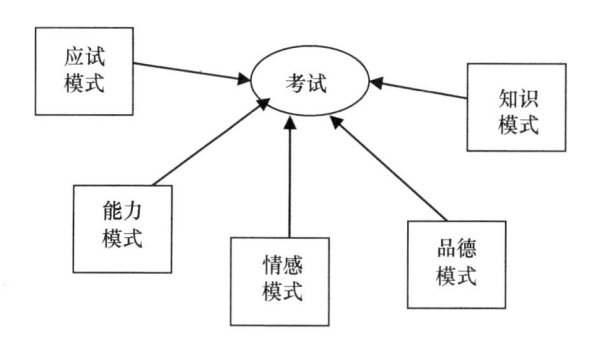

图 8—2 达成考试目标的行动模式

从整体上看，考试是 J 中学教师的具体目标，也是全校上下关注的焦点，就连后勤工友都能知道几个好学生的名字，每次考试后的"大榜"也同时是他们关注的对象。但是，指导教师行动的并不是目标，而是达成目标的行动路径。在我开题时，有位多年研究中小学考试的同学说，在中小学就是应试取向，没有其他的。他给我的触动很大，我也对自己的选题担忧，但是从对 J 中学文化的梳理看，指导教师行动的并非完全是"考试"这个"指挥棒"，真正起作用的是教师的价值取向。因此，在 J 中也流行着一种误解："考试不改革，学校就无法改革"。但在我所搜集的资料来看，并非如此。教师将自我隔离在"规模化的教育改革"之外，而是只信奉自己的"行动理论"。在考虑何种方式能够达到"考试"这个目标的时候，教师在行动时更多地考虑的是"手段的有效性"。日本学者作田启一在考察行动的概念时指出，人们进行选择的思路至少有三个，它们之间不能互相转换。第一，选择时从对行为者较长远的目标而言，某种状态是在有效手段的角度进行的。第二，选择时从在引导行为者实现其一贯价值时，某种状态较为恰当的角度进行的。第三，选择时在驱动行为者满足欲望方面，而认为某种状态较为适合的认知下进行的。① 我们将其概括为：目的——手段原则，状态——价值原则，认知——欲望满足原则。教师在行动时会同时考虑三者，而非只考虑其中的一个方面。

就目的——手段原则而言，不同的行动模式都是基于教师个体认为这种手段最有效做出的价值选择。丁丁的"另类"和晴晴的"孤独"正说明了这一点。其他教师并不认为她们的行为对自己有效，因此认可并不采取行动。就状态——价值原则而言，虽然表面上与目的——手段原则不相关，但实质上，在选择手段时要基于状态——价值原则，教师必须从价值一贯性角度去选择教学行动。教师们通过"摸爬滚打"获得成功，认干是他们价值一贯性的选择。丁丁开始与其他教师一样，是关键事件让她改变了价值一贯性，重建了价值假设，因此其他教师不会选择与丁丁一样的做法，甚至在很多时候觉得"奇怪"。就认知——欲望满足原则而言，在教师的认知框架内，哪些手段能够满足教师的欲望，教师就会选择这样行动。例如，在玲玲"霸权式"管理行不通时，她觉得"该变了"，采用协商式控制方式管理班级。教师的行动必须满足这三个选择条件，他们才会选择。这给我们思考学校文化重建和教师行动模式重建提供了有效的证据。

(二) 关于教学管理的价值取向

在 J 中，对学生的要求是"静、净、敬"。"静"是针对上课提出的要求，"净"是针对班级卫生提出的要求，而"敬"则是针对学生与教师交往提出的要求。对于课堂来说，学校文化的基本假设是"纪律是学习的保证，没有好的纪律就没有好的教学效果"。在静的课堂中，学生就要安静地听课，安静地读书，安静地……。安静一说已经深入人心，似乎不安静就是不遵守纪律，学生习惯了在教师面前安静，教师也习惯了学生安静。安静的课堂中，学生就是待装满的容器，教师就要努力去装满，

---

① [日] 作田启一：《价值社会学》，宋金文、边静译，商务印书馆2004年版，第3—4页。

所以才有"全得靠老师"之说。教师觉得疲惫，学生觉得乏味。但这样的传统一直延续至今，当学生不安静时，教师会感到不舒服。安静的背后隐含着这样的假设：纪律好的课堂就是安静的课堂；学生安静才能全神贯注，集中精力听课；学生不安静时，就会分散注意力，不会认真学习。除了上课外，现在学校要求下课也要安静，学生不能在走廊里大声喧哗打闹。虽然学校三令五申，但是学生仍然会在走廊里打闹。为此，学校花钱上了监控设备。以前，是值日的学生和教师下课时守在走廊里抓"违法乱纪"的学生，现在就在办公室监控，发现有不守纪律的学生，再出去抓，然后扣班级的分。单纯从管理的角度看，对学生的这些要求未必不合理。管理的目的是维护秩序，好的秩序是不能打闹的，尤其在走廊里这样的公共地带。但从教育的意蕴去思考，这样的规定是值得考究的。要追问的不是制度本身，而是制度背后的理念。

班级卫生是 J 中班级评比的一个重要依据。每天早上、中午以及下午自习都有值周生进行卫生检查。检查的内容包括教室地面是否干净，黑板是否擦好，讲桌是否干净，窗台和走廊是否干净。从整体看，检查的标准就是"净"。而且要求非常严格，"差一点"都会给班级扣分。每周值日生都害怕被扣分，扣分后就可能得不到红旗班，老师会批评。另外影响了班级荣誉也不好，所以值日生必须在检查阶段做好卫生。平时地面有纸，或者忘记了擦黑板，都是时常的事。但是在检查的时间段里，每个班的值日生都会认真做好。

J 中德育管理中要求学生对待教师要"敬"，就是"尊敬"的意思。学生尊敬教师是中国的伦理内容，似乎无可非议。前两项都有学校相关人员检查是否达到标准，但这一项没有固定的标准，也没有固定的检查制度。因此，尊敬教师就是一个常规标准，比如课堂上顶撞教师就是不尊敬教师等等。

这样的要求背后，渗透着学校教师共享的价值取向，也很鲜明地突出了对学生的假设：听话和顺从才是好孩子。也表明了教学管理中的控制取向。为了保证纪律，J 中教师基本持控制取向，控制的方式有自我控制，教师控制，伦理控制和规范控制。自我控制，是指学生具有自我控制的能力，能够及时抑制不良行为，而使自己的行动符合学校规定和道德规范。一般情况，学生很难做到这一点，这只是教师的希望。既然不能自我控制，就要教师看管。我们在前面分析中已述，教师每天"死看死守"，有的教师甚至上厕所都要小跑，否则班级会乱，"根本不放心"。教师控制也是有限的，控制过程中也会对学生进行伦理道德教育，通过舆论手段，进行伦理控制。这些控制都属于软控制，没有硬性的规定。规范控制则属于硬性控制和强制控制。学校有各种规定，凡是违反规定都要受到批评和惩罚。从整体上看，规范控制和教师控制是最有效的管理手段。

从前面对学校管理的文化分析，我们推论：J中教学管理主要是控制取向。依据控制的手段，我们可以将其归纳为权威控制取向与非权威控制取向。

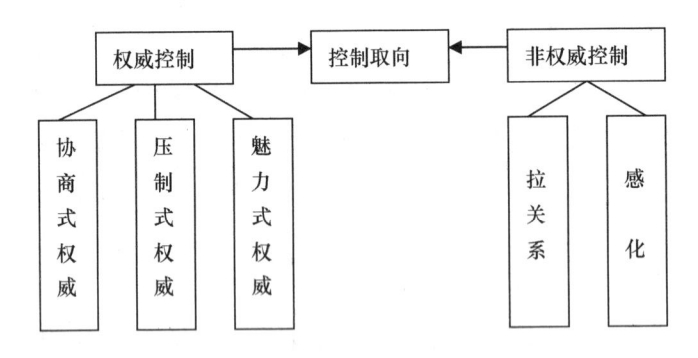

```
         权威控制 ──→ 控制取向 ←── 非权威控制
        ┌───┬───┬───┐              ┌───┬───┐
        │协 │压 │魅 │              │拉 │感 │
        │商 │制 │力 │              │关 │化 │
        │式 │式 │式 │              │系 │   │
        │权 │权 │权 │              │   │   │
        │威 │威 │威 │              │   │   │
        └───┴───┴───┘              └───┴───┘
```

图8—3　J中教师教学管理取向

权威控制包括协商式权威、压制式权威和魅力式权威。玲玲认为她在管理班级上有个很大的转变。以前，她管理班级就是"她一个人说了算"，是"霸权式管理"，即她"说怎么样就得怎么样"。她认为现在属于"民主式"管理了。她的民主式管理是这样的：班级的各种规定学生协商制定。例如，"考试换座位"。玲玲班上，每一次考试后都会自动调座位。所谓自动，就是学生自觉调座位，不用老师调。每一个座位有一个对应的名次，考试之后随着名次的变动，座位也做相应的变动。每次考试之后，学生会跟老师要求，"该换调座了"。另外一项规定"没考好罚钱"。五人一个小组，每次考试比成绩，两个赢家两个输家，一个是

"坐车"（不输也不赢）。班长组织和监督执行。每次输赢10元。这两项规定都是学生自己制定的，但是主意是她的，因此，我认为协商式控制比民主更贴切些。

波波老师可以被认为是压制式权威控制的代表。由于她整天不笑，每天除了自己上课去之外都在班级，背地里同学都称她为"僵尸"（姜师的谐音）。她以班主任的传统权威压制，也以厉害闻名，学生们都怕她。班里有个教师子女，有一天身体不舒服，她妈妈去跟波波请假。波波说，"什么身体不舒服，就是懒，她不来你就揍他，要不就说告诉我，你看她怕不怕"。这个故事非常鲜明地呈现了压制式权威控制的形象。

丁丁老师可以堪称魅力式权威的代表。前面故事中，我们已经看到，丁丁以自己的学识使学生折服，从而为自己树立了权威。用自己的人格魅力，使权威发挥作用。

除了权威控制之外，J中教师也有非权威控制取向的教师。非权威如何控制呢？教师们常用两种办法：一种是拉关系，一种是感化与帮助。拉关系主要是指教师通过"生活上多关心"，"没事聊聊天"，"稍微纵容"等方法使学生听老师的话。"生活上多关心"是指学生有个头疼脑热等不严重的疾病，教师对其进行安慰和关心。"没事聊聊天"是指非上课时间，教师主动与学生搭讪，聊些与学习无关的事，表示教师"平易近人"。"稍微纵容"是指在学生犯了不太严重的错误时，教师不批评，报以"和善的"责怪表情。学生认为，不批评就是老师"对他好"，那么他也要对老师好，因此，上课"不捣乱"。这种办法需要教师智慧和细心观察。而感化与帮助则需要教师付出，有时是情感的付出（如琴琴），有时是物质的付出。最典型的实例是琴琴老师的班级管理。前面已有阐述，这里不再赘述。

无论使用权威的手段还是非权威的手段，都是教师对学生进行控制为主，使学生顺从和听话是J中教师共同认同的行事方式。科特·勒温对专制型课堂和民主型课堂的经典研究：在教师在场的情况下，专制型课堂的成绩可能会赶上甚至超过民主型课堂的成绩，但是一旦教师离开，专制型课堂就会崩溃,而民主型课堂则会重新组织起来并继续保持其成绩。① 从看堆文化中,可以读出专制型课堂的意味。

(三) 关于课堂教学的价值取向

上课是学校中的常规,也是学校文化中的一部分。为区别于大教学,俗称课堂教学。因此,J中教师把上课和课堂两个概念换用。它们概念中的教学等于学校中的前勤工作,与德育和后勤两项内容相对应的。因此,我这里也用教师常用的概念即上课。它包括的内容很多,有上课的各个环节,也有上课过程中的管理,还有教学设计和课程决策。总之,上课是一个整体概念,是学校教学中的"重中之重"。通过前面的故事叙述,我们对J中教师关于上课的价值取向可以归纳为:

◇整饰取向:"常课"与"做课"

关于课的类型,在J中有两类。一类称为"做课",与做课相对应的是另一类——"常课"。"做课",顾名思义,就是"做给别人看"的,也指上课教师基于一定意图和精心设计,以上级相关部门和学校的标准作为"模子"雕琢出来的课。这类课常常是在上级来检查的时候上,或者是参加优秀课、示范课等公开课时上。就这几年来看,J中教师没有职称的压力,因此对优秀课、示范课等评比的课,也不太在意,大家宁愿将这些公开课上出"真"的味道。因此,做课就是做给别人看的,更确切地说是做给上级领导看的,不是上给自己学生的。因此,在J中这类课统称为"造假的课"。有造假的课就有真实的课,真实的课就是"常课"。"常课",顾名思义,就是平常的课,就是每天教师都要给学生上的课。这些课才是最真的课,我观课的部分既有常课,也有做课。做课既然是造假的课,不是教师的真意图,不能完全代表教师的价值世界,所以我没有将观课的内容呈现。虽有常课,但是常课是通过"关系"的才听的,因此不便在文中呈现。也许这使本研究有些缺陷,出于伦理的考虑,我答应教师不会将他们课的内容呈现出来。我终于明白了:质的研究中强调研究者作为研究工具,因此,研究中要把研究者放进去,而不是放在

---

① [美] 埃德加·沙因:《组织文化与领导力》,马宏宇、王斌等译,中国人民大学出版社2011年版,第292页。

研究之外。

为什么"平时与检查时不一样"？从价值的角度思考，它属于两种判断系统。一种判断是通过上级领导对课的评价来评价教师，另一种是通过学生的学习效果来评价教师。基于这样两种机制，教师也进行两种选择。一种是"做"，一种是"真"。上级评价教师看规范和是否达到要求，且是短效评价机制（听完这个课就走了）。而教师平时上课，采用的是长效的评价机制，一个月或者一个学期，甚至是三年的时间验证教师的教学水平。这里凸显了教师价值系统中的保护机制，教师的价值保护是为自我的价值实现。

◇任务取向："必须完成教学任务"

教学任务被教师看作上课中最重要的事情，无论在上课时发生什么事，教师心里最挂记的就是是否能够完成这节课的任务。因此，越是主科的课，越是初三的课，越有明显的完成任务的迹象。就主科的课而言，如果上课有同学犯错误，或者有个什么"插曲"，教师常常是敷衍过去，或者用一种最强势的制止方式制止发生的事情继续发展，然后接着讲课。或者是"罚站"、"请出去"，继续上课，等"课讲完了"（教学任务完成了）再去询问事件的原委，进行处理。管理中的控制取向也与上课的任务取向有着重要的关联，管理的目的是保证教师完成教学任务，在教师那里管理只具有"管理的意义"。就初三的课而言，上课就是完成教学任务，不存在其他东西。初三学生与初一和初二不同，离中考的时间越近，考试作为具体目标越清晰，因此，"初三学生基本不用管纪律"，课堂上就是紧张地"讲课"，"做卷子"和"对卷子"。初三的第一个学期，要将全年的课都讲完，在第二个学期进行充分的复习。半年时间完成全年的课，任务量非常重，教师更无暇顾及其他事，因为也就只关心哪些人应该"照顾"（盯着），哪些内容应该讲到。

那么，教学任务是什么呢？谁规定了教学任务呢？又谁来监督和检查这些任务是否完成呢？教师不清楚，作为研究者的我也是迷惑的。"一切尽在无意识中"。教师好像天生就有一种使命，他们就是带着任务来的，学校里没有人检查教学任务的完成情况，检查的是常规行为。这里有教师对自己角色的认识和身份定位。教师要把"该教的教给学生"，这些"该教的"就是教学任务。没有具体的指摘,教师将全年的教学内容划分为每一节课,这就是教师说的教学任务。对于完成教学任务一项,学校中没有任何制度规定,监督教学任务完成情况的是考试机制,要考试了,课程还没有讲完,学生就可能成绩不好,成绩不好就是教师教的不好,教师要保证成绩不好不是教师教的不好,就要拼命把考试可能考的内容全部教给学生,这样,如果考的不好就不是教师的原因了。因此,他们时时刻刻都有紧迫感,这种紧迫感来自于教师自己,并非来自于外界压力和规定。

◇替代取向:"教师必须把知识教到位"

教师把"知识是否教到位"看作是自己是否完成了教学任务,如果没有教到位,就是教师失职。到位的标准就是考试的知识讲过没有,如果讲过了,教师心里就会踏实多了,如果没有讲过,这就是教师的责任。尤其是政治和历史的课,教师都将答案念给学生,并指导他们写在课本的相应位置上。教师们说,"如果不这样,学生考试抄都找不到地方,不知道到哪抄。"

这不但与上面的管理中的控制取向有关,也与教学功能中的知识取向相关。这好比家长把饭菜做好了,等着孩子来吃,孩子来看看饭菜,觉得不好吃,不想吃,这时家长特别生气。辛辛苦苦地,费心竭力地为你做了饭菜,你却连吃都不吃。教师就像精心给孩子做饭的家长一样,代替孩子学习了一切知识,把"嚼过的馍"喂给孩子。这是卢梭和杜威所反对的"违反了孩子的自然天性"。但对于教师来说,它却有着深深的意义的根源。最重要的根源是危机意识,林顿将其称为"长久的安全感"。如果教师不把这些知识都教到位,万一遗漏了什么,考试后家长和校长都会谴责他,他也会认为自己没有负责任。

二 中学教师价值取向特点

(一)核心价值取向与边缘价值取向互依

综合来看,J中学是一个多元文化存在的场。在学校里,既有主流文化存在的空间,也有支流文化生存的空间。因此,J中学教师价值取向也是多元的,但这种多元并非指"并立"格局,而是指"并行"格局。以知识取向为主的核心价值取向与其他取向并行不悖。对于教师个体而言，信奉的价值取向与践行的价值取向也同时并存于观念系统中，依据情境界定选择哪一种价值取向做指导。有领导来检查和听课时，教师很清晰地选择了信奉的价值取向，但平时教师转为无意识的践行价值取向。

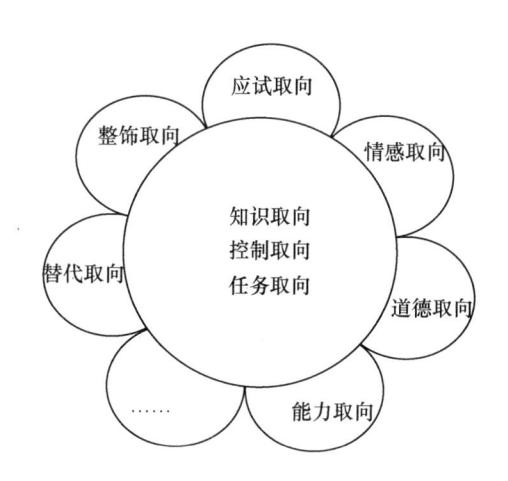

图8—4　J中学核心价值取向与边缘价值取向

边缘的价值取向无法动摇核心价值取向，信奉的价值取向也同样不能动摇践行的价值取向。其主要根源在于两种取向根源于两种假设——宿命论假设和积极假设。

根源于悖论的价值取向，教师个体也常常面临着各种冲突困境，大部分教师整合得很好，但是也有个别教师不能很好地整合，承担了剧烈的冲突。J中有两位教师由于一些原因，我始终没有见到。一位是与校长吵架的英语教师（已经退休），另一位是无法与学校文化融合的英语教师（告病在家）。沙因认为，某种信念和价值观是与其他的信念和价值观并行起作用的，这样就导致充满矛盾和模棱两可的情境的出现。[①] 当两种价值观发生矛盾时，个体会感到不安。如果个体的选择与其他教师的选择相悖，自己就有被剥离感，这种剥离感会促使教师去寻求安全的行动。

---

① ［美］埃德加·沙因：《组织文化与领导力》，马宏宇、王斌等译，中国人民大学出版社2011年版，第13页。

我们的研究无力讨论价值取向整合的问题，因此暂时搁置。

（二）信奉的价值取向与践行的价值取向相容

我根据访谈资料整理了 J 中教师信奉的价值取向，并通过观察和访谈资料推论出了教师践行的价值取向。（见表 8—2）

表 8—2　　　　J 中教师信奉的价值取向与践行的价值取向

行动范畴	信奉的价值取向	践行的价值取向
学校变革	课程改革的理念是好的，对学生发展有好处	现实的教学条件不适合课程改革
	学校应该改革	学校变革受到社会文化的限制
教学活动	学生应该全面发展	分数是家长需要的
	学校中的活动能够帮助提高学生素质	目前考试还是重要的
学生管理	学校应该重视学生的品德发展	社会评价还是看成绩
	教师应该培养学生的情感	学生的品质应该在家庭中养成，教师就是教知识
	管理应该促进教学	形式主义的东西不能真的对待
学生发展	学生发展才是教学中最重要的任务	学习成绩是值得信赖的
	音体美对学生智力发展是重要的	小科课上得不好不如不上

事实上，在教师行动时，信奉的价值取向与践行的价值取向并不总是相悖的，有时也是一致的。当信奉的价值取向指导实践成功时，信奉的价值取向就会转化为践行的价值取向，然后教师又生出新的信奉取向。当信奉的价值取向与践行的价值取向不一致时，教师会暂时悬置信奉取向，执行践行取向。

（三）积极的取向与消极的取向并存

劳伦斯·哈里森指出[①]，美国学术界正在出现一种内向的聚焦于文化价值观和态度的理论新范式。在《泛美梦》一书中，他列举了进步文化

[①]　[美]劳伦斯·哈里森：《促进社会进步的文化变革》，[美]塞缪尔·亨廷顿，劳伦斯·哈里森主编：《文化的重要作用——价值观如何影响人类进步》，新华出版社 2010 年版，第 360 页。

区别于停滞文化的十点价值观、态度或心态。

表8—3　　　　　　　　进步文化与停滞文化的区别

文化要素	进步文化	停滞文化
时间取向	强调未来。面向未来,意味着一种进步的世界观——影响自己的命运,让美德在今生得到回报,主张双赢的经济学	强调现在或过去
工作	把工作视为美好生活的关键;工作构成日常生活;勤奋、创造性和成就不仅带来经济上的回报,而且带来安慰和自尊	把工作看作一种负担
节省	被视为投资之母,也是财政保障之母	被视为对"平等"现状的威胁,人们往往认为一方之所得即为另一方之所失
教育	进步的关键	只对精英阶层重要
地位	功绩是地位上升的关键	地位上升靠关系和家族
社群	人们彼此之间的认同和信任半径超出家族范围而达到广大社会	家族局限着社群。认同和信任半径狭小的社会较易出现腐败、偷税漏税和任人唯亲,较难推广慈善活动
道德准则	一般较严格	较松散
公正	普遍期待得到正义和公平待遇,不以个人感情为转移	公正待遇往往取决于你认识什么人和付得起多少钱
权力	趋向平行和分散	趋向垂直和集中
世俗生活	宗教机构对公民世俗生活的影响,在进步文化中不大;鼓励不同意见	宗教机构对公民世俗生活的影响很大;受鼓励的是思想正统和顺从

进步文化与停滞文化并没有截然的分界线,但大体可以进行参照。依据哈里森的理论框架,J中教师的价值取向也有积极的取向和消极的取向两种。

表8—4　　　　　　　　积极的取向与消极的取向

消极的	积极的
核心的价值取向	边缘的价值取向
践行的价值取向	信奉的价值取向

第二节 中学教师价值取向与学校
教育变革之间的关系分析

教师价值取向与学校教育变革之间的关系主要表现在教师是否选择参与变革，采用什么样的方式参与变革，对变革的意义作何理解，如何应对变革的各种要求和规定，等等。教师价值取向影响变革主要表现在教师的教学行为中，保守的价值取向被动参与变革，消极应对变革甚至拒绝变革。教师价值取向与学校教育变革之间的中介变量是教师行为，因此，在分析教师价值取向对学校教育变革之前必须先阐明清楚教师价值取向对教师教学行为的影响。

一 不同价值取向对教师教学行为的影响

教师价值取向对教学行为的影响直接关系到教师的变革行动选择，因此在分析教师价值取向与学校教育变革之间的关系前分析不同价值取向对教师教学行为的影响。为了比较不同价值取向对教师教学行为的影响，我们对不同取向教师的知识观、人才观以及学生观进行了对比分析。

1. 不同取向教师的知识观

课程改革的关键不是否定知识传递的作用，而是重建对知识的理解。把知识看作认识的成果，它就是确定的、科学的真理，是知识的静态形式，而把知识看作不确定的、建构的，不断求新的过程，是知识的动态形式。所以知识作为教学的内容存在，对知识的理解决定了教师如何去教学，也决定了学生对知识学习的行动。我关注的是教师行为，这里只探讨不同取向教师的知识观。（见表8—5）

表8—5　　　　　　　不同取向教师对知识的理解

教师类型	对知识的理解
知识取向型	知识是区分良莠的，具有广博知识的人才是值得敬重的
能力取向型	知识是能力提高的工具，知识较能力的用途次之，通过学习知识提高能力

续表

教师类型	对知识的理解
道德取向型	品德与知识同等重要，知识中含有品德寓意，品德对知识学习有重要影响
情感取向型	情感对学生的成长非常重要，情感能帮助学习知识
应试取向型	只有必考的知识才是最有价值的知识

知识取向型教师认为，掌握知识越多对学生越有利。第一，在当今时代，没有知识寸步难行；第二，没有知识的人就是"白痴"，什么都做不了。第三，知识掌握得越多越准确越牢固，对考试越有利。知识的价值在于区分人的地位，一个有知识的人才是值得尊重的人，而非"白痴"。知识取向型教师关注的是知识的功利主义功能，从功利主义功能出发，培养的人是工具人，只关注了人活着的第一境界——没有灵魂的躯壳境界。能力取向型教师认为，知识是提高能力的工具，能力是建立在一定知识基础之上的。因此，知识是教师培养学生能力的载体，是工具，而不是目的。教师应该在教授知识的过程中培养学生的各方面能力。能力取向型教师在人类生存的境界上似乎向前迈进了一步，但是仍然未在人类的境界中思考人生的意义。道德取向型教师将品德与知识视为同等重要。他们不仅能在知识传授的过程中挖掘其道德意蕴，而且认识到品德对学生学习有重要影响。以"德性是知性的基础"为基本假设，以"懂礼识节"为价值目标，将思想教育融入学习生活中，强调伦理和人格。情感取向型教师以"情感是人生活品质的保证"为基本假设，认为情感对学生的成长非常重要，培养一个健康的人比培养一个不健康的有知识的人更好。同时，他们也坚信情感能帮助学生更好地学习。学生由被迫学习变成主动（愿意）学习。他们以快乐学习为价值目标，强调"理容义通"，在教学过程中，"用一棵树撼动另一棵树，用一片云撞击另一片云"。应试取向型教师认为，"分数是学校生命力的象征"，其基本假设是"赢得高分才能赢得一切"，因此，分数总是被他们认为是最重要的价值。在课堂教学中，应试取向型教师更关注必考题，训练考试技巧，强调应试规则，注重学生的准确性训练。正是因为如此，应试取向型教师会区分出能考试和不能考试两部分学生，重点关注那些能考试的和有

考试潜能的学生。在他们看来，学生天生就是有差异的，而且这种差异是后天无法弥补的。不同取向的教师对知识的理解不同，在课程决策和教学设计上会有很大差异，但这只是"文化影响力"的运作模式，并非其本质。从本质上看，各种取向型教师对知识的基本假设是相同的——知识是静态的。尽管能力取向型、道德取向型以及情感取向型教师都宣称知识是动态的，是不断变化的，今天学的知识明天可能没有用，但在教学行动中仍然会以讲授和传递为主，很少有"建构"的迹象。

2. 不同取向教师的人才观

培养什么样的人是教育目标的范畴，也是每一位教师思考的范畴。虽然在教育活动中，常常有"目标流失"现象，但是教师并没有忘记自己的教育使命，他们会经常探讨未来社会需要什么样的人才。

表8—6　　　　　　　　　　不同取向教师对人才的理解

教师类型	对人才的理解
知识取向型	人才就是有知识、有学问的人
能力取向型	不仅要有知识，更重要的是要有能力
道德取向型	德才兼备的人才是社会发展所需要的有用的人
情感取向型	人是有情感的动物，社会需要健康的公民
应试取向型	会考试的人才能赢得社会地位，中考和高考是社会筛选机制

知识取向型教师认为，博学之人就是"有才"的。因此，判断人才的第一个标准就是有没有知识。这个知识具有广泛的含义，包括一切知识。除了自己的专业知识外，还要有关于生活的知识，关于计算机的知识，甚至关于汽车的知识。总之，人才要具有广博的知识，即"上知天文，下晓地理"的通才。因此，教师关注各方面的知识，凡是他们认为学生将来可能有用的知识，都会鼓励学生学习。知识取向型教师绝不是单纯关注考试知识，鼓励学生各科都要学习。

能力取向型教师则认为，具有综合能力和综合素质的才是人才。因此，他们要培养的是动脑和动手能力强的学生。他们坚信，"天生我才必有用"，不必将考大学视为生活唯一的出路，只要有能力，将来做什么都可以。因此，他们不但创造机会让学生动脑和动手，而且在上课时经常强调培养能力。讲解习题是关注分析题的思路，讲解试卷时分析答题技巧，他们更关注规则和规律，提醒学生重视规则和规律。

道德取向型教师更强调品德，他们认为德才兼备才是人才。他们认同司马光的观点，有才无德之人是小人。他们承认，人与人之间是有差别的，能力的大小决定于先天，但是德行的厚重在于后天修养。因此，他们更强调做人，更强调学生品格的培养。他们将心理健康和正确的人生观和价值观的培养作为教育的目标。在教学过程中，尽量挖掘教材中的德育内容，使学生形成良好的品格。例如，在课本中有名人故事，老师都会解读故事中的品德意蕴，给学生树立名人榜样。如果遇到写祖国大好河山的美文，他们会对学生进行爱国主义思想教育。在讲到地理环境时，他们也以身边的例子说明每个人都有爱护环境的责任。总之，道德教育与知识教育同步进行，融合起来教育学生。

情感取向型教师认为培养人比培养人才重要。不是每个人都能做精英，而精英毕竟是少数，更多的是大众，现在需要服务型的人才最多。因此，他们的教育目标定位为培养人，尤其是社会急需的服务型人才，这些人不需要高深的知识，他们需要正确的价值观，需要有情感，有爱心。晴晴老师给我举例说："为什么现在饮食安全成为问题，就是那些人没有情感，没有爱心，不善良，所以利欲熏心。"因此，她通过情感教育，培养学生的善性，指导他们善行。她做班主任时，几届中都有残疾孩子。上届她班上有一个脑瘫的孩子，她无微不至地照顾，班上的学生也被感动，都来帮助这个脑瘫的孩子。她把同学帮助脑瘫孩子的行为偷偷地拍成照片。在一次演讲比赛上，别的老师都选好看的参赛，她选了一个并不特别漂亮但是声音特别好听的学生，然后她把这些照片作为背景，感动了在场的所有人，他们还拿了一等奖。这一切都是真实的，同学们在分享成果时，更多的是爱的积累。

3. 不同取向教师的学生观

在研究的过程中，所有教师都非常一致地"怀念"过去的学生。他们认为，过去的学生比现在的学生"懂事"，过去的学生比现在的学生"听话"，过去的学生比现在的学生学习主动性强，过去的学生比现在的学生"有礼貌",……总之,过去的学生比现在的"好教育"。在教师关于自我的概念中,要依据学生来定义,似乎学生是他们的"产品",如用"产品"的质量来定义工人的技术水平一样,学生的成绩直接关系到教师对自我的价值定义。学生是教师自我价值实现的重要因素之一。因此,对学生的基本假设决定了教师的价值取向,同时教师的价值取向反过来维护了教师对学生的基本假设。不同价值取向的教师对学生的假设不一样,不同的基本假设形成了教师不同的价值取向,这样的价值取向不断被确认后,稳固了教师的基本假设,成为教师价值信念系统中想当然的东西。

表8—7　　　　　　　　　不同取向教师对学生的理解

教师类型	对学生的理解
知识取向型	只要勤奋,人人都可以学会知识
能力取向型	能力是实践锻炼出来的,应该给学生动手的机会
道德取向型	初中生的家庭教育在品德上缺失,学校教师应该承担这个使命
情感取向型	初中学生无情无义,有情感的人才能快乐的生活,不是每个学生都适合学习
应试取向型	学生是有先天差异的,后天无法改变,尤其是在初中阶段

知识取向型教师坚信"勤学加好问,不怕头脑笨",认为只要勤奋,每个学生都可以学会"初中这点知识"。但他们并不认为学生没有智力的差异,不过因为初中知识少(这点),除了智力水平低下的学生之外,其他学生"只要努力,都能学会"。但是学习知识也有技巧,因此学生被教师分成"会学型"与"努力型"。"会学型"学生是指学习"不费劲","很容易学会",也就是具有学习能力的学生(智商高)。因此,"会学型"学生在未来的学习中具有一定的潜力,是教师看好"将来一定能出息"的学生。"努力型"学生是指智力水平正常,没有学习技巧,依靠勤奋(死学)获得好的学习成绩的那部分学生。"努力型"学生未来的学习潜能并不大。由于努力,常常被教师认为"懂事"的学生。

能力取向型认为,能力不是教的,而是在实践中锻炼出来的,因此应该给学生更多的动手机会。教师的很多工作任务都推给学生，比如，出题、考试、批作业、改试卷以及讲评试卷，等等。学生通过自己出题考试学会了区分重点知识和非重点知识，通过批改作业巩固了所学知识，通过改试卷寻找到了与同学间的差距，同时也看到了自己掌握知识方面的不足，通过讲评试卷掌握了教师批卷要领，进而领会了答题技巧。实质上，所有这些任务都在帮助学生巩固知识和学会学习。

道德取向型教师认为，现在的学生厌学的主要原因是学习目的不明确，学生没有责任感。而这些应该在小学和家庭教育中完成，到了初中应该学习知识。但就现状来看，既然家庭教育和小学教育遗留了这些问题，如果初中还不纠正，可能就毁了孩子的一生，因此，初中教师应该承担起这样的教育使命。更重要的是，他们认为品德是影响学习的重要因素。有了良好的品德修养，就意味着有爱心、有责任感。有爱心的人意味能助人，有责任感的人意味着能担当。因此，人生具有了高的生活境界，高境界的人一定会有大成就。因此，这样的学生才能端正学习目的，知道人为什么要学习。

情感取向型教师认为，不是所有的学生都适合学习，但世界总会给他留一个位置，不必为学生的未来担忧。他们秉持快乐地生活是最重要的价值信念，快乐地教学。琴琴老师说："人生总有一死，只要生的快乐。"所以培养健康的人是她始终坚信的人才观。她认为，不是所有的人都应该是精英，社会需要各行各业的人才，只要孩子能够健康快乐地成长，树立一个快乐的生活观，心理健康，身体健康，将来就能快乐的生活。只要生活得快乐，做哪个行业并不重要。因此，她非常注重与学生之间的感情，也非常注重用浪漫的情调培养学生的浪漫情怀。

"我要的是分数"，是应试取向型教师的教学信念，其基本假设是分数是区分学生的值得信赖的标准。因此，他们衡量学生的标准就是分数，考的好就是"好学生"，考的不好就是坏学生。在上课时经常提问好学生，忽视坏学生。在批改作业或者试卷时，先改好学生的，后改坏学生的，甚至坏学生的卷子有时干脆就不改。他们认为，学生先天就是有差异的，而且通过后天弥补，效果并不大。他们信奉题海战术，通过大量做题，获得解题经验和能力。一个刚升入高中的学生这样告诉我：中考的那些题我们平时都见过,所以我觉得题不难,平时只要跟着老师考上高中应该没有问题。通常情况下,好学生喜欢这样的老师,而不好的学生特别讨厌这样的老师。一个学生跟我说:"我们语文老师最差劲,整天就盯着那几个人,像我们这些人她从来不提问。我开始举手,举手她也不叫你,后来就不举手了。上她的课我们班上没有人举手回答问题,她就叫那几个人。"这个学生是后转到这个班级来的,语文成绩不是很好。我与他的语文老师交谈时特意提到他,语文老师当即否定了他:"他不行,根本就不学,你让他整啥他都不整,没啥希望。""我不提问他,提问他也答不上,倒让我生气。"我忽然想到:坏学生是文化定义的。[1] 不自觉的忆起小学时学过的一篇寓言故事——我要的是"葫芦":有个农民在院子里种了一棵葫芦树,夏天葫芦树的叶子非常茂盛,茂密的枝叶中已经见到可爱的小葫芦了。有一天葫芦树生了虫子,邻人见了告诉他,他说:"没有关系,我要的是葫芦"。虫子越生越多,叶子渐渐变黄,邻人再次警告他,他仍然回答"我要的是葫芦"。就这样葫芦与虫子一起长,葫芦没有虫子长的快,因此农民的葫芦树开始枯萎,已经结的小葫芦也一个个的从树上掉下来。也许故事与此并不贴切,然而学生价值观念中的"虫子"也会随着葫芦一起长大。

以上对五种价值取向的分析,可以发现,教师的价值取向是指导教师行动的"黑箱"。教师很多的行为都是无意识的,因为那些价值观念已经沉淀在信念的底层,成为想当然的基本假设。如果不动摇这些假设,教师的行为难以改变。

二 学校教育变革是教师的价值选择

通过上述不同价值取向教师的知识观、人才观和学生观的分析,可以清楚看到,教师价值取向直接指导教师的教学行为。教师总是想当然的认为过去的经验做法是正确的。当过去的经验在面对新情境时未取得成功,教师不会认为是自己的基本假设和价值取向出了问题,而是回到情境中去探索,根据重新界定的情境去选择行动策略。在 J 中学,教师都

---

[1] 谢翌:《教师信念:学校教育的"幽灵"》,《东北师范大学》2006 年第 5 期。

认为现在的学生变了，社会的要求也变了，他们也相应地调整了教学方法和策略。以历史老师 D 的教学为例。根据我们对 D 老师访谈资料的编码分析，他持有明显的知识和控制取向。在教学中，他坚持要学生掌握知识，尤其是考试的知识。在学习过程中，他表现为在课堂上通过对学生提问帮助学生巩固所学知识。D 老师认识到"现在的学生不如以前"了，他没有检视自己对学生的假设和价值取向，而是通过更加严格的控制和"灌输"知识完成教学目标。他在课前复习占去很长时间，一遍一遍地提问学生，反复重复这些可能考试的知识内容。为了控制学生学习，他还利用课间时间跟学生聊天，沟通师生之间的感情，使学生更愿意学历史科。教师价值取向不仅影响教师对教学方法的选择，也影响教师是否愿意参与学校教育变革。

学校教育变革包括很多方面，显性表现是教师教学行动的变革，归根结底是教师价值取向的转型。变革包括价值观念的变革，方法的变革，行动的变革。教学理念的变革是方法和行动变革的基础。J 中教师在教学价值观念上仍然坚持自己的原有假设，因此教学方法上仍然停留在"精讲"上，教学管理仍然停留在控制上。虽然教学管理中控制的方法已经由权威控制走向了非权威控制，但其基本的价值观念没有改变。在对待变革上，就出现了"整饰"行动。教师"做课"给检查人员和观摩人员看。关上门上课时，仍然走老路。在无奈的应对过程中，更加固了原有假设的想当然正确性。教育变革的先进理念成为教师信奉的价值被"膜拜"，也同时被"牺牲"。教师"牺牲"了变革的价值去很去现实中考试成功的另一种价值。

第三节　中学教师价值取向与学校文化之间的关系分析

前面我们对 J 中学学校文化进行了剖析，其发展过程中的成功经验是"自力更生"和"挖掘好生源"，因此形成了"认干"、"无言的竞争"与"看堆"的文化特征。这与教师共享了知识取向和控制取向具有重要的关联。教师认为没有掌握知识就不能很好地应对考试，知识是考试成功的重要因素。他们也假设，如果教师不逼迫学生学习，学生是不会认真学习的，经验告诉他们"看着就能学点"，尽管这样工作"觉得很累"，他们仍然认为这是理所当然的，"没有别的办法"。教师的价值取向是在文化形成的过程中一同建构的，新教师又被这种文化塑造着，将文化中所蕴含的价值取向一同整合进自己的价值观念系统。

一 学校中的成功经验建构教师的价值取向

（一）"做得来与做不来"——经验定义了价值取向的基本假设

J中教师是用自己的勤奋和好学生配合取得了考试成功的经验，以后重复验证该方法，均取得了考试成功，获得了"什么是有用的"和"什么是有价值"的认识。这些认识沉淀为J中学学校文化的基本假设和价值取向。这些基本假设和价值取向又被当作理所当然的"正确行事方式"传递给新教师。但是随着外部环境的变化，他们在应对外部环境时已经感到"力不从心"，但却从未讨论这些基本假设和价值取向，而是在不断调整策略，因此，教师在认知结构上没有做很大的变化。价值取向是教师经验结构中的核心部分，指导了教师的实践行动。

司马云杰在文化建构人的价值意识理论中提出情境界定因明论。情境界定就是指人对环境、情境、情势等的认识、理解和价值判断。因，就是指环境、情境、情势的价值和意义所在及其运动变化的根据。明，就是指人认识、理解、判断、界定环境、情境、情势的经验、知识、智慧、意识。人对环境、情境、情势的认识、理解、判断、界定。情境界定因明论是研究人正确地认识、理解、判断、界定文化环境、情境、情势的价值和意义及其运动变化之根据与思维活动规律的理论。[①] 该理论证明了：情境界定是一种价值判断，是一种主体性思维过程。他认为，对情境的界定全部是从自我经验、知识开始的，从自我意识开始的。它不仅和眼前实际的文化情境和情势相关联，更和他的经验、知识、意识相关联，和经验、意识、知识中的价值参照系统和标准相关联，和他对经

---

① 司马云杰：《价值实现论：关于人的文化主体性及其价值实现的研究》，安徽教育出版社2011年版，第170页。

验往事的回忆、记忆、联想、想象、推理活动相关联。

情感不仅是人的生物和自然属性,它也是人的社会文化属性。情感构成了人的特殊本质,在情境界定中发挥主体性的功能。①

(二)"好学生定义了好教师与好学校"——生源是教师价值实现的重要因素

对于教师而言,桃李满天下是他们的梦想,也是他们的价值目标。教师在育人的过程中实现自我,超越自我。教师对自我的评价常常是通过"教出几个好学生"来判断。J中有一位毕业生在中共中央宣传部工作,学校以此为自豪,教过这个学生的教师经常通过夸耀他而显示自己的教学能力。有几位老教师同时告知后来的同事这个学生是自己教出来的,同事们质疑怎么这个学生有这么多的班主任呢?这几位老教师彼此之间举例证明确实自己教过那个学生。从这件事也可以看到,学生是教师价值实现中最重要的因素。

价值实现是人的本质,也是教师存在的本质。J中教师非常在意学生及家长和社会的评价。社会和家长评价教师常常依据学生对教师的评价信息和学生作为教师"作品"的质量。每年中考成绩公布时,J中都会将中考升入重点高中的学生名单和成绩排名用红纸张贴出去。教师称之为"红榜"。红榜名单上有班级号,因此,家长会数哪个班考上多少人,且询问这个班的班主任是谁。J中学曾经有一位教学领导就是通过这种方式"捧"教师。好学生带来好名声,好名声带来好学生,一个好教师就在此循环过程中产生了。因此,好学生才能有好成绩,是J中教师坚定不移的信念。所以想方设法弄来几个好学生,是J中教师认为值得做的事情,至于教学方法的改革和教师的专业学习都不会让教师"改变命运"。这助长了教师同侪之间无言的竞争关系,彼此心里"不服气",嘴上又"无法言表"。同时,"看堆"的文化成分中也有"如果我有好学生,我班成绩也会好。"

---

① 司马云杰:《价值实现论:关于人的文化主体性及其价值实现的研究》,安徽教育出版社2011年版,第184页。

二 教师价值取向是学校文化变迁的根源

文化研究中很少有人倡导对文化做好坏的判断,文化人的创造。但是,审视文化研究会发现,文化常常被称之为指导人们选择行动的社会结构,这样就有了文化整合好还是没有整合好的区别。但我们认为,学校文化确实有积极和消极两种,正如组织文化有进步文化和停滞文化一样。消极的学校文化阻碍学校的发展,带来教师专业上的倦怠,学生发展的不利。反之,积极的学校文化推进学校发展,带来教师专业的进步和学生的快乐成长。但是,学校文化作为一个实体,很少被泾渭分明的区分为积极的学校文化和消极的学校文化。因此,J中学校文化中有些不利因素,但不能将其视为消极的学校文化。学校文化内部也有积极的价值取向和消极的价值取向,彼此之间相互制衡。当消极的价值取向占据主流时,学校文化表现为停滞文化;当积极的价值取向占主流时,学校文化表现为进步文化。

从J中学学校文化形成的过程看,在创建初期,考试并不成功,建校七年后才考上一人。这里有个大的历史背景。J中学建校时还不是考试成功至上的社会风气,但却一直强调升学。那时升学指的是考中专院校,衡量学校的好坏的指标仍然是升学率。家长、社会都没有如今这样重视教育。学校教师仍然勤奋踏实工作,并没有取得理想的升学成绩。到1994年,新校长的两大策略(生源与条件)获得成功。校长作为个体教师,也是校领导,在文化领导力上取得了教师的信任。校长个人的价值取向被教师群体认同并共享,学校文化渐渐形成了。按照霍尔等的研究,校长关于学校发展的价值取向作为积极的蘑菇不断成长,发展成学校文化的重要部分。因此,教师的价值取向是学校文化变迁的根源。教师个体持有的积极的价值取向能否改变学校文化,要看它对学校成员的影响和给学校集体带来什么样的成功。校长的文化领导力强,可以创建文化。但对于一般的个体来说,他们的成功经验能在一个消极的文化中得到认同和共享,还需要学校文化的彰显。

我们在研究中展示的两个极端个案表明,一般教师个体的成功经验要成为学校教师共享的文化,还需要一定的条件。丁丁老师和琴琴老师的成功经验并未得到同事们的认同和分享。他们认为,这是这两位老师的特殊人格所致,他们没有这样的特殊人格,所以"做不来"。教师并没有从价值观念体系的内部检视和改变,仅仅从做法效仿上看,自己与别人的风格不同。实质上,指导教师采取不同做法的正是教师价值观体系的内部,而不是行动策略的外部。因此,教师价值取向转型是学校文化变迁的根源。

参考文献

一 中文类

（一）期刊类

［加］迈克尔·富兰：《变革的意义》，赵中建译，《全球教育展望》2005年第7期。

百成、黄文玲：《高校教师价值取向变化的纵向分析》，《交通高教研究》2000年第2期。

曹开秋、江建民：《课堂教学价值取向的探究——基于社会控制论的视角》，《教育与考试》2008年第4期。

车丽娜：《教师文化初探》，《教育理论与实践》2006年第21期。

陈彩燕：《教师生存现状与教师发展——课程改革中教师发展主要矛盾的思考》，《教育导刊》2007年第8上期。

陈佑清：《学校变革的三种影响力量》，《教育发展研究》2012年第4期。

成晓艳、韩文祥、成长江：《中西方教育价值观的差异——对校训的分析与思考》，《继续教育研究》2007年第6期。

程晋宽：《20世纪中国文化变迁和教育变革的历史分析》，《河北师范大学学报》（教育科学）2001年第1期。

邓涛、鲍传友：《教师文化的重新理解与建构—哈格里夫斯的教师文化观述评》，《外国教育研究》2005年第8期。

杜海平、石学斌：《论生命哲学视野下教师教育价值取向》，《教育研究与实验》2011年第4期。

范敏：《学校变革机制：构成要素、结构特点与建设思路》，《教育科学研究》2012 年第 1 期。

高立平：《教育价值与教育价值观》，《山东教育科研》2001 年第 6 期。

郭延萍：《一个教育思想者的内心冲突》，《师道》2009 年第 1 期。

何云霞：《教师工作价值取向与教师管理的三部曲——谋生、职业、事业与顺从、认可、内化》，《基础教育》2010 年第 6 期。

胡道清：《"新课标"的语文教学价值取向》，《教育科研论坛》2004 年第 4 期。

金盛华、辛志勇：《中国人价值取向研究的现状和发展趋势》，《北京师范大学学报》（社会科学版）2003 年第 3 期。

靖国平：《论我国现行学科知识教学价值取向的负面效应》，《湖北大学学报》（哲学社会科学版）2000 年第 9 期。

李海：《学校文化构建与教师价值取向》，《人民教育》2006 年第 9 期。

李海燕、张玉平：《中外教育价值观概览》，《山东教育科研》1996 年第 5 期。

李继秀：《教师发展与学校组织变革创新》，《教育研究》2008 年第 3 期。

李家成：《当代中国学校教育价值取向：概念与研究定位》，《宁波大学学报》（教育科学版）2003 年第 10 期。

李金峰：《高校环境文化构建与教师价值取向》，《沿海企业与科技》2007 年第 4 期。

李军：《教学价值取向现代范式下的教师角色研究》，《黑龙江社会科学》2007 年第 2 期。

李莉春：《"信奉理论"与"使用理论"之辩及其对教育实践的意义》，《外国教育研究》2010 年第 1 期。

李丽华：《从〈童趣〉多类教学看教师的课程价值取向》，《文学教育》2011 年第 10 期。

李丽华、高凌飚：《语文教师课程价值取向的质性研究》，《教育导刊》2011 年第 4 期。

李英林：《高校德育教师价值取向的矛盾及其文化分析》，《黑龙江高教研究》2011 年第 1 期。

李玲、蒋玉娜、金盛华：《贫困地区中学教师价值取向——以贵州黔东南地区为个案》，《贵州社会科学》2007年第6期。

李玲、蒋玉娜、金盛华：《贫困地区中学教师价值取向的调查分析》，《教学与管理》2007年第10期。

李清臣：《教师精神文化：涵义、价值取向及建设策略》，《河北师范大学学报》（教育科学版）2010年第2期。

李尚卫、杨文淑：《基础教育价值观新论》，《内江师范学院学报》2010年第5期。

李学农：《面对知识经济挑战的教育思考》，《南京师大学报》（社会科学版）1999年第1期。

李勇、冯文全：《试论我国现代教育价值观的建构》，《邢台学院学报》2004年第6期。

李志超、靳玉乐：《学校文化重建与课程改革》，《中国教育学刊》2013年第2期。

林宣龙、孙海明：《教育的理想和理想的教育——教育价值观和教育行为观的探讨》，《江苏教育研究》2011年第13期。

林宣龙、孙海明：《教育的理想和理想的教育——教育价值观和教育行为观的探讨》，《江苏教育研究》2011年第5期。

林一钢：《西方教师信念研究述评》，《中国教育改革高层论坛——多元视角中的教育质量问题》（论文集），2005年。

刘占军：《教育价值观：以人为本在高职教育中的升华》，《长春工业大学学报》（高教研究版）2011年第3期。

刘志春：《当前教育价值取向的特点及其对教育评价的影响》，《河南社会科学》2000年第6期。

刘志民：《中美英三国体育教师教育价值观取向的比较研究》，《北京体育大学学报》2000年第9期。

柳士彬：《追寻潜隐性：一种新的教学价值取向》，《天津市教科院学报》2004年第2期。

柳夕浪：《建构积极的"教学自我"——教师研究的价值取向》，《教育研究与实验》2003年第3期。

卢海燕、李强：《教育为何——对教育价值观的反思》，《安康学院学报》

2008年第12期。

卢乃桂、操太圣:《论教师的内在改变与外在支持》,《教育研究》2002年第12期。

卢德生、巴登尼玛:《藏族农区与牧区学生家长的学校教育价值观比较分析——以B乡和T乡比较为例》,《民族教育研究》2007年第4期。

鲁洁:《实然与应然两重性:教育学的一种人性假设》,《华东师大学报》(教育科学版)1998年第4期。

罗儒国:《为了幸福而教——教师教学价值取向探析》,《教学研究》2009年第3期。

罗儒国、王珊珊:《教学价值取向的现实诊断与应然追求》,《大学教育科学》2008年第6期。

马玉宾、熊梅:《教师文化的变革与教师合作文化的重建》,《东北师范大学学报》(哲学社会科学版)2007年第4期。

马兆掌:《论教育价值取向》,《浙江农村技术师专学报》1994年第5期。

毛亚庆:《应重视学校为主体的校本管理》,《教育研究》2002年第4期。

潘午丽:《论高校行政权力与学术权力博弈中教师的价值取向困境》,《当代教育论坛》2011年第5期。

彭波:《设计研究假设应遵循的原则》,《教育科学研究》2006年第3期。

钱民辉:《教育变革动因研究:一种社会学的取向》,《清华大学教育研究》1998年第3期。

阮青:《价值取向:概念、形成与社会功能》,《中共天津市委党校学报》2010年第5期。

阮青:《价值取向的界定及相关问题》,《人民日报》2010年12月10日第007版理论栏目

邵珠辉、李如密:《教师专业发展视域下的教学关键事件》,《教育科学研究》2010年第10期。

石中英:《知识增长方式的转变与教育变革》,《教育研究与实验》2001年第4期。

宋桂霞:《试论教师的教育价值观》,《淮南工业学院学报》(社会科学版)2001年第3期。

苏鸿：《基础教育课程改革与学校文化重建》，《课程·教材·教法》2003年第7期。

苏娜：《基于意义的教育变革》，《教育学术月刊》2012年第2期。

苏旭东：《高等教育大众化阶段大学生主流价值取向的指引》，《教育探索》2013年第1期。

孙宝元、韩学勤、程志芬：《市场经济体制下高校青年教师价值取向的引导》，《黑龙江高教研究》1994年第6期。

孙健敏：《研究假设的有效性及其评价》，《社会学研究》2004年第3期。

孙孔懿：《当代教育价值观中的优质教育》，《江苏教育研究》（理论版）2008年第2期。

孙启民：《提升教育故事的研究价值》，《教学与管理》2005年第8期。

佟德：《提出研究假设的方法》，《教育科学研究》2006年第8期。

佟德：《对研究假设的几个要求》，《教育科学研究》2007年第3期。

王芳亮、杨必武：《当代教育观视野下教师教育课程的价值取向》，《教育探索》2011年第9期。

王根顺、郝路军：《关于两种教育价值观的代价探讨》，《教育导刊》2006年第7期。

王继平：《合理调整我国教师政策价值取向初探》，《教师教育研究》2005年第11期。

王冀平：《教育价值观的若干问题》，《中共中央党校学报》2005年第8期。

王宽明：《教师教学价值"二分"取向的归因分析》，《教育探索》2010年第4期。

王万俊：《略析教育变革理论中的变革、改革、革新、革命四概念》，《教育理论与实践》1998年第1期。

王卫东：《关于教育价值观的若干基本理论问题》，《焦作教育学院学报》（综合版）2001年第3期。

王宇航、刘丽红、于佳宾：《新课程改革背景下贫苦地区教师教育价值观研究》，《齐齐哈尔大学学报》（哲学社会科学版）2011年第1期。

王宇航、张雪娟：《黑龙江省初中教师的教育价值观实证研究》，《齐齐哈尔师范高等专科学校学报》2011 年第 3 期。

魏源：《价值观的概念、特点及结构特征》，《中国临床康复》2006 年第 5 期。

吴浩明：《香港与大陆教师文化差异研究》，《华东师范大学学报》（教育科学版）2002 年第 1 期。

吴捷：《新课程理念下的教学价值取向研究》，《宿州学院学报》2005 年第 12 期。

吴晓义：《波兰尼的缄默知识理论对职业能力开发的启示》，《中国职业技术教育》2005 年第 8 中期。

吴重涵：《教育价值观的外生性及其对推进教育改革的启示》，《江西教育科研》2005 年第 7 期。

夏欣：《素质教育与能力观的转变》，《黑龙江教育》（高教研究与评估）2009 年第 1—2 期。

谢翌：《关于学校文化的几个基本问题》，《外国教育研究》2005 年第 4 期。

徐来群：《教师教育标准及其价值取向研究》，《外国教育研究》2011 年第 10 期。

徐玲：《价值取向本质之探究》，《探索》2000 年第 2 期。

徐文杰：《浙江省高职年轻教师价值取向及管理对策》，《经济师》2007 年第 1 期。

许金廉：《基于教育价值取向的基础医学教育思考与探索》，《中国高等医学教育》2008 年第 3 期。

许月明：《浅议"教师"内涵》，《高等农业教育》2003 年第 3 期。

轩颖：《影响教师价值取向的学生智能因素分析》，《辽宁教育研究》2008 年第 3 期。

薛萍：《浅论当代教育价值取向》，《山东教育学院学报》2001 年第 3 期。

杨小微：《变革进程中学校决策与发展的基本走向》，《华中师范大学学报》（人文社会科学版）2012 年第 1 期。

杨宜音：《自我及其边界：文化价值取向角度的研究进展》，《国外社会科学》1998 年第 6 期。

于晶：《论素质教育与教师价值取向》，《内蒙古师大学报》（哲学社会科学版）1999年第8期。

于淼：《教师价值取向对大学生思想道德的影响》，《中外医疗》2008年第15期。

袁宇、黄绪富：《教育价值观在课程改革实践中的异化及思考》，《教育科学论坛》2006年第6期。

臧德福、耿其义、陈德国：《职校教师价值取向浅析》，《中原职业技术教育》1997年第4期。

张爱军：《教师研究的价值取向及实现路径》，《中国教育学刊》2010年第3期。

张慧洁：《从价值取向看美、英、日三国高校教师工资制度改革》，《教师教育研究》2009年第7期。

张相学：《论课程改革的教师发展功能》，《濮阳职业技术学院学报》2005年第5期。

张晓瑜：《课程改革与文化重建》，《教育理论与实践》2005年第1期。

张永舒、陈天顺、张蕊：《当代课堂教学价值取向探析》，《安康学院学报》2010年第10期。

赵炳辉：《教师文化与教师专业发展》，《教师教育研究》2006年第4期。

赵伟：《转型期教师文化现状研究》，《教书育人》2009年第11期。

赵艳：《研究假设的分析方法——以〈中学教师课堂提问的社会学分析〉为例》，《晋中学院学报》2012年第8期。

周建梅：《两种教育价值观，我国教育取谁弃谁》，《黑龙江教育》（高教研究与评估）》2006年第3期。

周伟、韩家勤：《政府信息服务绩效测评的深层结构——测评价值取向的内涵、功能及定位探索》，《情报杂志》2008年第12期。

周亚萍：《论作为文化的学校教育》，《教育导刊》2013年第1期上。

周一贯：《重建研究思路，注重"教学故事"》，《小学青年教师》2004年第6期。

周一贯：《写好"教学故事"：专家型教师的必由之路》，《小学青年教师》2004年第9期。

（二）学位论文类

关华：《人教版初中语文教科书中自然景物描写的文化内涵及教学价值取向》，硕士学位论文，东北师范大学，2006年。

郝芳：《教师的课堂教学价值取向探究》，硕士学位论文，山东师范大学，2007年。

李莉春：《教师在行动中的识知与反思：教师实践性知识本质探究》，博士学位论文，北京大学，2012年。

刘秀玲：《小学数学计算教学价值取向研究》，硕士学位论文，华中师范大学，2011年。

马增彩：《论家庭辅导教学价值取向的误区》，硕士学位论文，南京师范大学，2002年。

孙翠香：《学校变革主体动力研究》，博士学位论文，华东师范大学，2010年。

王珩：《教育故事研究》，硕士学位论文，浙江师范大学，2005年。

王瑾瑾：《教育变革的意义探究——以我国第八次基础教育课程改革为例》，硕士学位论文，浙江师范大学，2012年。

王俊颖：《论瑞士中小学自由主义教学价值取向》，博士学位论文，西南大学，2011年。

王立林：《教师职业价值取向研究》，硕士学位论文，山东师范大学，2009年。

谢翌：《教师信念：学校教育中的"幽灵"》，博士学位论文，东北师范大学，2006年。

于泽元：《学校课程领导对教师投入新课程改革的影响：中国内地一所小学的个案研究》，香港中文大学，2005年。

张红：《新中国基础教育课程政策的价值取向研究》，博士学位论文，东北师范大学，2008年。

周红：《多元教育价值观背景下初中教师教育价值取向研究》，硕士学位论文，西南大学，2010年。

（三）著作类

操太圣、卢乃桂：《伙伴协作与教师赋权——教师专业发展新视角》，教育科学出版社 2007 年版。

陈向明：《质的研究方法与社会科学研究》，教育科学出版社 2011 年版。

费孝通：《文化的生与死》，上海人民出版社 2009 年版。

胡文仲：《跨文化交际学概论》，外语教学与研究出版社 1999 年版。

黄囇莉：《华人人际和谐与冲突：本土化的理论与研究》，重庆大学出版社 2007 年版。

黄瑞琴：《质的教育研究方法》，心理出版社民国 80 年 1991 年版。

黄希庭、张进辅、李红等《当代中国青年价值取向与教育》，四川教育出版社 1994 年版。

李德顺：《价值论———种主体性的研究》，中国人民大学出版社 1988 年版。

梁漱溟：《人心与人生》，上海人民出版社 2005

龙宝新：《当代教师教育变革的文化路径》，北京师范大学出版社 2012 年版。

莫雷：《教育心理学》，广东高等教育出版社 2005 年版。

石中英：《教育学的文化性格》，山西教育出版社 2007 年版。

司马云杰：《价值实现论：关于人的文化主体性及其价值实现的研究》，安徽教育出版社 2011 年版。

司马云杰：《文化悖论：关于文化价值悖谬及其超越的理论研究》，安徽教育出版社 2011 年版。

司马云杰：《文化价值论：关于文化建构价值意识的学说》，安徽教育出版社 2011 年版。

王建军：《学校转型中的教师发展》，教育科学出版社 2008 年版。

王铭铭：《人类学讲义稿》，世界图书出版公司 2011 年版。

韦森：《文化与制序》，上海人民出版社 2003 年版。

谢翌、张释元：《教师文化论》，中国社会科学出版社 2012 年版。

袁贵仁：《价值观的理论与实践：价值观若干问题的思考》，北京师范大学出版社 2009 年版。

袁贵仁：《价值学引论》，北京师范大学出版社 1991 年版。

张岱年：《文化与价值》，新华出版社 2004 年版。

张岱年:《文化与哲学》,教育科学出版社 1988 年版。

赵旭东:《文化的表达:人类学的视野》,中国人民大学出版社 2009 年版。

[美] K. 克拉克洪:《文化与个人》,浙江人民出版社 1986 年版。

[美] 埃德加·沙因:《组织文化与领导力》,马宏宇、王斌等译,中国人民大学出版社 2011 年版。

[美] 班克斯:《文化多样性与教育:基本原理、课程与教学》,荀渊译,华东师范大学出版社 2009 年版。

[美] 本尼迪克特:《文化模式》,王炜等译,社会科学文献出版社 2009 年版。

[美] 彼得·伯格、托马斯·卢克曼:《现实的社会构建》,汪涌译,北京大学出版社 2009 年版。

[德] 恩斯特·卡西尔:《人论》,甘阳译,上海译文出版社 2010 年版。

[英] 吉尔伯特·赖尔:《心的概念》,徐大建译,商务印书馆 2010 年版。

[美] 吉尔特·霍夫斯泰德、格特·扬·霍夫斯泰德:《文化与组织:心理软件的力量(第二版)》,李原、孙健敏译,中国人民大学出版社 2010 年版。

[美] 吉纳·E. 霍尔、雪莱·M. 霍德:《实施变革:模式、原则与困境》,吴晓玲译,浙江教育出版社 2004 年版。

[美] 克里斯·阿吉里斯、唐纳德·A·舍恩:《实践理论:提高专业效能》,邢清清、赵宁宁译,教育科学出版社 2008 年版。

[美] 克利福德·格尔茨:《文化的解释》,韩莉译,译林出版社 2002 年版。

[英] 拉波特等:《社会文化人类学的关键概念》,鲍雯妍、张亚辉译,华夏出版社 2009 年版。

[美] 拉尔夫·林顿:《人格的文化背景》,于闽梅、陈学晶译,广西师范大学出版社 2006 年版。

[美] 劳伦斯·哈里森:《文化的重要作用——价值观如何影响人类进步》,新华出版社 2010 年版。

[美] 露丝·本尼迪克特:《文化模式》,王炜等译,社会科学文献出版社

2009年版。

［美］玛格丽特·米德：《三人原始部落的性别与气质》，宋践等译，浙江人民出版社1988年版。

［澳］迈克尔·A.豪格、［英］多米尼克·阿布拉姆斯：《社会认同过程》，高明华译，中国人民大学出版社2010年版。

［加］迈克尔·富兰：《变革的力量》，中央教育科学研究所、加拿大多伦多国际学院合译，教育科学出版社2000年版。

［美］迈克尔·富兰：《教育变革的新意义》，武云斐译，华东师范大学出版社2010年版。

［加］迈克尔·富兰：《教育变革新意义》，赵忠建、陈霞、李敏译，教育科学出版社2005年版。

［英］米尔斯：《社会学的想象力》，陈强、张永强译，三联书店2001年版。

［英］尼克·史蒂文森：《文化与公民身份》，陈志杰译，吉林出版集团有限责任公司2007年版。

［美］乔尔·M.卡伦、李·加思·维吉伦特：《社会学的意蕴》，张惠强译中国人民大学出版社2011年版。

［丹］斯丹纳·苟费尔、斯文·布林克曼：《质性研究访谈》，范丽恒译，世界图书出版公司北京公司2013年版，第2页。

［英］泰勒：《原始文化》，上海文艺出版社1992年版。

［匈］И.维坦依：《文化学与价值学导论》，徐志宏译，中国人民大学出版社1992年版。

［日］竹内弘高、［日］野中郁次郎：《知识创造的螺旋：知识管理理论与案例研究》，李萌译，知识产权出版社2005年版。

［日］佐藤学：《课程与教师》，教育科学出版社2003年版。

［日］作田启一：《价值社会学》，商务印书馆2004年版。

［美］马克斯威尔：《质的研究设计：一种互动的取向》，朱光明译，重庆大学出版社2007年版。

（四）工具书类

《中国大百科全书（第二版）》第11卷》，中国大百科全书出版社2009

年版。

李德顺:《价值学大词典》,中国人民大学出版社 1995 年版。

陆谷孙:《英汉大词典(第二版)》,上海译文出版社 2012 年版。

罗竹风:《汉语大词典》(卷一),上海辞书出版社 1986 年版。

二 英文类

Aaron Cohen. *Values and Commitment: A Test of Schwartz's Human Values Theory Among Arab Teachers in Israel.* Journal of Applied Social Psychology, 2010, 40, 8, pp. 1921 – 1947.

Argyris, C. & Schon, D. *Theory in Practice: Increasing Professional Effectiveness.* San Francisco: Jossey-Bass, 1974.

Behets, Daniël; Vergauwen, Lieven. *Value Orientations of Elementary and Secondary Physical Education Teachers in Flanders.* Research Quarterly for Exercise and Sport; Jun 2004; 75, 2; ProQuest Research Library, pg. 156 – 164.

Catherine D. Ennis, Juanita Ross, and Ang chen. *The Role of Value Orientations in Curricular Decision Making: A Rationale for Teachers' Goals and Expectations,* Research Quarterly for Exercise and Sport; Mar 1992; 63.1; ProQuest Research Library pg. 38 – 47.

Catherine D. Ennis, Juanita Ross, and Ang chen. *The Role of Value Orientations in Curricular Decision Making: A Rationale for Teachers' Goals and Expectations,* Research Quarterly for Exercise and Sport; Mar 1992; 63.1; ProQuest Research Library pg. 38 – 47.

Catherine D. Ennis and Ang Chen. *Teachers' Value Orientations in Urban and Rural School Settings.* Research Quarterly for Exercise and Sport @ 1995 by the American Alliance for Health, Physical Education, Recreation and Dance Vol. 66, No. 1, pp. 41 – 50.

Catherine D. Ennis. *Urban Secondary Teachers' Value Orientations: Delineating Curricular Goals for Social Responsibility.* JOURNAL OF TEACHING IN PHYSICAL EDUCATION, 1994, 13, 163 – 179.

Catherine D. Ennis. *Urban secondary teachers' value orientations: social goals for teaching*. Teaching & Teacher Education, Vol. 10, No. 1, pp. 109 120, 1994.

C. D. Ennis, A. Chen. *Domain specifications and content representativeness of the revised value orientation inventory*. Research Quarterly for Exercise and Sport, 64 (4) (1993), pp. 436 – 446.

C. D. Ennis. *Urban secondary teachers' value orientations: Social goals for teaching*. Teaching and Teacher Education, 10 (1) (1994), pp. 109 – 120.

Cooper, D. R. & Schindler. *Business Research Methods*, McGraw-Hill International Edition, P. S. 2001.

D. Allen Phillips, Melissa Parker. *Teaching value and goal orientations and student cognitive processes, perceptions of the motivational*. College of Health and Human Sciences Department of Kinesioligy and Physical Education. 2001.

Dominique Banvillea, Pauline Desrosiers, Yvette Genet-Voletc. Comparison of value orientations of Quebec and American teachers: a cultural difference? . Teaching and Teacher Education 18 (2002) 469 – 482.

Edgar H. Schein. *Organizational Culture and Leadership*. San Francisco: Jossey-bass Publishers. 1992: 12.

Ennis, Catherine D; Chen, Ang. Teachers' value orientations in urban and rural school settings. Research Quarterly for Exercise and Sport; Mar 1995; 66, 1;

Evangelia Frydaki, Maria Mamoura. *Exploring teachers' value orientations in literature and history secondary classrooms*, 2008 (8): 1487 – 1501.

Florence Rockwood Kluckhohn & Fred L. Strodtbeck. *Variation in Value Orientations*. Row, Peterson and Company. Evanston, Illinois Elmsford, New York. 1961: 5.

Gillespie, Lorna B. (2011) "*Exploring the 'how' and 'why' of Value Orientations in Physical Education Teacher Education,*" Australian Journal of Teacher Education : Vol. 36: Iss. 9, Article 2. p. 63.

Gross, Emma R. *CLASHING VALUES: CONTEMPORARY VIEWS ABOUT CHEATING AND PLAGIARISM*. Education; Winter 2011; 132, 2; ProQuest Research Library pg. 435.

Hsien-Yung Liu. *Descriptive study of value orientations of physical education teachers in Taiwan*. Columbia University. 2001.

Jean L. Gauley. *High school students and American core value orientations*. University of Denver. 1997.

Leonard, Lawrence J; Leonard, Pauline E. *Achieving Professional Community in Schools: The Administrator Challenge*. Planning and Changing; Spring 2005; 36, 1/2; ProQuest Research Library p. 23.

Lisa Lorraine Clement. *The Constitution of Teachers' Orentations Toward Teaching Mathematics*. University of Califormia, San Diego/ San Diego State University. 1999.

Maarten Vansteenkiste, Bart Neyrinck, Christopher P. Niemiec, Bart Soenens, Hans De Witte and Anja Van den Broeck. *On the relations among work value orientations, psychological need satisfaction and job outcomes: A self-determination theory approach*. Journal of Occupational and Organizational Psychology (2007), 80, 251 – 277.

Mason, E. J. &Bramble, W. J. 1989, *Understanding and Conducting Research: Applications in Education and the Behavioral Sciences*, NewYork: McGraw-Hill.

Mpofu, Elias. *Children's social acceptance and academic achievement in Zimbabwean multicultural school settings*. The Journal of Genetic Psychology; Mar 1997; 158, 1; ProQuest Research Library pg. 5.

Overson Shumba. *Relationship between Secondary Science Teachers' Orientation to TraditionalCulture and Beliefs Concerning Science Instructional Ideology*. Journal of Research in Science Teaching. Vol. 36, No. 3, PP. 333 – 355 (1999).

Pamela Hodges Kulinna; Silverman, Stephen. *Teachers' attitudes toward teaching physical activity and fitness*. Research Quarterly for Exercise and Sport;

Mar 2000; 71, 1.

Polanyi, M. *The Study of Man.* London: Routledge & Kegan Paul, 1957.

Reeves-Ellington, Richard H. *A mix of cultures, values, and people: An organizational case study.* Human Organization; Spring 1998; 57, 1.

Sekaran, U. 2000, *Research Methods for Business*, John Wiley&Sons, Inc.

S. Gudmundsdottir. *Values in pedagogical content knowledge.* Journal of Teacher Education, 41 (3) (1990), pp. 44 – 52.

Solmon, Melinda A; Ashy, Madge H. *Value orientations of preservice teachers.* Research Quarterly for Exercise and Sport; Sep 1995; 66, 3.

Yin, R. K. *Case study research: Design and methods.* Beverly Hills, CA: Sage, 1984. pg. 1.

后　　记

后记好像是个规程，在著作之后常常写个后记，把自己成书背后的经历写出来，以告知读者。在进行这个规程时，也是对自己研究经历的梳理。

我是从攻读硕士学位时开始关注学校文化和教师文化的，但在我的硕士毕业论文选题时我却没有多大的兴趣去研究这个课题。硕士毕业论文研究的是"农村课程改革实施的现状"。在做硕士毕业论文时，我在个案学校住了将近两个月，看到现场中教师们改革的真实样态。发现教师们说话总是"说一套做一套"：在言说时，对课程改革非常支持，也非常认同课程改革的理念，并且表示在课堂中逐渐渗透。当我进入课堂听课时，看到的却是另一番景象。直到完成硕士论文，我也没有能力去探究这个迷惑的问题。

硕士毕业后，与谢翌师兄在一个省工作，经常承蒙他关照，一起带着我做课题，引导我研究。那时跟他一起开始研究教师文化，这让我又想起来当年的困惑，这种困惑的现象在教育真实场境中屡见不鲜。在探究教师文化的过程中，我们逐渐厘清了教师文化的结构，发现教师价值取向是教师文化结构中最深层的部分，它是教师行为的深层指令。因此，在攻读博士学位时，在几经徘徊的情况下，还是选择了研究教师价值取向问题。

教师价值取向问题确实很抽象，也需要很多理论的功夫，对我而言是块"硬骨头"。但我的博士导师朱德全教授非常支持我，也经常鼓励、指导和帮助我。在研究的过程中，也得到了同门的兄弟姐妹的帮助，常常跟他们"唠叨""磨叽",期望在讨论的过程中能够有所启发。

在"做毕业论文"时,正好也在北京大学访学,常常跟淑玲在一起,最困难的日子是她跟我一起度过的,遇到研究的瓶颈总是与她讨论。我的导师陈向明老师也对我的研究进行了真诚的指导,对我的影响非常大。

博士毕业后,我并未急于发表自己的研究成果,总是觉得还应该进一步深入研究。后来申请了江西省教育科学规划课题,获得经费支持,继续研究教师价值取向,修正了以往研究中不清晰的部分。

在进行这项研究时,除了整体价值取向样貌之外,我还采用了焦点透视法,对持有边缘取向的教师进行了焦点透视,但鉴于篇幅的限制,这里并未呈现。也由于时间关系和工作的需要,我只好将这部还需要深入研究的成果暂时出版,期望同行们能给予关注,多批评指教。

一路走来,"苦并快乐着",快乐来源于那些生命中遇到的人,那些一直以各种形式帮助我和支持我的人。这些人包括:我的家人、我的同学、我的老师、我的朋友、我的合作研究者、我的个案学校的老师和领导们。为了让我记住他们,除家人、我的合作研究者、个案学校外,我还是愿意把他们的名字放在我书的后记中。他们是:我的三位导师:朱德全、陈向明和马云鹏;我的同门施丽红、韦海燕、金凡路、郑秀敏、张诗晗、唐光洁、袁顶国、秦彭和同门中所有兄弟姐妹。我的同年级同学黄敏、李志超、龙安邦、苟顺明、李银慧、赵艳红和张晓燕、卢锦珍、俞东丽、杨舒涵、张丽梅;我的室友雷静、许春梅。最后我要特别感谢的是师母陈晓艳女士。在这里,我向曾经帮助过我的所有人表示真心感谢!感谢生命中有你们!感谢能够遇到你们!

在准备出版的过程中,得到了中国社会科学出版社罗莉编辑的支持和帮助。经她介绍,认识了陈雅慧编辑,继续我的著作出版事宜。出版的过程中得到了中国社会科学出版社的支持,陈编辑为我的著作,付出了很多艰辛和努力。感谢罗莉编辑!感谢陈雅慧编辑!